UTB 724

Eine Arbeitsgemeinschaft der Verlage

Böhlau Verlag · Köln · Weimar · Wien
Verlag Barbara Budrich · Opladen · Farmington Hills
facultas.wuv · Wien
Wilhelm Fink · München
A. Francke Verlag · Tübingen und Basel
Haupt Verlag · Bern · Stuttgart · Wien
Julius Klinkhardt Verlagsbuchhandlung · Bad Heilbrunn
Lucius & Lucius Verlagsgesellschaft · Stuttgart
Mohr Siebeck · Tübingen
Orell Füssli Verlag · Zürich
Ernst Reinhardt Verlag · München · Basel
Ferdinand Schöningh · Paderborn · München · Wien · Zürich
Eugen Ulmer Verlag · Stuttgart
UVK Verlagsgesellschaft · Konstanz
Vandenhoeck & Ruprecht · Göttingen
vdf Hochschulverlag AG an der ETH Zürich

NORBERT FRANCK / JOACHIM STARY (Hg.)

Die Technik wissenschaftlichen Arbeitens

Eine praktische Anleitung

15., überarbeitete Auflage

FERDINAND SCHÖNINGH
PADERBORN · MÜNCHEN · WIEN · ZÜRICH

Die Herausgeber:

Dr. *Norbert Franck* leitet in Berlin die Presse- und Öffentlichkeitsarbeit eines Umweltverbandes. Er ist Lehrbeauftragter an der Universität Osnabrück und unterrichtet in der wissenschaftllichen Weiterbildung und Erwachsenenbildung. Veröffentlichungen u.a. zu den Themen Kommunikation, Rhetorik, Schreiben.

Dr. *Joachim Stary* ist Leiter der „Pädagogischen Werkstatt" der Freien Universität Berlin. Zahlreiche Veröffentlichungen zur Hochschuldidaktik und Wissenschaftspropädeutik.

Von Franck/Stary ist bei UTB erschienen: *Gekonnt visualisieren. Medien wirksam einsetzen* (Band 2818)

Bibliografische Information der Deutschen Nationalbibliothek

Die Deutsche Nationalbibliothek verzeichnet diese Publikation in der Deutschen Nationalbibliografie; detaillierte bibliografische Daten sind im Internet über http://dnb.d-nb.de abrufbar.

Gedruckt auf umweltfreundlichem, chlorfrei gebleichtem und alterungsbeständigem Papier ⊚ ISO 9706

15., überarbeitete Auflage 2009

© 2003 Verlag Ferdinand Schöningh GmbH & Co. KG
(Verlag Ferdinand Schöningh GmbH & Co. KG, Jühenplatz 1, D-33098 Paderborn)
ISBN 978-3-506-97027-5

Internet: www.schoeningh.de

Das Werk, einschließlich aller seiner Teile, ist urheberrechtlich geschützt. Jede Verwertung außerhalb der engen Grenzen des Urheberrechtsgesetzes ist ohne Zustimmung des Verlages unzulässig und strafbar. Das gilt insbesondere für Vervielfältigungen, Mikroverfilmungen und die Einspeicherung und Verarbeitung in elektronischen Systemen.

Printed in Germany.
Herstellung: Ferdinand Schöningh, Paderborn
Einbandgestaltung: Atelier Reichert, Stuttgart

UTB-Bestellnummer: 978-3-8252-0724-3

Inhaltsübersicht

Vorwort

Einleitung

WOLF-DIETER NARR
Was ist Wissenschaft? Was heißt wissenschaftlich
arbeiten? Was bringt ein wissenschaftliches Studium?
– Ein Brief 15

Literatur ermitteln, lesen und festhalten

STEFAN CRAMME UND CHRISTIAN RITZI
Literatur ermitteln 33

JOACHIM STARY
Wissenschaftliche Literatur lesen und verstehen ... 71

MARKUS KRAJEWSKI
Elektronische Literaturverwaltungen.
Kleiner Katalog von Merkmalen und Möglichkeiten .. 97

Schreiben

NORBERT FRANCK
Lust statt Last: Wissenschaftliche Texte schreiben .. 117

FRIEDRICH ROST, JOACHIM STARY
Schriftliche Arbeiten in Form bringen.
Zitieren, belegen, Literaturverzeichnis anlegen 179

GISBERT KESELING
Schreibblockaden überwinden 197

Refererien und diskutieren

NORBERT FRANCK
Lust statt Last (2): Referat, Vortrag 223

JOACHIM STARY
Referate unterstützen: Visualisieren, Medien
einsetzen 255

NORBERT FRANCK
Diskussionen bestreiten und leiten 273

Literaturverzeichnis 299

Autorenverzeichnis 303

Sachregister 305

Inhaltsverzeichnis

Vorwort 13

Einleitung

WOLF-DIETER NARR
Was ist Wissenschaft? Was heißt wissenschaftlich arbeiten?
Was bringt ein wissenschaftliches Studium? –
Ein Brief 15

1 Was bringt Ihnen ein *wissenschaftliches* Studium? 17
2 Was ist Wissenschaft, wissenschaftlich arbeiten? 21
3 Ein knappes Dutzend Empfehlungen für das
   wissenschaftliche Arbeiten 23

Literatur ermitteln, lesen und festhalten

STEFAN CRAMME UND CHRISTIAN RITZI
Literatur ermitteln 33

1 Wie finde ich mit Suchmaschinen Informationen im
   Internet? 34
2 Wie finde ich Internetangebote von Bibliotheken? 37
3 Wie recherchiere ich im Online-Katalog einer
   Bibliothek? 40
4 Bibliotheksverbünde und Bibliotheksportale 46
5 Wie kann ich über Internet Bücher ausleihen und
   Zeitschriftenaufsätze bestellen? 50
6 Wie recherchiere ich in Fachdatenbanken und
   Bibliografien? 51
7 Wie suche ich in Buchhandels- und
   Antiquariatskatalogen? 54
8 Wie finde ich Informationen mit Hilfe von
   Internetportalen? 57
9 Wie gelange ich über Mailinglisten an Informationen? . . 59

10 Wie finde ich Volltexte im Internet? 62
Anhang 66

JOACHIM STARY
Wissenschaftliche Literatur lesen und verstehen . . . 71

1 Metakognition: Den eigenen Lernprozess reflektieren . . 73
2 Syntaktisch-semantische Analyse: Begriffe klären 74
3 Reduktion: Den Text auf seine wesentlichen
  Aussagen reduzieren 76
4 Rekonstruktion: Die wesentlichen Textpassagen mit
  Hilfe nichtsprachlicher Zeichen rekonstruieren 85
5 Elaboration: Dem Text kritisch gegenübertreten 91

MARKUS KRAJEWSKI
Elektronische Literaturverwaltungen.
Kleiner Katalog von Merkmalen und Möglichkeiten . . 97

1 Das Vergessen vergessen: Die Literaturdatenbank 97
2 Die drei Grundfunktionen einer Literaturverwaltung . . . 98
  2.1 Eingabe: Exzerpieren 99
  2.2 Verarbeiten: Finden, Klassifizieren, Verbinden 103
  2.3 Ausgabe: Druck machen 107
3 Kleine Software-Liste 109
Anhang: Literaturverwaltungen, softwaretechnisch 111

Schreiben

NORBERT FRANCK
Lust statt Last: Wissenschaftliche Texte schreiben . . 117

1 Schreibhürden abräumen 119
  1.1 Hürde 1: Wissenschaftlich schreiben kann man oder
      nicht 119
  1.2 Hürde 2: Perfekt oder gar nicht 120
2 Verständlich schreiben – lernen 121
  2.1 Lernen – nicht nachahmen 122
  2.2 Verständlich schreiben 124
  2.3 Ich, wir oder man? 136
3 Dem Inhalt eine Struktur geben 138
  3.1 Titel 138
  3.2 Inhaltsverzeichnis – Gliederung 139

3.3 Einleitung	142
3.4 Hauptteil	148
3.5 Schluss	153
3.6 Literaturverzeichnis	156
3.7 Anhang	156
4 Wissen, was zu tun ist	157
4.1 Ein Thema analysieren	158
4.2 Literatur beschaffen	162
4.3 Literatur auswerten	165
4.4 Das Thema erarbeiten	166
4.5 Das Thema darstellen und in Form bringen	176

FRIEDRICH ROST, JOACHIM STARY
**Schriftliche Arbeiten in Form bringen
Zitieren, belegen, Literaturverzeichnis anlegen** 179

1 Exakt zitieren	180
2 Präzise Quellenangaben	184
2.1 Bücher	184
2.2 Aufsätze	186
2.3 Hochschulschriften	188
2.4 Graue Literatur	189
2.5 Bekannte und standardisierte Dokumente	189
2.6 Lose-Blatt-Sammlungen	190
2.7 Audio und audiovisuelle Materialien	190
2.8 Web-Dokumente	191
3 Deutsch oder amerikanisch? Wie belegen?	191
3.1 Die „anglo-amerikanische" Zitierweise	192
3.2 Das „deutsche" Anmerkungssystem	192
4 Das Literaturverzeichnis	193

GISBERT KESELING
Schreibblockaden überwinden 197

1 Der Ansatz des Marburger Schreiblabors	197
2 Überprüfen Sie Ihr Schreibverhalten	199
3 Die fünf häufigsten Störungsformen und Strategien zu ihrer Überwindung	206
3.1 Konzeptbildungsprobleme bei frühzeitigem Starten	206
3.2 Probleme beim Zusammenfassen	210
3.3 Unstimmige Konzepte, verbunden mit spätem Starten	212
3.4 Probleme mit dem inneren Adressaten	215

3.5 Der nicht verfügbare Adressat 219
4 Schlussbemerkung 221

Referieren und diskutieren

NORBERT FRANCK
Lust statt Last (2): Referat, Vortrag 223

1 Ein Referat vorbereiten 224
   1.1 Auf den Anfang kommt es an: Die Einleitung 224
   1.2 Im Zentrum: Der Hauptteil 228
   1.3 Happyend: Schluss 234
   1.4 Eine gute Stütze: Das Manuskript 235
   1.5 Der letzte Schliff 240
2 Ansprechen statt abschrecken: Ein Referat halten 242
   2.1 Vom Umgang mit Lampenfieber 242
   2.2 Der interessante Anfang 245
   2.3 Der wirksame Schluss 248
   2.4 Zwischen Anfang und Ende 249
   2.5 Kleine Unglücke meistern 252

Joachim Stary
Referate unterstützen: Visualisieren,
Medien einsetzen 255

1 Warum veranschaulichen? 255
2 Welche Medien wie einsetzen? 263
3 Projektionsmedien richtig einsetzen 268

Norbert Franck
Diskussionen bestreiten und leiten 273

1 Strukturiert argumentieren und nicht überhört werden . 274
   1.1 Der Einstieg 274
   1.2 Der Argumentation eine Struktur geben 275
   1.3 Keine Unsicherheitssignale senden 280
   1.4 Störungen souverän beheben 283
   1.5 Fünf Hinweise für Leserinnen 285
2 Keine Angst vor Fragen und Kritik 287
   2.1 Richtig zuhören 287
   2.2 Gelassen statt schlagfertig 289
   2.3 Nicht persönlich nehmen 290
   2.4 Ruhig Blut bei Kritik 291

3 Diskussionen leiten 294
   3.1 Diskussionen eröffnen 295
   3.2 Diskussionen beenden 296
   3.3 Diskussionen in Gang halten 296

Literaturverzeichnis 299

Autorenverzeichnis 303

Sachregister 305

Vorwort

Die Autoren dieses Bandes zeigen, wie Sie
- mit wissenschaftlicher Literatur so umgehen können, dass es Ihnen gelingt, das Wesentliche rauszuziehen und nicht in der Detailfülle unterzugehen;
- klar strukturierte Hausarbeiten schreiben können;
- zu einem interessanten und verständlichen Referat kommen und es so vortragen können, dass Ihnen gerne zugehört wird.

Und Sie finden in den Beiträgen Antworten auf die Frage, *wie* ...

...finde ich die Literatur, die ich für eine Hausarbeit oder ein Referat brauche?
...kann ich das Gelesene festhalten und mit Datenbanken elektronisch verwalten?
...bringe ich Hausarbeiten in Form?
...kann ich Schreib-Störungen beheben?
...unterstütze ich Referate durch Folien und andere Medien?
...bestehe ich in Diskussionen?

Die Beiträge helfen Ihnen bei jenen Problemen im Studienalltag, mit denen Sie an der Hochschule häufig alleine gelassen werden – zum Beispiel mit der Frage, worauf kommt es bei einer Hausarbeit oder einem Referat an? Auf den folgenden Seiten werden Mittel und Wege vorgestellt, die helfen, mit den Anforderungen eines Studiums so umzugehen, dass diese Anforderungen Sie nicht entmutigen. Kurz: Es geht um Handwerkszeug für das wissenschaftliche Arbeiten.

Der erfolgreiche Umgang mit Nadel und Faden, mit Hammer und Nagel setzt voraus, das Ziel des Nähens bzw. Hämmerns zu kennen. Beim Handwerk des wissenschaftlichen Arbeitens ist das nicht anders. Deshalb geht Wolf-Dieter Narr im ersten Kapitel den Fragen nach: Was ist das *Wissenschaft?* Was heißt *wissenschaftlich* arbeiten? Er wählt einen persönlichen Zugang zum Thema, er schreibt Ihnen einen Brief. Die Form soll unterstreichen, dass es „die" verbindliche Wissenschaft nicht gibt, sondern nur das redlich-kritische Bemühen um Erkenntnis.

Hilfen zum wissenschaftlichen Arbeiten machen – paradox – Arbeit. Vieles von dem, was auf den folgenden Seiten als Hilfestellung angeboten wird, muss gelernt und geübt werden. Sie müssen Arbeit investieren, um sich künftig die Arbeit zu erleichtern. Studium ist Arbeit – die Spaß machen kann, wenn Sie mit Gewinn lesen, eine vorzeigbare Hausarbeit zu Papier gebracht oder ein interessantes Referat vorgetragen haben. Das ist mit den Methoden und Techniken machbar, die in den folgenden Kapiteln vorgestellt werden.

Viele der Lernangebote in diesen Band beschränken sich nicht auf das Anwendungsfeld Hochschule: Der kompetente Umgang mit Medien, die Fähigkeit, einen Sachverhalt mündlich oder schriftlich verständlich auszudrücken – das sind Qualifikationen, die auch im Beruf wichtig sind.

Methoden und Techniken wissenschaftlichen Arbeitens helfen, sich auf das zu konzentrieren, was Wissenschaft, was Studieren spannend macht. Zum Beispiel Gewissheiten anzuzweifeln. Gewissheiten sind Anker, die festhalten. Im Studium sollten Sie vorankommen. Dazu soll dieser Band beitragen.

Berlin, Frühjahr 2009   *Norbert Franck, Joachim Stary*

WOLF-DIETER NARR

Was ist Wissenschaft? Was heißt wissenschaftlich arbeiten? Was bringt ein wissenschaftliches Studium? Ein Brief

Liebe Studentin X und lieber Student Y,

ich schreibe Ihnen einen unüblichen Brief. Ich kenne Sie nicht persönlich. Und doch ist der Brief persönlich gehalten.

Zwei Sätze zu meiner Person: Nach fast einem Jahr als Bauhilfsarbeiter habe ich im WS 1957/58 an der Universität Würzburg Griechisch, Latein, Philosophie und etliches andere querbeet zu studieren begonnen. Seit meinem 1. Staatsexamen für das höhere Lehramt 1962 bewege ich mich auf der „anderen", der lehrenden und der prüfenden Seite.

Warum ich Ihnen diesen Brief schreibe: Ich will Sie in diesem Brief davon überzeugen, dass Sie persönlich gefragt sind. Das gilt gerade dann, wenn Sie das Studium ein wenig langweilen sollte. Dann tun Sie alles, es rasch hinter sich zu bringen. Wenn Sie jedoch das Studium nicht auch als *Ihre* Sache annehmen, dann wird es nicht nur eine mehr oder minder lästige Paukerei. Dann lassen Sie sich auch viel Spaß entgehen und schaden Ihrem Selbstbewusstsein. Wenn Sie das Studium nicht persönlich als *Ihre* Sache nehmen, dann verlieren Sie die Chance, mehr über sich selbst zu verfügen, mehr mit sich anfangen zu können. In welche Umstände Sie immer geraten mögen.

Das ist das eine. Das andere hat mit meiner Person zu tun. Ich schriebe Ihnen diesen Brief nicht, wenn ich nicht intellektuellen Spaß daran hätte, zu versuchen, Sie vom „richtigen" Studium zu überzeugen. Ich hätte den Beruf des Hochschullehrers an der Universität nie angestrebt, wäre nie dabei geblieben, wären mir nicht Studierende wie Sie am Herzen gelegen. Weil ich von Ihrer Anerkennung lebe. Weil Sie es dadurch, dass Sie diesen Brief lesen und möglicherweise manches annehmen, später viel Substantielleres von guten Leuten viel eher lernen können. Vor allem, weil sich dann die Chancen verbessern, dass Sie sich nicht unterkriegen lassen. Sie verzichten nicht darauf, Ihre Phantasie und Ihren Verstand walten zu lassen. Sie rennen nicht irgendwelchen Vorurteilen nach – seien sie noch so modisch aufgepeppt und machtvoll anziehend verkündet. Herrschende Vorurteile sind allemal leichter zu schlucken als davon abweichende Einsichten. Vorurteile bleiben jedoch immer auch und vor allem: Selbstblockaden. Kurzum: Ich möchte, dass Sie ein wenig *eigen*sinnig bleiben und es mehr noch werden. Das heißt eigenen Sinns. Das verlangt eine eigene Person, die um sich weiß und die Welt um sich begreift. Auch dort, wo diese nicht zu begreifen ist.

Was ich Ihnen mitteilen möchte: Zu dem, was ich Ihnen vermitteln möchte gehört, Ihnen zu sagen, was ich über wissenschaftliches Arbeiten weiß. Das heißt, ich muss das Beiwort *wissenschaftlich* erläutern. Danach ist das wissenschaftliche *Arbeiten* dran.

Ich möchte noch mehr. Ihnen einsichtig machen, dass Sie das Studium vor allem um *Ihrer* selbst willen *ernst* nehmen sollten. Das ist mein *erster Rat*. Aus solchem Ernst folgt Spaß, ergibt sich Lust. Darum sollten Sie Ihr Fach studieren und mehr als das Fach. Sehen Sie über das mit Brettern vergatterte Fach hinaus. Sie werden sich selbst und Ihrem für Sie wichtigen Studium nur gerecht, wenn Sie dasselbe enttäuschungsfest, aber kritisch engagiert und im Sinne verbindlicher Arbeit angehen. Das ist ein *zweiter Rat*. Je mehr Sie vom Studienverlauf und etlichen Lehrenden enttäuscht werden, desto mehr sollten Sie sich den Ihnen geltenden Sinn des Studiums nicht rauben lassen. Das täten Sie, wenn Sie die Chance nicht wahrnähmen, die die Universität nach wie vor bietet. Und sei es im eigenen Zimmer, in der Bibliothek, im PC-Raum, in teilnehmender Beobachtung im Rahmen von Praktika.

Wie ich es Ihnen mitteilen möchte: Die *Methode* ist wissenschaftlich am wichtigsten. Sie wollen etwas über eine Sache herausfinden (*Problem*). Weil das Problem zu umfangreich ist, gehen Sie einem besonderen Aspekt desselben nach (*Fragestellung*). Nun kommt der Umschlagpunkt. An ihm entscheidet sich die wissenschaftliche Qualität. *Wie* wollen Sie dies tun? Bei dieser Frage liegt der Hase im Pfeffer. Es kommt darauf an, dass Sie von Ihrer Fragestellung eine Brücke zur Problemstellung schlagen. Sie müssen also sagen, wie Sie Ihre Frage beantworten wollen.

In meinem Fall ist das besonders schwierig. Ich will nicht neu herausfinden, was Wissenschaft „ist". Die Hauptschwierigkeit besteht darin, aus dem Vielen, das ich Ihnen sagen möchte, das Wichtigste auszuwählen. Das ist das, was *Ihnen* zuerst am meisten nützt.

Meine *Materialauswahl*: Methode und Materialauswahl hängen eng zusammen. Die Qualität der Informationen, die ich benutze, gibt den Ausschlag, ob ich etwas herausfinde oder nicht. Ob es mir glückt, Ihnen wichtige Aspekte wissenschaftlichen Arbeitens so mitzuteilen, dass Sie damit etwas anfangen können. Das kann mich und Sie dennoch in die Irre führen. Dieses Risiko besteht. Darum dürfen Sie, das ist mein *dritter Ratschlag*, nie den eigenen Kopf schlafen legen, nie die eigene Kritik ausschalten. Erste kritische Fragen bestehen gerade darin, nach den Informationsquellen zu fragen; nach der Art, wie Informationen gewonnen worden sind und interpretiert werden; nach den aufgedeckten oder nicht aufgedeckten Voraussetzungen, unter denen die Informationen interpretiert werden.

1 Was bringt Ihnen ein *wissenschaftliches* Studium?

Bildung und Ausbildung gehören zusammen

Oft werden *Ausbildung* und *Bildung* einander entgegengesetzt. *Ausbildung* dient dazu, dass Sie beruflich verwertbare ‚skills' lernen. Außerdem sollen Sie das Lernen lernen. Sie sollen intellektuell und in Ihrem Verhalten (habituell) instand gesetzt werden, sich schnell in neue Gebiete einzuarbeiten und gelernte Fertigkeiten durch neue zu ersetzen. Mobilität und Flexibilität lauten die Losungsworte. Wer für *Bildung* eintritt, will das auch. Doch der Bezug ändert sich. Wird schmalspurig ausgebildet, leiten die expansiven und ‚innovativ' rasch sich verändernden ökonomisch-technologischen Standorterfordernisse und die wechselnden Nachfragen der Unternehmen. Der gesellschaftliche Bedarf konkurrierend erhaltener Ungleichheit tritt ergänzend hinzu. Im anderen Fall ist die Orientierung auf die ‚Menschenbildung' primär. Die eigenen Möglichkeiten jedes Menschen sollen in Richtung eines selbstbewussten, eines also reflektierten, eines handlungsfähigen Menschen lehr-lernend gefördert werden. Entsprechend steht die Freiheit jedes Menschen im Mittelpunkt. Sie werden selbst bestimmt mobil und steuern selbst Ihre

Flexibilität. Das Goethewort weist das Ziel: „Werde, der du bist." Darauf ist vor allem das Studium an der Universität idealerweise ausgerichtet. Dass die Studierenden in lernend intensiver Auseinandersetzung mit fachlich nicht zu abgeschotteten Problemen sich selbst und ihre Fähigkeiten entwickeln können.

So die *Aus*bildung stimmt, stimmte die *Bildung* schon in der falsch gelobten Vergangenheit nicht. In ihr blieb das unpolitisch, kaisertreu, staatsuntertänig, elitär und abgehoben, was so genannte humanistische Bildung und ihre Gebildeten ausmachte. Sie wurde im Universitätsstudium fachlich zugespitzt (wenn nicht borniert). Die Tätergeschichte der nationalsozialistischen Herrschaft berichtet bedrückend darüber. Umgekehrt gilt: Die Ausbildung, die nur rasch Fertigkeiten trimmen will, tut auch dies nicht recht. Immer kommt es darauf an, spezifische Fertigkeiten zu lernen. In der Art, wie Fertigkeiten gelehrt und gelernt werden, sind die Fähigkeiten fortzubilden, die eigenartig die eigene Person ausmachen. Was wäre ein Studium, das Sie nicht selbstbewusster abschlössen. Sprich: dass sie

- unter der von Ihnen studierten fachlichen Perspektive, mit Fertigkeiten versehen, einen besseren Durchblick durch den Wust der Wirklichkeit haben;
- Vorurteilen nicht auf den Leim gehen;
- wissen, wie Sie Sachverhalte beurteilen sollen und wo Ihre Grenzen liegen.

Kurzum: dass Sie das Wichtigste und Schwierigste gelernt haben: Urteilsfähigkeit. Das heißt zu allererst: Sie können sich überall irgendwie, ohne sich zu verlieren, zurechtfinden. Nötigenfalls wissen Sie auch, wann Sie etwas nicht mitmachen oder gar widerstehen sollten. Damit Sie eine Person mit eigenem Gesicht bleiben.

Das alles bringt die heutige Ausbildung nicht. Die Person der Studentin, des Studenten steht nicht im Zentrum. Es sei denn in der Ausnahme. Darin besteht für viele, die mit Elan zu studieren beginnen, die erste große Enttäuschung. An ihr sind nicht Sie Schuld. Ihre Erwartungen bestehen zu Recht. An ihnen sind die unzureichenden universitären Verhältnisse Schuld. Auch die Lehrenden. Den „schwarzen Peter" können, ja müssen Sie, wohlbegründet, an andere abgeben. Das ist mein *vierter Ratschlag*. Sie sollten sich die zusammen gehörigen Teile – Fähigkeiten und Fertigkeiten – aus Ihrem Studium holen.

Lassen Sie sich nicht zur Fachidiotin machen

Besuchen Sie Veranstaltungen, Vorträge, Ausstellungen und dergleichen mehr, die über Ihr Fach hinausweisen. Nicht, dass Ihr Fach nicht umfangreich und vor allem am Beginn schwierig genug wäre. Die Einsicht des Literaten und Philosophen Lichtenberg gilt jedoch gerade hier: Wer nur Chemie studiert, studiert auch die nicht recht. Indem Sie von Anfang an über Ihr Fach hinaus sehen, wird Ihnen dieses fasslicher. Sie werden nicht nur seine Ähnlichkeiten und Unterschiede zu anderen Fächern und Wirklichkeitsbereichen kennen lernen. Sie werden das eigene Fach in seinen Zusammenhängen oder auch Zusammenhangslosigkeiten und Widersprüchen besser begreifen. Der Gewinn an Neugier-, Phantasie- und Studierlust, der sich daraus ergibt, ist nicht zu unterschätzen.

Studienpläne und Prüfungsordnungen: Kein Grund zur Panik

Studienbeginn. Sie versuchen unter anderem den Studien- und Prüfungsplan Ihres Fachs zu lesen. Fallen Sie nicht in Panik. Sie werden die Pläne mutmaßlich nicht aufs erste, wahrscheinlich auch nicht aufs zweite Lesen verstehen. Dafür, dass Studien- und Prüfungsordnungen so kompliziert sind, sind nicht Sie Schuld. Das haben die Hochschullehrer und Prüfungsämter „verbrochen". Diese müssten durchfallen, ginge es mit rechten Dingen zu. Jedenfalls, soweit sie bei ihrer Aufgabe versagt haben, eine Studien- und Prüfungsordnung zu formulieren, die jeder Studentin und jedem Studenten wie eine geordnete Zimmerflucht offen und klar einsichtig ist. Im übrigen reicht es, wenn Sie im ersten und zweiten Semester so viel von diesen „Ordnungen" verstehen, dass Sie sich in Ihren Anfangssemestern daran ausrichten können. Mein *fünfter Rat*: Lassen Sie sich von der von Ihnen anfangs schlechterdings kaum überblickbaren Studien- und Prüfungsordnung nicht erschlagen oder verunsichern. Im ersten Semester wird das wohl noch ein wenig schwierig sein. Bald werden Sie jedoch herausfinden, welche Freiheiten Ihnen die Studien- und Prüfungsordnung lässt. Diese Freiheiten sollten Sie nutzen, um über den allzu lattendichten Zaun des Fachs zu spechten.

(Zwischen-) Bilanz

Alles, was Menschen tun, ist zusammengesetzt aus Vernunft, aus ratio, und aus Gefühlen, aus emotio. Es war eine Entscheidung Ihrer

Vernunft, das Studium und ein bestimmtes Fach zu wählen. Sie können ein Studium nur durchhalten, wenn es Ihnen alles in allem gefühlsmäßig liegt. Wenn Sie übermäßig verunsichert werden, übermäßige Ängste empfinden, werden Sie es kaum heil an Leib und Seele durchhalten können und durchhalten sollen. Ängste, Unsicherheiten und dergleichen können Sie vermeiden oder abzubauen suchen, indem Sie sich immer wieder klar machen, was Sie erwartet. Hierzu gehört es auch, sich das Universitäts- und Fachgeschehen durchsichtig zu machen. Dann fühlen Sie sich bald nicht mehr „klein". Dann gewinnen Sie, mit das Wichtigste im Studium und danach in allen Lebenslagen: Klarheit und Augenmaß, sprich die Fähigkeit, Dinge und Personen in ihren angemessenen Proportionen einzuschätzen.

Alle Institutionen, – auch die Universität und ihre Fächer – sind aus verschiedenen Rationalitäten gemischt: Aus
- Lernbedingungen, die Ihre Denkfähigkeit befördern;
- Elementen, die Ihren Blick fachborniert beschränken;
- Verhaltensweisen, die der professoralen Konkurrenz und dem professoralen Eigeninteresse dienen;
- Studienformen und Studieninhalten, die Ihr Selbst- und damit zugleich Ihr (Fach-) Objektbewusstsein stärken (wie umgekehrt);
- Studienformen und Studieninhalten, die Sie mit unnützem Füllmaterial belasten und die die für alle Einsicht nötigen Zusammenhänge zerhacken;
- und so weiter.

Lehr-Lernformen und deren Inhalte können einander entsprechen und widersprechen. Alle diese und andere Institutionen formieren Ihr Lernen, Ihr Lernverhalten und das, was bei Ihrem Lernen herauskommt. Für Ihr Leben. Sie kommen in eine vergleichsweise starre, nicht leicht zu ändernde Institution und deren zerteilten, meist nur bürokratisch zusammen gehaltenen Fächerpluralismus. Nahe liegt es, dass Sie mehr oder minder im institutionellen Geflecht „untergehen". Auch wenn Sie examens- und karriereerfolgreich sind. Sie sind nicht von Körpergröße oder Ihrer Intelligenz, Ihren Fähigkeiten, Sie sind in Ihren Veränderungschancen „klein". Sie werden akademisch fachspezifisch „gebacken". Um das zu vermeiden, hilft nicht, nicht in die Universität und eines ihrer Fächer hineinzugehen. Sonst gilt des Sängers Wolf Biermann Satz: „Wer sich nicht in Gefahr begibt, kommt darin um." Sie brauchen fachspezifische Kenntnisse. Die können Sie vom wissenschaftlichem Studium bekommen. Nur: Sie dürfen weder „romantisch glotzen". Davon wollte Brecht die Besucher seiner Theaterstücke abhalten. Er wollte sie zum Nachdenken anregen. Noch dürfen Sie, katzennüchtern, gar nichts erwarten. Das hieße zynisch zu werden. Das Schlimmste, was Ihnen meines Erachtens passieren könnte. Weil das, was Ihnen geschieht, so vorgeprägt und übermächtig ist, sollten Sie ein Doppeltes versuchen: von Anfang an in lernendem Umgang die Mechanismen durchschauen, die in Ihrem Fach und in Ihrem Studium wirksam sind. Das gilt auch für den wissenschaftlichen Jargon, die eigene Sprache der Fächer, ihre Qualitäten und Torheiten. Jurisprudenz beispielsweise zu studieren, heißt vor allem eine neue Sprache lernen, die auch „deutsch" ist. Das bedeutet das Verlangen der Reflexion. Sie sollten außerdem diese Reflexion aktiv werden lassen. Versuchen Sie, soweit irgend möglich, das ist mein wiederholter Ratschlag, das Studium in die eigene Hand, in Ihr eigenes Kopfgefühl und Ihren Gefühlskopf zu nehmen. Dann tun Sie sich, aller Enttäuschung zum Trotz, Ihrem kognitiv-emotionalen Spaß den größten Dienst. Ratio und emotio gehören gerade hier zusammen.

Immanuel Kant sagte in seiner berühmten Schrift: „Was ist Aufklärung?" unter anderem (ich verkürze): „Aufklärung heißt ... der Mut, sich seines eigenen Verstandes zu bedienen." Trefflich hat er hier die habituell-emotionale Eigenschaft „Mut" mit der anscheinend gefühlsfernen Eigenschaft „Verstand" aufs engste zusammengebracht. Diesen Mut sich „anzumuten", sich Ihr eigenes Studium mitzuschaffen, unbeschadet aller unvermeidlichen Vorprägungen und aktuellen Definitionsmacht Prüfungsordnung, Arbeitsmarkt u.a.m. – das ist mein größter Wunsch für Sie.

2 Was ist Wissenschaft, wissenschaftlich arbeiten?

In einer Doktorprüfung wurde in der Notenberatung über eine Kandidatin jüngst gesagt: sie habe „unwissenschaftlich" gesprochen. Meine Frage an den Kollegen, was darunter zu verstehen sei, wurde mit dem Hinweis beantwortet, die Kandidatin habe die neueste Literatur zum Thema nicht zitiert. Ist das „unwissenschaftlich"? Oder was daran ist „unwissenschaftlich"? Anfang der 80er-Jahre entdeckte ich spät, dass von guten Diplomandinnen und Diplomanden viel weniger richtig gescheite Studentinnen zu mir kamen, um sich bei ihrem Dissertationsvorhaben von mir beraten zu lassen, als Diplomanden. Deshalb begann ich, den Studentinnen von mir aus nahe zu legen, sich an eine Dissertation zu machen. Viele wollten dennoch nicht. Sie signalisierten mir, sie könnten mit „der" Wissenschaft nichts anfangen. Dabei hatten sie gerade mit *sehr gut,* das Gegenteil bewiesen. Was lehnten diese Studentinnen an „der" Wissenschaft ab; was verstanden sie unter Wissenschaft? Fraglos stimmt, dass Andersens Märchen von des Kaisers neuen Kleidern auch und gerade für die Universität und ihre Fächer täglich zu erzählen ist. Ärmliche Forscher- und Lehrgestalten, wissenschaftlich aufgezäumte Vorurteile, unsinnige Prüfungsanforderungen – und vieles andere lassen sich unter dem weiten Purpurmantel *der* Wissenschaft verbergen. Der wird umgeworfen, als sei er vom Gold der Wahrheit durchwirkt. Darum hebt alle Wissenschaft mit Wissenschaftskritik an. Weil wissenschaftliche Arbeit privilegiert ist, weil wissenschaftliche Meinungen und oft nur angeblich wissenschaftliche Resultate mehr denn je unsere Sicht der Wirklichkeit bestimmen und unsere von wissenschaftlichen Formeln, Konzepten und Erfindungen mit geschaffenen Lebensbedingungen, darum gilt umso mehr: Kritisches, ja subversives *Nachfragen ist die erste Bedingung allen Wissenschaftstreibens.*

Wissenschaftlich arbeiten heißt: Fragen, Fragen, Fragen

Ahmen Sie also früh die verkannte Xanthippe nach und ihren Mann, den alten Sokrates. Hören Sie nie auf zu fragen: was meint der oder die mit diesem Begriff; was begreift man mit dessen Hilfe; was kann man mit Methode x oder y herausbringen (und, wohlgemerkt, was nicht). Die Fragen bilden eine unendliche, ungeduldige Warteschlange. Das erste Gebot fürs erste Semester lautet: Lassen Sie sich kein X für ein U vormachen. Scheuen Sie sich nicht, weil „die" Wissenschaft wie eine nirgends richtig zu packende Göttin überall west und thront. Schauen Sie sich immer auch die hehren Wissenschaftsvertreterinnen und –vertreter an. Passen Sie auf, was die Dozenten wie sagen. Und halten Sie allemal Ihre Bewunderung in Grenzen. Wissenschaft, sprich über Probleme nachdenken fängt mit Sich-Wundern an. Es fällt Ihnen etwas auf.

Da Sie ohnehin dauernd mit verschiedenen Wissenschaftsauffassungen in Ihrem Fach zu tun haben, versuchen Sie herauszufinden, wie Sie die Eingangsfrage beantworteten: Was ist Wissenschaft? Versuchen sich nach und nach einen eigenen Begriff dessen zu erarbeiten, was Sie warum für wissenschaftlich halten. Hierbei werden Sie geradezu notwendig zwischen diversen Wissenschaften auch in Ihrem gewählten Fach unterscheiden lernen. Sie werden verstehen lernen, was an „Wirklichkeit" diese oder jene wissenschaftliche

Richtung und deren Methoden erfassen lassen – und was nicht. Ganz entscheidend ist, die jeweiligen Grenzen zu sehen (und herauszufinden, dass diese von den „besseren" Fachvertreterinnen zugestanden oder von den „schlechteren" mit akademischem Getue überspielt werden).

Ich knüpfe noch einmal an meine Bemerkungen zu Beginn dieses Abschnitts an. Lassen Sie sich nicht ins Bockshorn jagen. In keiner der von mir einigermaßen überblick- und beurteilbaren Geistes- und Sozialwissenschaften, einschließlich der Wirtschaftswissenschaften und Jurisprudenz, haben Sie dazu den geringsten Anlass. Ich vermute auch anderswo nicht. Und stets erneut gilt: nehmen Sie einerseits Ihr Fach ernst. Beachten Sie auch das, was ich verkürzt zur methodisch eingelösten Wissenschaftlichkeit gesagt habe. Selbst wenn Sie jetzt noch nicht alle Andeutungen verstehen sollten, es lohnt für Ihre eigene, möglichst vorurteilsfreie Erkenntnis in diese Richtung zu gehen. Es lohnt auch deswegen besonders, weil die davon informierte Kritik, Ihre so geschult selbst erworbenen kritischen Fähigkeiten, Sie von aller ‚schlechten' Fachherrschaft oder der Herrschaft bestimmter „Paradigma" bewahren oder aus einer solchen lösen. Und schließlich: nehmen Sie Riesenansprüche herunter auf höchst menschliche Größen. Denken Sie an Andersens Märchen oder an den mächtigen Luftballon, der die Sonne erfliegen und ersetzen wollte.

3 Ein knappes Dutzend Empfehlungen für das wissenschaftliche Arbeiten

Einige Ratschläge, die Ihr wissenschaftliches (d.h. im Folgenden zumeist „schriftliches" Arbeiten) erleichtern, wohlgemerkt nicht führen sollen.

1. Gehen Sie stets von einem Problem aus

Zuerst gilt es die Probleme wahrzunehmen, um die sich ein Fach allgemein, eine Lehrveranstaltung im Besonderen dreht. Nach diesen Problemen sollten Sie jeden Text befragen, dem Sie im Rahmen Ihres Studiums begegnen. Wenn Sie eine erste, zweite, dritte Arbeit zu einem Ihnen gegebenen oder von Ihnen gewählten Thema schreiben, dann lauten die ersten beiden Fragen:

- Um welches Problem soll es gehen – und geht es mir?
- Wie hängt dieses Problem mit dem Seminarthema oder dem Kontext, in dem ich das Thema behandele, zusammen?

Drei Zusatzbemerkungen, die Ihnen die Problemfindung erleichtern könnten.

1. Es ist nicht schlimm, und versteht sich am Anfang fast von selbst, dass Sie zuerst schwimmen. Das Problem, das Sie behandeln könnten, ergibt sich nicht von selbst. Sie finden sich erst in ein Fach ein. Sie haben vielleicht sogar die Scheu, weil das, was als „Wissenschaft" erscheint, so hoch über Ihnen hängt, irgendwelche höchst passenden Alltagsprobleme in „die" hehre Fachwissenschaft einzubringen. Manche Dozenten sind strikt dagegen. Sie fürchten, zu Unrecht, dass ein Fach banal würde, wenn es banale, oft zugleich basale, also grundsätzliche Fragen behandelt. Ihr Problem könnte also darin bestehen, kein Ihnen angemessen erscheinendes Problem zu haben, das Sie behandeln können. Dann lesen Sie, was sich ohnehin empfiehlt, einfach querbeet einigermaßen dazu passende Literatur. Während Ihrer Lektüre werden Sie wissenschaftlich, nicht religiös, die Devise bestätigen: Suchet, so werdet ihr finden.
2. Wenn Sie ein Problem ausgemacht haben, das zu behandeln sich lohnt, dann müssen Sie darauf achten, dass es nicht ein Problemhaufen, sondern ein großes Problem ist, das Sie bearbeiten wollen. Sie müssen dafür ein mögliches Problemgewusel und auch zu riesige, von Ihnen schlechterdings nicht traktierbare Probleme zurichten. Dass Sie dies tun und wie Sie dies tun, ist schon Teil Ihrer auch schriftlich knapp sich niederschlagenden Arbeit.
3. Wenn Sie sich selbst über das Problem, das Sie behandeln wollen, klar werden, entsteht ein Problemdruck oder anders eine Spannung. Von dieser Spannung profitieren Sie. Dadurch gewinnen Sie ein Gefühl für die Relevanz dessen, was Sie tun. Und gälte die Problemlösung zunächst auch nur primär für Sie selbst. Von einer solchen Problemspannung gewinnt Ihre Arbeit und gewinnen diejenigen, die sie lesen.

2. Ein Problem bearbeitbar machen: Klare Fragestellung formulieren

Fragestellung und Problemstellung hängen eng miteinander zusammen. Sie wollen etwas über ein Problem herausfinden. Daraus ergibt sich Ihre Frage. Das gilt auch umgekehrt. Sie fragen, warum in ihren Lebensbedingungen schlecht gestellte Menschen andere, ihrerseits schlecht oder noch schlechter gestellte Menschen erkenntlich mehr diskriminieren als besser gestellte Bürgerinnen und Bürger. Über diese Frage kommen Sie beispielsweise zum Problem sozialer Ungleichheit; oder der Ungleichheit der Ausbildung; oder dem psychosozialen Problem, wie Vorurteile entstehen u.ä.m. Die Fragestellung aber soll im Unterschied zur Problemstellung so lauten, dass Sie diese potentiell beantworten können. Mit anderen Worten: Die Fragestellung gilt nur einem oft sehr kleinen Ausschnitt aus dem Problemspektrum, das Sie interessiert (oder Ihnen vorgepflanzt wurde). Darum sollte die Fragestellung schlank und möglichst präzise sein. Dann haben Sie Ihre Hauptarbeit fast schon geleistet. Von selbst sollte es sich für Sie spätestens nach der ersten Arbeit verstehen, dass Sie Ihre Fragestellung

1. nach dem Problemaufriss- oder Problemanriss nennen;
2. kurz begründen und darauf hinweisen, was Sie vom Problem damit auf welche Weise herauszufinden gedenken.

Wenige Zusätze. Erneut will ich Sie davor schützen, sich zu überfordern. Ist man nicht doch ein wenig blöde, fühlen tut man sich bis in mein Alter so, wenn man auf die Frage nach der eigenen Fragestellung ins Stottern kommt, so man die Arbeit noch nicht fertig geschrieben hat? Ins Stottern kommen auch erfahrene Studenten, Doktorandinnen und Doktoranden oder bemoste Schreibkarpfen wie ich, wenn man sie oder mich während sie an einer Arbeit sitzen fragt: Was wollen sie „eigentlich" genau herausfinden? Was will ich genau herausfinden, der ich gegenwärtig an einer langwierigen Arbeit über das brüte, lese, recherchiere, sinne, was Politik in Zeiten der Globalisierung heißt und, vor allem, was sie heißen müsste? Das, was Unerfahrenen am leichtesten erscheint, ist am schwersten. Die Fragestellung zu formulieren. Der Stachel, Ihre Frage zu finden und die Arbeit der Zuspitzung zu leisten, muss vom ersten Arbeitsgedanken in Ihnen rumoren. Gerade weil Sie den Stachel gern los werden möchten. Stachel ist Stachel. Auch im übertragenen Sinne. Übrigens gilt es diese Frage nach der Frage auch all dem zu stellen, was Sie sonst tun. Den Autoren, deren Bücher Sie lesen; den Seminaren und ihren Leiterinnen und Leitern, die Sie besuchen; den Vorlesungen, die Sie anhören. Mit der stachligen Frage im Denkfleisch lesen Sie; recherchieren Sie; und fragen und fragen. Der Fragefindung hilft es, wenn Sie eine emotionale „Beziehung" zu dem Gegenstand entwickeln, den Sie untersuchen, über den Sie schreiben. Sie ärgern sich; sie entwickeln Zorn; sie werden begeistert. Diese Emotionen sind dann in Frageform „abzukühlen". Sie helfen aber,

Fragen zu finden. Günstig ist es für die „Fragefindung" auch, wenn Sie über Ihre eigene Perspektive klar werden, mit der Sie das Ihnen gesetzte oder von Ihnen gewählte Problem anvisieren. Was treibt Sie um? Hat das keine Folge für Ihre Problem- und Ihre spezifische Fragestellung?

3. Sie sollten auch sprachlich immer als Subjekt erkennbar bleiben

Alles Wissenschaftstreiben, alles wissenschaftliche Schreiben hat vom ersten Tag und von der ersten Zeile an mit Ihnen zu tun. Manche Fächer und ihre Fachvertreterinnen und meist mehr noch ihre Fachvertreter suchen bis in den Schreibstil den „subjektiven Faktor" zu verleugnen. Er wird unterdrückt. Das dauernde „man". Ihnen wird nahe gelegt, wenn es nicht härter geschieht, ihr „Ich" im Rahmen der (Fach-)Wissenschaft zu vergessen. Fast, wie der große Historiker des 19. Jahrhunderts, Leopold von Ranke schrieb: „Ich habe mein Selbst gleichsam ausgelöscht ..."

Das ist falsch. Sie sollten sich dagegen wehren, soweit Sie es ohne zu großes Risiko können. Falsch ist diese unterdrückende Forderung bis in die Erkenntnistheorie hinein. Erkenntnistheorie, das ist die Lehre davon, ob und wie Erkennen überhaupt möglich sei. Indem Sie sich forschend, schreibend explizit über sich, Ihr Interesse, Ihre Perspektive, Ihre Wahrnehmung klar werden, zeigen Sie nicht nur, dass Sie sich keine göttliche Hybris der Allerkenntnis rundum anmaßen. Statt einer solchen indezenten Selbstüberschätzung bleiben Sie bestimmt und bescheiden. Viele Fächer und Fachvertreter leiden an einer solchen „dementia praecox": Sie wandeln, als seien Sie Nahezu-Gott durch die Gedanken-Welt. Sich über sich selbst klar zu werden und dies anderen, zum Beispiel Lesenden zu zeigen, hat noch einen anderen unschätzbaren Vorzug. Sie werden freier für das jeweilige „Objekt", das Sie unter Ihrer Fragestellung in Richtung einer allgemeinen Problemstellung auskundschaften wollen. Sie werden „objektiver" gerade, indem Sie Ihr Selbst, Ihre Perspektive, ihre Untersuchungsabsicht ins Licht stellen. Sie können das „Objekt" in seiner Eigenart ungetrübter erkennen und mehr gelten lassen. Der letzte Vorteil dieses Verfahrens besteht darin, dass wissenschaftliche Arbeiten für Sie an Spannung gewinnen. Sie lernen mehr über sich, indem Sie mehr über Andere, über Fremdes lernen. Wie voll des erkennenden Spaßes und der Freude, ja dem Stolz des Erkannten kann da wissenschaftliches Arbeiten aller „Maloche" zum Trotz bereiten. Sie können dann auch sprachliche Verhunzungen vermeiden. Von den Subjektverächtern (oder meist Angsthasen) werden neue, versachlichte Subjekte gekürt. Der Staat tut dies und das. Das System schafft sich selbst. Der Diskurs hält Diskurse ab. Freilich, einen großen Nachteil hat mein Ratschlag: Sie können nicht so tun, als sprächen durch Ihren geliehenen Mund oder durch Ihre geliehene Hand wissenschaftliche Erkenntnis, Wissenschaftszwänge, Wahrheit höchst „persönlich".

4. Voraussetzungen prüfen, Voraussetzungen offenlegen

Misstrauen Sie immer, wenn Ihnen der Tiefsinn der Niederung begegnet. Sie sinnen und sinnen und verstehen nicht, was der Autor meint. Zuweilen kann das hohe Philosophie sein. Sie müssen sich dann schon die Zeit nehmen, sich allmählich in schwierige, abstraktere Texte einzulesen. Das ist erforderlich, weil Zusammenhänge zu sehen und zu begreifen, nur über Abstraktionen vom vereinzelt Besonderen möglich ist. Freilich: es gibt nicht wenige, in den einzelnen Fächern tümelnde hochabstrakte Begriffe und Modelle, die es nicht erlauben, Zusammenhänge besser zu verstehen. Es handelt sich meist um verquaste oder aus der Luft gegriffene Abstraktionen. Wenn Sie solchen Abstraktionen begegnen, und das wird nicht selten der Fall sein, müssen Sie das Transparenz- und Explikationspostulat darauf anwenden:

- Mit welchen Voraussetzungen arbeiten die entsprechenden Begriffshuber?
- Sind diese Voraussetzungen aufgedeckt?
- Wie haben Sie Ihre abstrakten Begriffe gewonnen? Sie müssten korrekter Weise von vielen Erscheinungen abgezogen, abgehoben sein. Von welchen Besonderheiten sehen also die Begriffe ab?
- Wie lassen sie sich vermittelnd wieder auf konkrete Gegenstände anwenden?
- Oder betreiben die Begriffshuber etwa das, was man „angewandte Abstraktion" nennt? Sie sprängen dann von einem Begriff, einem Modell unmittelbar in die vielfältige, durch Besonderheiten aller Art ausgezeichnete Wirklichkeit. Dann argumentierten und theoretisierten Sie wie moderne Nachfolger des sagenhaften Prokrustes. Der hatte ein Modellbett gezimmert. Wenn er Menschen fand und griff, legte er sie in sein Modell- oder Paradigma (=Musterbett). Wer sich als zu lang erwies, verlor den überhängenden Köperteil. Im Hacken, nicht im Erkennen war Prokrustes stark. Wer zu kurz im Bett verschwand, wurde bis zur korrekten Län-

ge gezogen. Mess-, bzw. Erkenntnisprozesse mit tödlichem Ausgang.

5. Die Arbeit strukturieren

Machen Sie sich klar und setzen Sie die Leser in Klarheit , wie Sie Ihre Arbeit einteilen (Disposition oder Gliederung). Es lohnt, von Anfang an damit zu beginnen, sich zu notieren, wie Sie argumentativ verfahren wollen. Die Frage nach der Disposition und ihrem warum, ihrer einleuchtenden oder nicht einleuchtenden „Logik" ist selbstredend nicht nur, nicht einmal primär an die eigene Arbeit zu stellen. Am Beginn stellen Sie diese Frage im- oder explizit sinnvoller Weise dauernd. An jedes Seminar, jede Vorlesung, jedes Buch. Stimmt die von den Dozenten angegebene Gliederung mit der von Ihnen bezeichneten Problem- und Fragestellung einleuchtender Weise zusammen: ergibt sie in sich einen Sinn?

Dispositionen kann man erst zusammenstellen, wenn Sie das weitgehend kennen, was und wie Sie es darstellen wollen. Dann sind sie nicht schwer. Sie müssen sich nur die wichtigsten Merkmale dessen notieren, was Sie beschreiben und analysieren wollen. Zu letzterem werden Sie in der ersten Arbeit oft noch nicht kommen. Dann können Sie daran gehen, die Merkmale unter dem Gesichtspunkt Ihrer Fragestellung in eine dem beschriebenen Gegenstand gerecht werdende Reihenfolge zu bringen. Jetzt schreiben Sie.

6. Beschreibung und Analyse trennen

Von Ihrer ersten Hausarbeit oder Klausur an, sollten Sie eher beschreibende, eher analysierende und eher bewertende Teile so klar wie möglich von einander unterscheiden. Eine ‚reine' Beschreibung gibt es nicht. Durchgehend spielt Ihre oder anderer Schreiber Perspektive eine Rolle. Gerade darum aber ist es umso wichtiger, um Ihre oder anderer Beschreibung eines Sachverhalts und die nachfolgende Analyse möglichst gut nachvollziehen zu können, dass Sie den jeweiligen Sachverhalt möglichst ohne weitere Einmischungen Ihrerseits beschreiben. Erst danach ist die Analyse dran. Deren Ansatz, deren theoretischer Bezug ist aufzudecken. Daran kann sich dann unter explizit gemachten Kriterien Ihr Urteil anschließen.

7. Erweiternd zusammenfassen

Wenn Sie Ihre Fragestellung zu sehr einengen, besteht die Gefahr, dass Sie Ihre Problemstellung verfehlen. Um diese Gefahr zu vermeiden, kommt es auf die erweiternde Zusammenfassung am Schluss Ihrer Arbeit entscheidend an. Auch dieses Erfordernis tragen Sie sinnvollerweise kritisch an all das von Anfang an heran, was Sie studierend rezeptiv tun müssen. In der Zusammenfassung blenden Sie noch einmal auf Ihre Problem- und Fragestellung am Beginn Ihrer Arbeit zurück. Oder Sie stellen die entsprechende Frage an die Veranstaltungen, die Sie besuchen, die Texte, die Sie lesen oder das, was Sie sehen. Die Frage lautet: Was habe ich herausgekriegt? Die weiteren Fragen lauten: Warum habe ich etwas herausgekriegt, war also meine Methode richtig oder warum habe ich es nicht getan? Die kritische Reflexion der Arbeit ist also angezeigt (oder des Seminars oder der Vorlesung oder ...).

Jetzt ist zugleich der Zeitpunkt Ihrer Arbeit gekommen, zu fragen und darzulegen, was Ihre Resultate, Halbresultate oder Nichtresultate bedeuten. Dazu betreiben Sie die Kunst der Verallgemeinerung. Diese geschieht stufenweise. Sie fassen zuerst auf der Stufe Ihrer Fragestellung und Ihres, von Ihnen ausgewählten Materials zusammen. Dann gehen Sie in der nächsten Stufe dazu über die Bedeutung der zunächst der Fragestellung entsprechend schmalen Resultate im Hinblick auf die breitere Problemstellung zu gewichten. Dazu können Sie, das ist jedoch nichts für den Anfang, allgemeinere Literatur in Beleg und Auseinandersetzung einbeziehen. Also endet Ihre Arbeit mit dem verbreiterten problembezogenen Ergebnis und seiner Reflexion. Breit, mit der Problemstellung haben Sie begonnen. Breit in Bezug auf das, was Sie herausbekommen haben, enden sie.

8. Das individuelle Tun in Zusammenhänge stellen

So speziell Ihr Thema auch sein mag, Sie sollten es immer in den Zusammenhang des Seminarthemas allgemein und der Absicht des Seminars oder entsprechender Veranstaltungen stellen. Viele versäumen das; sie zeigen nicht die Zusammenhänge, in denen das steht, was sie beschreiben, analysieren, bewerten. Damit versäumen sie oft die Relevanz des Getanen zu bedenken, herauszuarbeiten und anderen klar zu machen. Dadurch demotivieren sie sich zuweilen auch selbst, weil das, was Sie schreibend tun, in der Mitte von Nichts und Nirgendwo stattzufinden scheint.

9. Entwickeln Sie einen praxisorientierten und praxiskritischen Blick

Wozu der Aufwand eines wissenschaftlichen Studiums, immerhin einige der besten Jahre Ihres Lebens? Der Aufwand ist gerechtfertigt, weil Sie anders selbst einen fachspezifischen Durchblick nicht entwickeln können, von Ihrer damit im Zusammenhang befindlichen Selbst-Bildung ganz zu schweigen. Die Behauptung, alles sei komplex, ist gewiss zuweilen Schutzbehauptung interessenängstlicher Politiker und (denk-)fauler Intellektueller. Sie ist es aber nicht nur, sie ist es nicht primär. Dass die diversen, von den verschiedenen Fächern behandelten Komplexitäten so groß sind, ist Ausdruck der wissenschaftlich mitverfertigten, jedoch nicht einfach veränderbaren menschlichen Kunst-Welt und Kunst-Natur.

Noch problematischer als hohles Komplexitätsgeschwätz ist die schrecklich vereinfachende Reduktion von Komplexitäten. Wissenschaftliches Studium ist gerade dazu da, Sie instand zu setzen, den schrecklichen Vereinfachungen und Vereinfachern entgegen zu denken, entgegen zu arbeiten. Mit gutem Grund hat man deswegen gesagt: Die erste Praxis von Wissenschaften heißt *Theorie*. Das besagt: Verstehen dessen, was der Fall ist und seiner Hintergründe.

Die meisten von Ihnen werden später in diverse Praxen gehen. Sie sollten sich von Anbeginn Ihres Studiums darum bemühen, sich methodisch und material zur Wirklichkeitsanalyse zu befähigen. Das schließt die Analyse ihrer Mängel und Gefahren ein. Dann sind Sie für eine durchsichtige, eine reformorientierte, eine urteilsbegründete Praxis am besten vorbereitet. Seminararbeiten im 1. Semester und Abschlussarbeiten können praktische Schlussfolgerungen in aller Regel nur fahrlässig oder aus dem ziemlich leeren Bauch ziehen. Das tun schon Hochschullehrer allzu oft. Überlassen Sie es am besten diesen und entwickeln Sie Ihre analytisch kritische Kompetenz.

10. Zum „Stand der Literatur": Kein Imponiergehabe

Schon im 12. Jahrhundert haben Mönche nahe Paris formuliert, sie stünden auf den Schultern von Riesen. Sie meinten damit, all ihre Erkenntnisse und ihre – damals weithin theologische – Wissenschaft seien von Platon, Aristoteles und anderen alten Griechen abhängig. Wir alle tun dies heute ungleich mehr. Darum müssen Sie in den Sozial- und Geisteswissenschaften frühere und aktuelle Literatur zu den diversen Themen noch und noch lesen. Und vor allem zitieren.

Vom ersten Tag des ersten Semesters an. Das ist unvermeidlich. Die Qualität Ihrer späteren Arbeiten im Studium wird daran mit gemessen werden. Ob und inwieweit Sie sich auf dem neuesten Stand *der* Literatur befinden. Achten Sie jedoch sehr darauf, dass Sie den modisch am meisten zitierten Büchern nicht einfach auf den Leim gehen. Auch wenn letzterer professoral freigiebig und notenrelevant verteilt wird. Stellen Sie immer erneut all die methodisch kritischen Fragen, die ich aufgelistet habe. Vor allem passen Sie auf, dass Sie sich nicht zu Schanden lesen. Diese Vorsichtsregel formuliere ich nicht, um Sie anzuhalten, nicht allzu viel zu lesen. Vom Gegenteil würde ich Sie liebend gern überzeugen. Bis hin zur Bitte: Lesen Sie auch Romane und Gedichte. Die befördern mit das Wichtigste, aber oft Vergessene bei allem Wissenschaftstreiben und wissenschaftlichem Studieren: die Phantasie. Diese Vorsichtsregel soll nur besagen, dass Sie Ihren eigenen Kopf über der Literatur bewahren sollen. Auch in Ihren Arbeiten sollten Sie immer nur so viel an Literatur gar neuesten Datums berücksichtigen, wie Sie brauchen, um Ihre Argumente zu belegen oder zu begründen. Ahmen Sie das *namedropping*, wie das bloße Verweisen auf (zumeist nicht oder nur oberflächlich) gelesenes Schrifttum genannt wird, dieses Imponiergehabe, das von uns Hochschullehrern leider nur allzu oft praktiziert wird, nicht nach. Auch einfache Verweigerungen gehören zum Studium und seinem Lernen.

11. Abstand gewinnen

Lassen Sie Ihre Hausarbeit, wenn sie fertig gediehen ist, einige Tage ruhen. Wenn möglich acht Tage oder mehr. Dann wählen Sie eine ruhige Stunde oder zwei Stunden und lesen Sie das, was Sie geschrieben haben, noch einmal Satz für Satz durch. Sie werden bemerken, wie viele Flüchtigkeitsfehler sich eingeschlichen haben. Viele Ausdrücke können Sie verbessern. Zuweilen trifft dies auch für Gedanken oder deren Gliederung zu. Die Zusammenfassung bedarf gleichfalls oft einer Nachbesserung, denn am Ende gehen häufig der Atem und auch die Lust aus. All diese kleinen oder größeren Unzulänglichkeiten fallen Ihnen nur auf, wenn Sie das, was Sie selbst geschrieben haben, gleichsam mit einem ethnologischen Blick auf ein fremdes Stammesgebilde betrachten können. Das ist nur möglich, wenn Sie über genügend zeitlichen Abstand zwischen Arbeitsabschluss und korrigierender Lektüre verfügen. Mir geht es genauso wie Ihnen. Liefere ich Manuskripte sogleich nach dem Tippen ab, dann werde ich ohrenrot wie ein ertappter Schüler, weisen mich meine freundlichen Kollegen auf die Fülle meiner Fehlerchen hin.

In meinem Briefaufsatz wollte ich Ihnen den Hürdenlauf über vielerlei Hindernisse, den das Studium darstellt, nicht verschweigen. Das, was so genannt bildungspolitisch geschieht, trägt mehr zum Ausbau von Wassergräben und Stolpern geradezu anblockenden Hindernissen bei, als zur besseren Gestaltung der Bildungs- und anschließend der Berufswege. Gerade deswegen und trotzdem kam und kommt es mir darauf an, Sie davon zu überzeugen, sich Ihr Studium nicht vermiesen und nicht zu Schanden machen zu lassen. Bilden Sie sich, bitte fachlich und als selbstbewusste Person weiter, indem Sie allen genannten und nicht genannten Hindernissen zum Trotz, vielmehr diese letztlich elegant überspringend, Ihr Studium engagiert betreiben.

Das wünsche ich Ihnen. Packen Sie' s mit Verstand, Skepsis und Mut an.
Ihr
Wolf-Dieter Narr

PS: Ob ich dazu in der Lage sein werde, wenn viele von Ihnen das Angebot annähmen, wage ich nicht zu versprechen. Sie haben jedoch, wie sich dies für einen persönlichen Brief ziemt, die Chance mich zu erreichen. Mit Kommentaren, mit Kritik, mit Fragen um Rat. Meine E-mail-Adresse: narrwd@zedat.fu-berlin.de

STEFAN CRAMME UND CHRISTIAN RITZI

Literatur ermitteln

Der Nachweis von Literatur erfolgt seit einigen Jahren nicht mehr über Zettelkataloge der Bibliotheken oder gedruckte Bibliografien, sondern zunehmend mit Hilfe von Datenbanken, die über das Internet erreichbar sind.

Wir verfolgen mit unserem Beitrag nicht das Ziel, möglichst viele Web-Adressen aufzulisten, sondern konzentrieren uns auf einige wenige, die exemplarischen Charakter haben. Die Schnelligkeit des Internets bringt es ohnehin mit sich, dass manche der hier aufgeführten Seiten im Laufe der Zeit entweder anders aussehen, ihre Adresse verändert haben oder gar nicht mehr existieren. Unsere Hinweise und Beispiele haben ihre Funktion erfüllt, wenn sie einen Eindruck von den Recherchemöglichkeiten im Internet vermitteln.

Bevor wir auf Recherchewege und Recherchemittel eingehen, drei Grundsätze der Informationssuche:
- Vor der Recherche sollten Sie sich überlegen, welche Art von Informationen Sie suchen, und Ihre Suchstrategie unter Umständen modifizieren, wenn die Ergebnisse unbefriedigend sind. Überlegen Sie sich, welche übergeordneten oder spezialisierten Begriffe es gibt, nach denen Sie suchen könnten, oder ob es noch bedeutungsgleiche Begriffe (Synonyme) für Ihren Suchbegriff gibt.
- Nicht alle Informationen, die man braucht, sind an einem einzigen Ort zu finden (weder im Internet noch in einer Bibliothek).
- Haben Sie keine Scheu, Angebote zur Hilfe bei der Suche anzunehmen! Die Landschaft im Bereich der Kataloge und Datenbanken ändert sich so schnell, dass man leicht den Überblick verlieren kann. Institute und vor allem die Universitätsbibliotheken bieten fast überall Schulungen für die wichtigsten Informationsmittel eines Faches an.

1 Wie finde ich mit Suchmaschinen Informationen im Internet?

Das Internet ist seit einigen Jahren der am nächsten liegende Weg, um Informationen aller Art zu suchen. Das Internet kann auch bei der Recherche für das Studium oft weiterhelfen. Allerdings ist zu beachten, dass noch längst nicht alle wissenschaftlichen Informationen mit einer einfachen Internetrecherche gefunden werden können. Daher ist die Benutzung von spezialisierten Datenbanken (Bibliothekskataloge, Bibliografie u.Ä.) unerlässlich, die in den folgenden Abschnitten vorgestellt werden.

Es gibt kein zentrales Verzeichnis aller Informationen im Internet. Es ist jedoch möglich, mit Suchmaschinen einen großen Teil (nie alle!) der existierenden Internet-Seiten nach bestimmten Wörtern zu durchsuchen. Suchmaschinen für das Internet greifen in aller Regel nicht auf eine Liste von redaktionell ausgewählten Angeboten zurück, sondern benutzen einen automatisch erstellten Index. Dazu durchstöbern spezielle Suchroboter („Spider") alle ihnen zugänglichen Internetseiten, indem sie systematisch den Verweisen („Links") nachgehen und so auf immer neue Seiten stoßen. Außer den im WWW vorherrschenden HTML-Dokumenten erfassen Suchmaschinen noch weitere Dokumenttypen wie das „Portable Document Format" (PDF) oder Formate von Office-Programmen wie „Word" (DOC) oder „PowerPoint" (PPT), in speziellen Suchmasken auch Abbildungen.

Bei der Suche ist Folgendes zu beachten:
- Der Index ist im Regelfall nie tagesaktuell, weil eine vollständige Aktualisierung mehrere Wochen dauert.
- Suchmaschinen decken nicht alle vorhandenen Internetseiten ab, weil sie nur das finden, was von irgendwoher verlinkt ist.
- Inhalte in Datenbanken oder in zugangsbeschränkten Angeboten können nicht erfasst werden (man spricht mitunter vom „deep web", das sozusagen „unter" den frei verfügbaren Seiten liegt). Das betrifft insbesondere viele wissenschaftlich relevanten Dienste (Bibliothekskataloge, bibliografische und Faktendatenbanken) und sollte bei der Recherche nach Informationen für das Studium immer berücksichtigt werden.

Die bekannteste Suchmaschine ist *Google*[1], die über einen der größten Indizes verfügt, vor allem aber wegen ihrer Schnelligkeit und

---
[1] http://www.google.de/

guten Trefferanzeige herausragt. Verglichen mit anderen Suchmaschinen wirkt der Startbildschirm von *Google* sehr übersichtlich und besteht in erster Linie aus einer Eingabezeile für die Suchbegriffe. Sie werden stets mit dem Booleschen Operator UND[2] miteinander verknüpft, das heißt, alle eingegebenen Suchbegriffe müssen in einer Webseite vorkommen, um zu einem Treffer zu führen. Wenn ein Begriff auf keinen Fall vorkommen soll, kann man ihn durch ein vorangestelltes Minuszeichen ausschließen. Wörter, die in einer bestimmten Reihenfolge direkt nacheinander vorkommen sollen, lassen sich mit Anführungszeichen zu einer so genannten „Phrase" zusammenstellen.

Suchmaschinen präsentieren ihre Ergebnisse in einer Liste, die zunächst etwa 10 (so bei *Google*) oder 20 Treffer aufführt. Gibt es mehr Treffer, erscheinen sie auf weiteren Seiten. Da viele Benutzer nicht mehrere Seiten mit Suchergebnissen durcharbeiten wollen, versuchen die Betreiber von Suchmaschinen, die Ergebnisse nach Relevanz zu sortieren, um die wichtigsten Treffer nach oben zu setzen. Die genauen Regeln, nach denen dies geschieht, sind Geschäftsgeheimnis des jeweiligen Betreibers und nicht öffentlich dokumentiert, auch um Missbrauch zu vermeiden.

Ergebnisseite von *Google* (mit Werbeanzeige)

---

[2] Mehr dazu auf S. 43ff.

Bei den Trefferlisten sollten Sie beachten:
- Verständlicherweise wollen Betreiber von Internetangeboten ihre Seiten in den Ergebnislisten möglichst weit oben unterbringen und greifen dabei teilweise zu unfairen Mitteln, gegen die sich die Suchmaschinen zur Wehr zu setzen versuchen – nicht immer mit Erfolg! Deshalb ist es oft ratsam, sich nicht auf die ersten Treffer zu beschränken, sondern zu überprüfen, ob weiter unten in der Liste noch relevante Angebote erscheinen. Bei Ergebnislisten mit mehreren tausend Treffern sind dem natürlich Grenzen gesetzt, und Sie sollten versuchen, Ihre Anfrage etwas spezifischer zu formulieren.
- Viele Suchmaschinen nehmen bezahlte Werbung auf, um sich zu finanzieren. Im Idealfall sind diese Anzeigen deutlich vom restlichen Inhalt getrennt (siehe das abgebildete Beispiel von *Google*). Mitunter erscheinen sie jedoch wie ein normaler Treffer in der Ergebnisanzeige. Ohnehin gilt generell: Informationen aus dem Internet müssen noch kritischer hinterfragt werden, als dies beim wissenschaftlichen Arbeiten sowieso erforderlich ist. Suchmaschinen können, anders als redaktionell betreute Portale, keine Qualitätskontrolle vornehmen.

Bei hohen Trefferzahlen kann es sinnvoll sein, die Suche auf bestimmte Kriterien einzuschränken. Dazu bieten alle Suchmaschinen zusätzliche Möglichkeiten an, oft als „Erweiterte Suche", „Expertensuche" oder ähnlich bezeichnet. Man kann zum Beispiel nach Seiten suchen, die innerhalb eines bestimmten Zeitraums aktualisiert wurden, bestimmte Dokumentformate ausschließen oder die Suche auf einen bestimmten Server beschränken. Die Möglichkeiten sind von Suchmaschine zu Suchmaschine verschieden. Es empfiehlt sich, die Hilfsfunktion zu benutzen, die oft auch Beispiele für Suchanfragen enthält.

Nützlich sind auch *Metasuchmaschinen*, die mit einer Eingabe mehrere Suchmaschinen gleichzeitig abfragen. Dabei kann man zwar keine Verfeinerungsmöglichkeiten nutzen, gewinnt aber oft einen Überblick, welche Suchmaschine für eine weitere Suche die erfolgversprechendste ist. Die bekannteste deutsche Metasuchmaschine ist *Metager*[3]; das Regionale Rechenzentrum Niedersachsen der Universität Hannover betreibt diese Suchmaschine.

Neben den genannten gibt es noch zahlreiche weitere Suchmaschinen, die für bestimmte Fragestellungen interessant sein können. Einen Überblick verschaffen spezielle Zusammenstellungen, die zu-

---

[3] http://meta.rrzn.uni-hannover.de/

gleich weitere Hinweise für erfolgreiche Suchen im Internet geben. Für den deutschen Bereich ist vor allem die *Suchfibel*[4] zu nennen.

Tipp: Die meisten Webbrowser erleichtern den direkten Aufruf von Suchmaschinen. So gibt es in allen aktuellen Browsern ein Eingabefeld, mit dem ein Suchbegriff direkt an Google oder eine andere Suchmaschine weitergeleitet wird.

2 Wie finde ich Internetangebote von Bibliotheken?

Für eine ernsthafte Literatursuche sind wissenschaftliche Bibliotheken nach wie vor nicht zu ersetzen. Sie bieten teilweise umfangreiche Internetangebote an, mit denen man sich möglichst früh im Studium vertraut machen sollte.

1. Wie finde ich die Homepage einer Bibliothek in einer bestimmten Stadt?

Wie findet man im Internet „seine" Bibliothek? Oder besser „seine" Bibliotheken, denn meist muss man im Verlauf des Studiums mehrere dieser Bücherburgen benutzen. Deshalb ist es nützlich, frühzeitig deren Adressen, Telefonnummern, Öffnungszeiten, Dienstleistungen, Benutzungsbedingungen usw. zu kennen. Um möglichst schnell die Internet-Adresse, die so genannte URL (Uniform Ressource Locator) der gesuchten Bibliothek zu finden, gibt es im Internet Listen, die das Ermitteln von Bibliothekshomepages erleichtern.

Einen guten Startpunkt für die Suche nach Bibliotheken, die Internet-Angebote zur Verfügung stellen, bietet die Auflistung von *Deutsche Bibliotheken Online*[5]. Wenn Sie etwa in Konstanz studieren, so interessieren Sie vermutlich zunächst die Bibliotheken in Konstanz. Ein Klick auf den Buchstaben „K" listet alle mit „K" beginnenden deutschen Städtenamen auf, darunter auch „Konstanz".

---

4 http://www.suchfibel.de/
5 http://www.hbz-nrw.de/produkte_dienstl/germlst/index.html (=hbz-Werkzeugkasten)

Ein weiterer Klick auf „Konstanz" weist alle Konstanzer Bibliotheken mit Internetangeboten nach. Deren Aufgaben- und Sammelprofile unterscheiden sich jedoch erheblich. Die im Studium benötigte Literatur findet man vorzugsweise in wissenschaftlichen Bibliotheken, also in Universitäts-, Instituts- und Fachbereichsbibliotheken, aber auch in öffentlich zugänglichen Spezial- und Forschungsbibliotheken.

Gleichgültig, welches Fach man studiert: die jeweilige Universitätsbibliothek ist eine unverzichtbare Begleiterin auf dem Weg zum Examen. Viele Hinweise auf die Nutzungsmöglichkeiten findet man auf deren Web-Seiten: Adresse, Öffnungszeiten, Ansprechpartner und -partnerinnen. Daneben kann man in der Regel die Benutzungsordnung einsehen, in der u.a. so wichtige Informationen wie Leihfristen und Kopierbeschränkungen stehen. Schließlich werden Hinweise auf Sondersammelgebiete, Bibliotheksführungen, aktuelle Ausstellungen u.a. angeboten.

Wenn Sie „Ihre" Bibliothek gefunden haben, sollten Sie die Web-Adresse oder URL als Bookmark/Lesezeichen speichern. Darüber hinaus können Sie sich wichtige Informationen wie Adresse, Telefonnummer, Öffnungszeiten, Leihfristen in einen *Bibliotheks-Steckbrief* eintragen, der als Kopiervorlage im Anhang abgedruckt ist. Ausgefüllte Steckbriefe einiger großer Bibliotheken finden Sie als Beispiele ebenfalls im Anhang (S. 67ff.).

Deutsche Bibliotheken Online erfasst Web-Seiten von deutschen Bibliotheken

2. Wie finde ich die Homepages von fachlich wichtigen Bibliotheken?

Zunächst werden Sie – schon aus Zeitgründen – mit den am nächsten gelegenen Bibliotheken auszukommen versuchen. Aber in späteren Phasen des Studiums können Sie dabei an Grenzen stoßen, die es erforderlich machen, weitere Bibliotheken zu benutzen. Es lohnt sich deshalb, die Bibliotheken in Deutschland zu kennen, die den umfassendsten Bestand Ihrer Studienrichtung besitzen.

Die Masse an Publikationen hat schon lange einen Umfang erreicht, der es keiner Bibliothek mehr erlaubt, die gesamte neu erscheinende Literatur zu erwerben. In Deutschland wurde angesichts dieser Erkenntnis ein System von so genannten Sondersammelgebietsbibliotheken errichtet, die durch einige Fach- und Spezialbibliotheken ergänzt werden. Jeder der an dem System beteiligten Bibliotheken ist ein Fachgebiet, eine Teildisziplin oder eine regionale Zuständigkeit zugeordnet mit der Verpflichtung, die für das Sammelgebiet relevante Fachliteratur umfassend anzuschaffen. Zusammen erwerben diese Bibliotheken die Gesamtheit der wichtigen Literatur.

Um aus diesen Teilbeständen wieder ein Ganzes zu bilden, werden die Möglichkeiten des Internets genutzt. Seit 1995 gibt es *WEBIS*: *WEB* *B*ibliotheks*I*nformations*S*ystem[6], das diese Aufgabe erfüllt.

Homepage von *WEBIS*

---

[6] http://webis.sub.uni-hamburg.de/

Über die *WEBIS*-Seiten im Internet erhalten Sie einen schnellen Überblick über die für Ihre Studienfächer relevanten Bibliotheken des Systems. Dazu gibt es verschiedene Sucheinstiege, wovon insbesondere die Suche nach Fächern und Regionen erfolgversprechend ist: Der Link „*Fach*" bietet einen Einstieg über Fächergruppen bzw. Disziplinen, „*Region*" über Kontinente und Länder bzw. Regionen.

Eine Anglistik-Studentin würde beispielsweise ihre Suche nach Bibliotheken über *WEBIS* bei der Fachübersicht beginnen. Sie ist in 15 Fächergruppen unterteilt, darunter befinden sich auch die Sprach- und Literaturwissenschaften. Nach einem Klick auf den Link „Sprach- und Literaturwissenschaften" werden alle Bibliotheken angezeigt, die im Rahmen des Systems der Sondersammelgebiete einen Teil der Sprach- und Literaturwissenschaften betreuen. Unter anderem ist auch die Sondersammelgebietsbibliothek für die Anglistik aufgeführt, die Niedersächsische Staats- und Universitätsbibliothek Göttingen. Neben einigen Angaben zur Bibliothek selbst findet man Links zum elektronischen Bibliothekskatalog, zur Dokumentenbestellung, zu fachlich bezogenen Internet-Quellen u.a.m.

Der zweite Zugang, über „Region", wird über eine Weltkarte ermöglicht. Wenn man etwa Europa und dann Italien anklickt, so werden die für „Italienische Sprache und Literatur" bzw. „Geschichte Italiens" zuständigen Sondersammelgebietsbibliotheken in Bonn und München angezeigt.

3 Wie recherchiere ich im Online-Katalog einer Bibliothek?

Die meisten wissenschaftlichen Bibliotheken weisen ihre Bestände in Datenbanken nach. Zwar findet man oft noch Zettelkataloge. Sie dienen aber nur noch als Ergänzung zu den elektronischen Katalogen, insbesondere für ältere Bestände. Die neu erschienene Literatur wird nur noch in den elektronischen Katalogen nachgewiesen. Diese Kataloge sind im Gegensatz zu den konventionellen Zettelkatalogen nicht nur in den Bibliotheken selbst und damit eingeschränkt während der Öffnungszeiten der Bibliothek nutzbar, sondern weltweit und rund um die Uhr von jedem PC mit Zugang zum Internet.

Neben dem zeitlich und örtlich unbeschränkten Zugriff ist die verbesserte Recherchemöglichkeit ein weiterer Vorteil elektronischer Kataloge. In der Regel kann nach einzelnen Begriffen innerhalb eines Titels, nach Autoren, Erscheinungsjahren und Sachschlagwörtern gesucht werden. Zudem können durch Einsatz der so genannten Booleschen Operatoren (siehe Seite 43ff.) mehrere Begriffe in nahezu beliebiger Art und Weise kombiniert und damit komplexe Rechercheanfragen durchgeführt werden.

Auf der Homepage einer Bibliothek finden Sie in der Regel auch einen Link zum elektronischen Katalog. Nicht immer wird der Link, der eine Recherche in der Bibliotheksdatenbank ermöglicht, „elektronischer Katalog" genannt. Andere Bezeichnungen dafür sind: OPAC (Online Public Access Catalog), Katalog, WWW-Katalog, Online-Katalog, Online-Benutzerkatalog u.a.m.

Leider unterscheiden sich auch die Benutzeroberflächen elektronischer Kataloge der Bibliotheken. Deshalb muss man sich bei jeder neuen Datenbank etwas Zeit nehmen, um ihre Besonderheiten zu erkennen. Diese Abweichungen betreffen überwiegend nur die Gestaltung der Seiten bzw. der Suchmasken, die Suchmöglichkeiten sind dagegen ziemlich ähnlich (typische Eingabemaske eines elektronischen Bibliothekskatalogs).

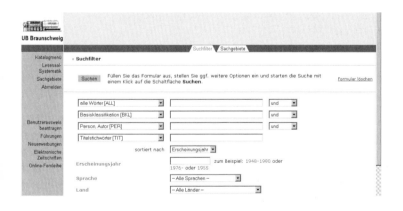

Zur Vereinfachung der Literatursuche in Datenbanken gibt es Suchmasken, in die Sie das gewünschte Suchwort eingeben können. Vielfach werden je nach Komplexität der Recherche unterschiedliche Suchmasken angeboten. Wer etwa Bücher eines bestimmten Autors aus einem bestimmten Erscheinungsjahr sucht, wird mit Masken für einfache Suchanfragen kein zufrieden stellendes Ergebnis erzielen können. Dazu dienen Suchmasken mit unterschiedlichen Suchfeldern, die vielfach als „erweiterte Suche" bezeichnet werden. Die Universitätsbibliothek Braunschweig bietet etwa eine erweiterte Suchmaske unter „Suchmenü" an (siehe Abbildung S. 41).

In Suchmasken, die eine erweiterte Suche ermöglichen, können Sie zwischen mehreren Suchfeldern wählen. Wenn Sie Bücher eines Autors namens „Schneider" suchen, so wählen Sie in unserem Beispiel das Suchfeld „Person (Nachname, Vorname)". Interessieren Sie sich dagegen für den Beruf des „Schneiders", so sind die Suchfelder Titelstich- und/oder Schlagwörter sinnvoll.

Titelstichwort/Schlagwort

Unter einem *Titelstichwort* oder *Stichwort* versteht man ein Wort aus einem Titel eines Buches oder Aufsatzes. Beispiel: „Der *Kaufmann* von *Venedig*".

Die Suche nach Titelstichwörtern empfiehlt sich also insbesondere dann, wenn Sie nach einem konkreten Buch suchen, von dem der ganze Titel oder zumindest Teile davon bekannt sind. Recherchen dieser Art bezeichnet man als *formale Suche*. Man sucht nach Publikationen, von denen man zum Beispiel den Namen des Verfassers oder den Titel weiß.

Als *Schlagwort* bezeichnet man einen normierten Begriff, der den Inhalt eines Dokumentes möglichst genau wiedergibt. Die Vergabe von Schlagwörtern ist eine intellektuelle Leistung, die aufgrund der Kenntnis des Inhaltes eines Buches oder eines Aufsatzes erfolgt. Die Suche nach Schlagwörtern empfiehlt sich, wenn man eine thematische Suche vornehmen will. Die *thematische* oder *inhaltliche* oder *sachliche* Suche prüft, ob zu einem bestimmten Thema Medien in der Bibliothek vorhanden sind. Man sucht verbal (Schlagwort) und/oder klassifikatorisch (Systematik).

Tipp: Wenn Sie unter inhaltlichen Gesichtspunkten in elektronischen Bibliothekskatalogen recherchieren, sollten Sie sowohl nach Schlag- als auch nach Stichworten suchen. Aber: Bibliothekskataloge sind „nur" Bestandsverzeichnisse von einzelnen Bibliotheken, die nie die Gesamtheit aller existierenden Literatur zu der gesuchten Fragestellung nachweisen können. Manche Bücher sind noch nicht in den elektronischen Bibliothekskatalog eingegeben worden, manche wurden von der Bibliothek gar nicht erworben. Wer eine möglichst vollständige Suche nach Veröffentlichungen zu einem bestimmten Thema durchführen möchte, muss Bibliografien benutzen – mehr dazu auf den Seiten 51ff.

Hinweise auf mögliche Einschränkungen von Datenbankrecherchen, auf Besonderheiten und auch auf Fallen, in die man leicht geraten kann, finden sich in der Regel auf entsprechenden Hilfeseiten. Es ist empfehlenswert, die Erläuterungen zu jenen elektronischen Bibliothekskatalogen zu lesen, die man häufiger benutzt. Wenn Sie in einem elektronischen Katalog etwas recherchieren und nichts oder unerwartet wenig finden, so misstrauen Sie dem Ergebnis. Vieles spricht dafür, dass Sie einen Eingabefehler gemacht oder eine der Datenbank zugrunde liegende Konvention nicht beachtet haben.

Die Suche nach einem einzelnen Sachbegriff kann zu einer umfangreichen Ergebnismenge führen, die durchzuarbeiten einige Zeit in Anspruch nimmt. Aus diesem Grund kann man bei den meisten elektronischen Katalogen Eingrenzungen mit Hilfe der so genannten Booleschen Operatoren vornehmen. Die wichtigsten Booleschen Operatoren sind UND, ODER und NICHT.

Der Boolesche Operator „UND"

Eine Eingrenzungsmöglichkeit könnte etwa darin bestehen, die Schlagwortsuche auf bestimmte Erscheinungsjahre zu beschränken. Bei dieser Recherche wird der Boolesche Operator UND eingesetzt. Wenn man etwa das Stich- oder Schlagwort ‚Koedukation' mit den Erscheinungsjahren 2000, 2001 und 2002 verknüpft, erhält man als Ergebnis eine deutlich geringere Schnittmenge beider Ausdrücke.

Der Boolesche Operator „ODER"

Der Boolesche Operator ODER schränkt im Gegensatz dazu die Ergebnismenge nicht ein, sondern erweitert sie. Wenn Sie etwa alle Bücher suchen möchten, die von Theodor W. Adorno bzw. Max Horkheimer gemeinsam oder getrennt erschienen sind, so kann man den Operator ODER benutzen.

Trunkierungen

Sehr wichtig für alle Datenbankrecherchen sind die so genannten Trunkierungsmöglichkeiten. Trunkieren (manchmal auch als Maskieren bezeichnet) bedeutet, dass Sie die Suchwörter nicht voll ausschreiben müssen. Stattdessen wird ein Wortstamm eingegeben, und

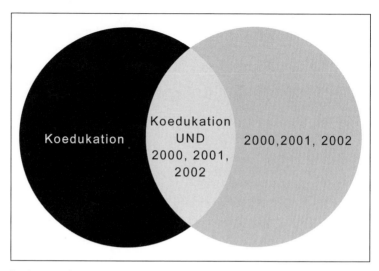

Boolescher Operator „UND"

alle möglichen Endungen werden durch ein Trunkierungszeichen ersetzt. Wenn Sie etwa den genauen Vornamen eines Autors, zum Beispiel Schmidt, nicht kennen, können Sie das Suchwort in folgender Weise trunkieren: „Schmidt, H?" Damit wird der Datenbank die Aufgabe zugewiesen, alle Personen mit dem Nachnamen Schmidt, deren Vornamen mit „H" beginnen, zu einer Ergebnismenge zusammenzuführen. Wenn man Buchstaben rechts vom gesuchten Wortteil abschneidet, spricht man von „Rechtstrunkierung". Dies ist die Trunkierungsform, die nahezu jede Datenbank anbietet. Manche Datenbanken bieten darüber hinaus noch die Möglichkeit der Linkstrunkierung an.

Die Recherche unter Einsatz des Trunkierens empfiehlt sich bei unbekannter Schreibweise der Suchwörter oder zur Einbeziehung verschiedener grammatikalischer Formen. Die Trunkierungszeichen sind nicht in allen elektronischen Katalogen gleich. Am häufigsten verwandt werden das Fragezeichen („?") und der Stern („*"). Die für den elektronischen Katalog jeweils gültigen Konventionen erfährt man in den jeweiligen Hilfeseiten zur Datenbankrecherche.

Online-Katalog einer Bibliothek

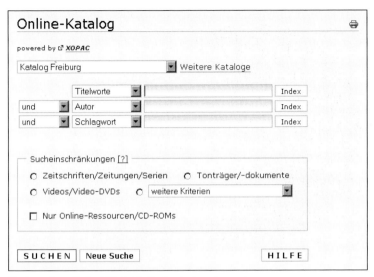

Suchmaske mit der Möglichkeit, den Index einzusehen

Suchen mit Hilfe von Indizes

Häufig kommt es vor, dass man unsicher ist, wie ein Suchbegriff geschrieben wird. Dies trifft insbesondere auf Namen von Autoren oder deren Vornamen zu, aber auch bei Suchbegriffen in anderen Sprachen. Deshalb ist es eine sinnvolle Ergänzung, wenn man in den Indizes der Datenbank blättern oder „browsen" kann. Indizes werden von den Datenbanken automatisch angelegt, indem etwa alle Autoren oder alle Wörter der Titel in eine alphabetische Liste aufgenommen werden.

Indexanzeige zum gesuchten Personennamen

In der Suchmaske der *Universitätsbibliothek Freiburg* gibt man den ungewissen Begriff in das entsprechende Suchfeld ein, klickt dann jedoch nicht auf den Button „Suchen", sondern auf „Index".

Als Ergebnis erhält man eine Liste von Namen und man kann schnell feststellen, ob man mit der gewählten Schreibweise richtig lag oder nicht. Wenn der Suchbegriff in der korrekten Schreibweise gefunden wird, kann man ihn anklicken.

4 Bibliotheksverbünde und Bibliotheksportale

Die Recherche im elektronischen Katalog einer einzelnen Bibliothek weist lediglich die im Bestand dieser Bibliothek befindliche Literatur nach. Wer seine Suche auf eine Mehrzahl von Bibliotheken ausdehnen möchte, kann dafür die Webangebote von Bibliotheksverbünden und Bibliotheksportalen nutzen.

1. Bibliotheksverbünde

In Deutschland gibt es derzeit sechs Bibliotheksverbünde. Eine gute Übersicht bietet eine Karte der deutschen Bibliotheksverbünde[7].

Auf ihr wird schnell erkennbar, welche Ausdehnung die einzelnen Verbünde haben und welchem Verbund „Ihre" Bibliothek(en) vermutlich angehören. Die Internetadressen der einzelnen Verbünde lauten:
- Bibliotheksverbund Bayern (www.bib-bvb.de/bvb.htm),
- Gemeinsamer Bibliotheksverbund der Länder Niedersachsen, Sachsen-Anhalt, Thüringen, Hamburg, Bremen, Schleswig-Holstein, Mecklenburg-Vorpommern (www.gbv.de/vgm/),
- Hochschulbibliothekszentrum mit den Hochschulbibliotheken in Nordrhein-Westfalen (www.dreilaenderkatalog.de/),
- Hessisches Bibliotheksinformationssystem (www.hebis.de/welcome.php),
- Kooperativer Bibliotheksverbund Berlin-Brandenburg (www.kobv.de/),
- Südwestdeutscher Bibliotheksverbund (www2.bsz-bw.de/).

---

[7] http://www.gbv.de/vgm/links/links_0218

Bibliotheksverbünde und Bibliotheksportale 47

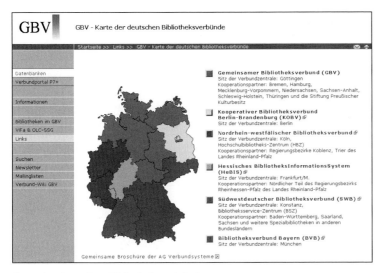

Karte der deutschen Bibliotheksverbünde

Wenn Sie die gesuchte Literatur im Katalog „Ihrer" Bibliothek nicht finden, sollten Sie zunächst im übergeordneten Verbund recherchieren, um herauszufinden, welche nächstgelegene Bibliothek das Buch im Bestand hat. Unter Umständen ist sie nur eine S-Bahn-Fahrt entfernt.

2. Zeitschriftendatenbank (ZDB; zdb-opac.de)

Die *Zeitschriftendatenbank* (ZDB) ist ebenfalls ein Bibliotheksverbund, der von der Staatsbibliothek zu Berlin, Preußischer Kulturbesitz betreut wird. Sie verzeichnet rund 1,1 Mio. Zeitschriften aus etwa 4300 deutschen Bibliotheken. Es sind jedoch nur die Titel der Zeitschriften selbst recherchierbar, keine Aufsätze.

Obwohl nahezu alle Bibliotheken in den letzten Jahren aufgrund der angespannten öffentlichen Haushaltslage Einsparungen im Zeitschriftenbereich vornehmen mussten und dadurch bei vielen Bibliotheken empfindliche Lücken entstanden sind, wird die Versorgung mit Zeitschriftenliteratur dadurch gewährleistet, dass jede Zeitschrift zumindest in einer deutschen Bibliothek weiter bezogen wird. Über die ZDB ist es möglich, Titel und Standort einer gesuchten Zeitschrift herauszufinden. Bei den Bibliotheken, die die Zeitschrift führen, finden Sie Informationen über die vorhandenen

48 Literatur ermitteln

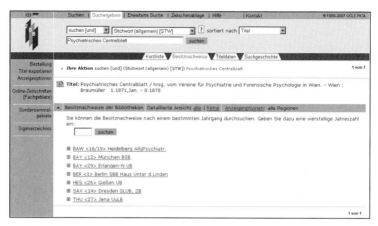

Suchergebnis mit der Auflistung der Bibliotheken, die die gesuchte Zeitschrift besitzen

Jahrgänge bzw. über Bestandslücken aufgeführt – Informationen, die manchen Umweg und damit Verzögerungen ersparen können.

3. Bibliotheksportale

Die primäre Aufgabe der Bibliotheksverbünde besteht in der Zusammenführung der Kataloge der angeschlossenen Bibliotheken zu einer Datenbank. So weist etwa die Datenbank des Bayerischen Bibliotheksverbundes den Bestand von rund 100 bayerischen Bibliotheken nach. Die meisten Bibliotheksverbünde ergänzen dieses Angebot mittlerweile um eine Metasuche: Neben dem „eigenen" Verbundkatalog kann die Recherche auf die Datenbanken weiterer Bibliotheksverbünde ausgedehnt werden. Diese Dienstleistungen werden vielfach Bibliotheksportale genannt. Bilden die Bibliotheksverbünde eine Meta-Ebene, die eine Recherche in einer Vielzahl von einzelnen Bibliothekskatalogen ermöglicht, so stellen Bibliotheksportale eine Meta-Meta-Ebene dar.

Karlsruher Virtueller Katalog
(kvk; www.ubka.uni-karlsruhe.de/kvk.html)

Das bekannteste und am meisten genutzte deutschsprachige Bibliotheksportal ist der Karlsruher Virtuelle Katalog (kvk), der derzeit über 500 Millionen Bücher und Zeitschriften nachweist. Eine Literatursuche in diesem Portal kann alle deutschen Bibliotheksverbünde einbeziehen und sich auf weitere internationale Bibliotheks- sowie auf Buchhandelsdatenbanken ausdehnen.

Startseite des *Karlruher Virtuellen Katalogs*

HeBIS-Portal (www.hebis.de/hebis-portal/)

Auch die Bibliotheksverbünde haben zwischenzeitlich Bibliotheksportale entwickelt, die teilweise zusätzliche Nutzungsmöglichkeiten anbieten. Beim HeBIS-Portal (Hessisches Bibliotheksinformationssystem) kann man alle deutschen Bibliotheksverbünde in eine Recherche einbeziehen. Die Ergebnisanzeige listet zunächst die bibliografischen Angaben der gefundenen Titel auf. Zusätzlich kann man sich ergänzende Informationen zu den Treffern anzeigen lassen, was insbesondere bei Zeitschriftenaufsätzen hilfreich ist. So kann man sich etwa das gesamte Inhaltsverzeichnis einer Zeitschrift anzeigen lassen, in der sich ein gesuchter Aufsatz befindet.

50 Literatur ermitteln

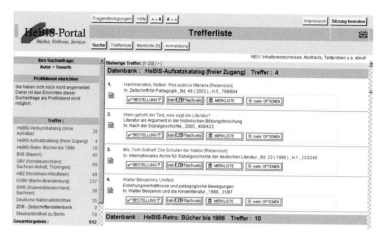

Ergebnisseite einer Literaturrecherche im HeBIS-Portal

5. Wie kann ich über Internet Bücher ausleihen und Zeitschriftenaufsätze bestellen?

Recherchen nach Literatur führt man in der Regel mit dem Ziel durch, die gesuchte Literatur benutzen zu können. Die ersten Anlaufstellen sind immer die eigene Instituts- oder Fachbereichsbibliothek sowie die Universitätsbibliothek. Wenn man in diesen Bibliotheken nicht fündig wird, gibt es eine Reihe von Möglichkeiten der Dokumentlieferung via Internet (auf die konventionelle Fernleihe mit Leihscheinen gehen wir nicht ein). Manche Datenbanken setzen voraus, dass Sie die genauen bibliografischen Angaben eines gesuchten Aufsatzes (Autor, Titel, Zeitschriftentitel, Jahrgang, Jahr, Seitenangaben) kennen. In anderen können Sie nach Autoren und Titeln einzelner Aufsätze recherchieren.

Im HeBIS-Portal kann man wie in anderen Bibliotheksverbünden und -portalen nach Büchern und Aufsätzen suchen. Dabei ist allerdings zu beachten, dass bislang nur ein vergleichsweise kleiner Teil von Aufsätzen aus Zeitschriften und Sammelwerken katalogisiert wurde und damit in der Ergebnismenge angezeigt werden kann. Für jeden im Anschluss an eine Recherche angezeigten Treffer gibt es eine Bestellmöglichkeit, die allen eingetragenen Benutzerinnen und Benutzern einer dem entsprechenden Bibliotheksverbund bzw. -portal angehörenden Bibliothek offen stehen (vgl. Abb. S. 50). Nach Anklicken des Buttons „Bestellung" wird eine Verfügbarkeitsrecherche durchgeführt, die zunächst überprüft, ob der gesuchte Titel in der Heimatbibliothek vorhanden ist. Falls dies nicht der Fall ist, wird automatisch der schnellste Bestellweg ermittelt und die Möglichkeit zur Auslösung einer Fernleihe angeboten. Das bestellte Buch oder der bestellte Aufsatz werden dann an Ihre Heimatbibliothek gesandt und stehen dort (gegen eine geringe Gebühr) zur Abholung bereit

Nicht in der Datenbank verzeichnete Aufsätze aus Zeitschriften und Sammelwerken können ebenfalls online bestellt werden. Dazu müssen Sie allerdings die bibliografischen Angaben wie Zeitschriftentitel, Jahrgang, Jahr und Seitenangaben selbst ermitteln und im Bestellformular angeben.

Subito (subito-doc.de/)

Unter dem Namen *subito* wurde ein Bibliotheksportal eingerichtet, das sich ausschließlich auf die Dokumentlieferung konzentriert. Es wird zwischen einer Normal- und einer Eilbestellung unterschieden. Im Normaldienst müssen Sie für die Bearbeitung der Bestellung mit drei Werktagen, beim Eildienst mit nur einem Werktag rechnen.

Eine weitere Zielsetzung ist die Bequemlichkeit der Nutzung. Denn um an einen benötigten Aufsatz zu gelangen, müssen Sie nicht einmal Ihren Arbeitsplatz zu Hause verlassen. Die Bestellung erfolgt online und die Lieferung entweder in elektronischer Form per E-Mail oder per Post und Fax. Im erstgenannten Fall werden die Seiten des gewünschten Aufsatzes eingescannt, im zweiten kopiert. Grundlage des Aufsatzbestelldienstes ist die Zeitschriftendatenbank, die Recherche nach Büchern erfolgt auf der Grundlage mehrerer Bibliotheksverbundkataloge.

Diese Dienstleistung ist nicht umsonst zu haben Die Ausleihe eines Buches kostet 9 €. Für Aufsatzkopien zahlen Studierende zwischen 5 € (E-Mail) und 8 € (Postversand).

6 Wie recherchiere ich in Fachdatenbanken und Bibliografien?

Im Gegensatz zu Bibliothekskatalogen verzeichnen Bibliografien unter bestimmten Kriterien ausgewählte Literaturtitel ohne Rücksicht darauf, wo sie vorhanden sind. Sie ergänzen daher die Recherche in Bibliotheken und Verbünden, vor allem, wenn man sicher gehen will, keinen wichtigen Titel übersehen zu haben.

In den letzten Jahren haben Datenbanken gedruckte Bibliografien fast vollständig abgelöst. Auch in den Fällen, in denen weiterhin gedruckte Bände erscheinen, gibt es in der Regel eine parallele Ausgabe als Datenbank. Allerdings kann man für eine möglichst vollständige Literaturrecherche oft noch nicht ganz auf die Druckfassung verzichten, denn vielfach liegen die älteren Bände nicht in elektronischer Form vor. Fachdatenbanken können entweder auf CD-ROM erscheinen oder online zugänglich sein. Im erstgenannten Fall sind sie meist über das Netzwerk der Universitätsbibliothek oder eines Instituts zugänglich, mitunter machen es aber Lizenzbedingungen nötig, dass der Zugriff auf bestimmte Rechner beschränkt ist. Die Benutzeroberflächen von CD-ROM-Datenbanken können sehr unterschiedlich aufgebaut sein, und es ist unerlässlich, sich mit der je-

Suchmaske der *Jahresberichte für deutsche Geschichte*

weiligen Dokumentation zu beschäftigen, um alle Möglichkeiten wie etwa Trunkierung oder Download einzelner Datensätze auszunutzen. Einige Fachdatenbanken sind frei über das Internet zugänglich, vor allem, wenn sie sehr spezielle Themen behandeln oder nur einen Auszug einer kostenpflichtigen Datenbank bereitstellen.

Bibliografische Datenbanken in Ihrem Fach finden Sie am einfachsten über das Datenbank-Informationssystem (DBIS)[8], an dem zahlreiche Bibliotheken teilnehmen, oder über Fachportale (siehe Abschnitt 8).

Fachbibliografische Datenbanken haben gegenüber den Bibliothekskatalogen zwei große Vorteile:

1. Ihre zumeist deutlich detailliertere Sacherschließung. Wie das abgebildete Beispiel einer Suchmaske der *Jahresberichte für deutsche Geschichte* (S. 52)[9] zeigt, kann man nach verschiedenen Sachaspekten recherchieren, zum Beispiel auch nach der für historische Fragestellungen interessanten Epoche, die ein Werk behandelt.
2. Bibliografische Datenbanken erschließen auch unselbstständige Dokumente, also Aufsätze aus Sammelbänden und Zeitschriften sowie zunehmend auch Texte, die nur in elektronischer Form erschienen sind.

Vor allem in den naturwissenschaftlichen, technischen und wirtschaftswissenschaftlichen Fächern gibt es umfangreiche Datenbanken kommerzieller Anbieter. Diese Online-Datenbanken verfügen meist über eine sehr leistungsfähige Suchoberfläche, die nicht immer leicht durchschaubar ist. Sie enthalten oft auch Zusammenfassungen („abstracts") der einzelnen Titel. Die einzelnen Abfragen werden oft kostenpflichtig abgerechnet. Deshalb sollte man seine Suche genau planen. In den Fachbereichen und Universitätsbibliotheken gibt es Spezialisten, die helfen, zum Beispiel für eine naturwissenschaftliche Abschlussarbeit eine Literaturrecherche durchzuführen.

Auch die Internetsuchmaschine Google hat eine umfangreiche Datenbank wissenschaftlicher Literatur erstellt. *Google Scholar*[10] ist zwar, was Sacherschließung und Vollständigkeit angeht, den spezialisierten Bibliografien weit unterlegen, kann mitunter aber bei einer ergänzenden Recherche zu nützlichen Ergebnissen führen.

---

[8] http://rzblx10.uni-regensburg.de/dbinfo/fachliste.ph
[9] http://jdg.bbaw.de/cgi-bin/jdg
[10] http://scholar.google.de

7 Wie suche ich in Buchhandels- und Antiquariatskatalogen?

Buchhandelskataloge sind nützlich, weil sie aktuelle, teilweise sogar noch nicht im Buchhandel erhältliche, im Erscheinen begriffene Bücher nachweisen. In der Regel finden Sie in Buchhandelskatalogen jedoch nur Bücher, die man im Buchhandel kaufen kann. Wenn Sie also wissen möchten, ob ein gesuchtes Buch noch käuflich erwerbbar ist, genügt ein Blick in die betreffende Datenbank, die zudem ständig aktualisiert wird. Die umfassendste Datenbank des deutschsprachigen Raums ist das *Verzeichnis lieferbarer Bücher*[11].

Mit Hilfe einer Suchmaske (ähnlich den elektronischen Katalogen der Bibliotheken) kann man Bücher und Zeitschriften, aber auch Videos, Hörbücher und Software ermitteln (s. S. 55).

Elektronische Kataloge einzelner Buchhandlungen

Zunehmend bieten auch einzelne Buchhandlungen eigene elektronische Kataloge an. Einige Anbieter weisen so umfangreiche Bestände lieferbarer Bücher nach, dass sie mit den übergreifenden Buchhandelsverzeichnissen konkurrieren können. Web-Adressen von Online-Buchhandlungen findet man schnell unter den Verzeichnissen bei *Google*.

Sie sollten jedoch beachten: Die elektronischen Kataloge einzelner Buchhandlungen haben nur die Funktion, den Verkauf der Bücher zu erleichtern. Vollständigkeit wird weder erreicht noch erstrebt.

Elektronische Antiquariatskataloge

Vergleichbar zum Angebot *buchhandel.de* gibt es elektronische Kataloge, die antiquarische Bücher anbieten. Nützlich ist etwa das *Zentrale Verzeichnis antiquarischer Bücher*[12] Es handelt sich dabei um eine gemeinsame Datenbank mehrerer Antiquariate mit der Möglichkeit, die gefundenen Titel gleich beim anbietenden Antiquar online zu bestellen. Wie in elektronischen Katalogen üblich, erfolgt die Suche über Suchmasken. Die erweiterte Suchmaske (ZVAB-De-

---

[11] http://www.buchhandel.de/
[12] http://www.zvab.com/

Buchhandels- und Antiquariatskataloge

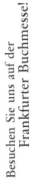

Verzeichnis lieferbarer Bücher. Die Startseite

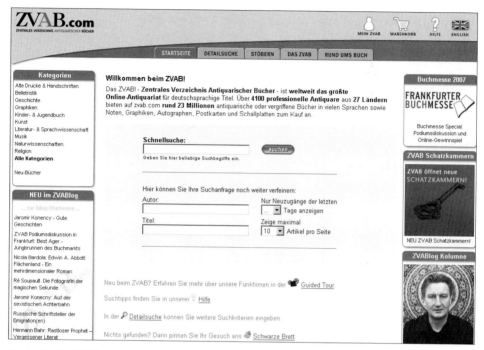

Startseite des ZVAB

tailsuche) ermöglicht als Besonderheit, das Suchergebnis nach unterschiedlichen Kriterien sortieren zu lassen (z.B. nach Erscheinungsjahr und nach Preis). Wenn man das gesuchte Buch gefunden hat, kann man den Bestellvorgang gleich online durchführen. Wer nicht fündig wird, kann über ein „Schwarzes Brett" eine Suchanfrage stellen.

Ein vergleichbares Angebot bietet die *International League of Antiquarian Booksellers*,[13] die vor allem für diejenigen von Interesse ist, die im Buchhandel vergriffene englischsprachige Literatur suchen.

---

[13] http://www.ilab-lila.com/

8 Wie finde ich Informationen mit Hilfe von Internetportalen?

Mit dem HeBIS-Portal haben Sie schon ein Internetportal kennen gelernt, das verschiedene Angebote zusammenfasst, in diesem Fall Bibliothekskataloge. Das Konzept eines Portals lässt sich aber auch auf alle anderen Informationen im Internet anwenden, und so haben sich redaktionell betreute Portale zu wichtigen Einstiegs- und Informationspunkten entwickelt.

Für die wissenschaftliche Recherche sind vor allem fachliche Portale wichtig, die es zu sehr vielen Themen gibt. In Deutschland werden seit einigen Jahren solche Portale für alle Wissenschaftsdisziplinen durch das System der Virtuellen Fachbibliotheken aufgebaut. Sie gehen aus von der Zuständigkeit bestimmter Bibliotheken für einen Sammelschwerpunkt und übertragen diese deutschlandweit verteilten Sondersammelgebiete von der herkömmlichen Literatur auf digitale Angebote. Es gibt eine Zusammenstellung der bereits existierenden Virtuellen Fachbibliotheken (*Vascoda*)[14], von der aus

Startseite des *Fachportals Pädagogik*

---

[14] http://www.vascoda.de/

man die einzelnen Angebote finden und teilweise gleich durchsuchen kann.

Ein gutes Beispiel für ein solches Fachportal ist das *Fachportal Pädagogik*[15]. Es besteht aus drei Teilen, die sich in ähnlicher Weise in den meisten vergleichbaren Angeboten wiederfinden:
- eine Metasuchmaschine, die es erlaubt, zahlreiche Fachdatenbanken gemeinsam zu durchsuchen;
- eine bibliografische Datenbank (FIS Bildung);
- ein Verzeichnis (Forschungsführer) von relevanten Personen, Institutionen und Forschungsprojekten, das nach Unterdisziplinen gegliedert ist.

Außerdem sind über das Fachportal auch weitere Angebote beim Deutschen Bildungsserver[16] zugänglich, die ebenfalls typischer Bestandteil Virtueller Fachbibliotheken sind:
- ein Webkatalog, also eine nach Themen geordnete Zusammenstellung von weiterführenden Internet-Ressourcen;
- ein Terminkalender, der Veranstaltungen wie Tagungen, Vortragsreihen und Ausstellungen enthält;
- Dossiers zu bestimmten Themen.

Die von den Virtuellen Fachbibliotheken angebotenen Verzeichnisse von Webressourcen sind von besonderer Bedeutung für die Suche nach wissenschaftlichen Informationen, weil alle darin verzeichneten Seiten auf ihre Relevanz überprüft sind und regelmäßig auf ihre Verfügbarkeit kontrolliert werden. Diese Qualitätskontrolle macht sie zur ersten Wahl bei der Suche nach Internetressourcen für das Studium.

Daneben gibt es noch weitere Dienstleistungen, die bei Fachportalen integriert sein können, wie Stellenanzeigen, regelmäßige Neuerwerbungslisten fachlich einschlägiger Bibliotheken, Dokumentenserver, Mailinglisten, Weblogs oder Wikis (siehe die folgenden Abschnitte). Virtuelle Fachbibliotheken können dadurch auf den ersten Blick manchmal etwas unübersichtlich wirken. Sie sollten sich davon nicht abschrecken lassen, sondern mit der internen Suchfunktion, die es überall gibt, erkunden, in welchem Bereich des Portals für Sie interessante Informationen vorhanden sind.

---

[15] http://www.fachportal-paedagogik.de/
[16] http://www.bildungsserver.de/

Weitere Fachportale, insbesondere zu thematisch spezialisierteren Bereichen, findet man über die virtuellen Fachbibliotheken. Es lohnt sich aber auch ein Blick auf die Internetseiten der eigenen Universitätsbibliothek, die, oft unter einer Bezeichnung wie „Fachinformation", die wichtigsten Online-Angebote für die an der Universität vertretenen Fächer zusammengestellt hat.

9 Wie gelange ich über Mailinglisten an Informationen?

Manchmal ist es bei der wissenschaftlichen Informationssuche sinnvoll, außer Büchern, Datenbanken und Websites auch andere Personen zu befragen. Die Fachkommunikation über das Internet hat in letzter Zeit vor allem durch das so genannte Web 2.0 große Aufmerksamkeit erfahren. Bei Angeboten wie Webforen, Weblogs oder Wikis, von denen *Wikipedia*[17] das bekannteste sein dürfte, steht der Aspekt des Mitmachens und der Kontaktaufnahme mit anderen im Vordergrund. Schon bedeutend länger gibt es fachliche Mailinglisten, die eine ähnliche Funktion erfüllen.

Mailinglisten, bei denen eine an die Liste gesandte E-Mail an alle Teilnehmer weitergeleitet wird, dienen vor allem zur allgemeinen Kommunikation über fachliche Inhalte, können aber auch verwendet werden, um Auskünfte einzuholen. Es gibt moderierte Listen, bei denen Redakteure jeden einzelnen Beitrag prüfen und unwissenschaftliche oder polemische Einsendungen zurückweisen, und unmoderierte Listen, bei denen sofort alle Teilnehmer den Beitrag erhalten.

Weblogs werden von einer Person, oft aber auch einer Gruppe oder einer ganzen Institution geschrieben und stellen ebenfalls sehr aktuelle Informationen bereit. Durch die meist vorhandene Kommentarfunktion ist auch eine zweiseitige Kommunikation möglich. Um stets über aktuelle Beiträge oder Kommentare informiert zu sein, kann man einen so genannten RSS-Feed abonnieren. Dazu braucht man ein Hilfsprogramm, einen „Feed reader", den es auch als Online-Angebot gibt (z. B. Bloglines[18]). Aktuelle Webbrowser wie *Firefox*[19] unterstützen ebenfalls das Lesen von RSS-Feeds.

---

[17] http://de.wikipedia.org/
[18] http://www.bloglines.com/
[19] http://www.mozilla-europe.org/de/products/firefox/

Über Diskussionslisten oder Weblogs kommt man oft an sehr aktuelle Informationen, die noch nirgendwo anders zugänglich sind. Es werden z. B. Tagungsberichte verteilt oder Hinweise auf gerade erschienene Publikationen, oft auch Rezensionen. In vielen Diskussionslisten kann man Anfragen stellen, die meist schnell und kompetent beantwortet werden. Voraussetzung ist aber, dass man die Liste nicht dazu missbraucht, sich die eigene Arbeit zu ersparen: Wer nach Dingen fragt, die man in einer Bibliothek oder über eine Internetsuchmaschine schnell herausfinden kann, bekommt statt einer Antwort meist mehr oder weniger deutlichen Tadel von den Moderatoren oder den anderen Listenteilnehmern.

Die *Nachteile* von Weblogs oder Mailinglisten: Die Qualität der Informationen, die man erhält, muss stets überprüft werden, bevor man sie zum Beispiel in einer Seminararbeit zitiert. Wer auf mehreren aktiven Mailinglisten eingeschrieben ist, leidet schnell unter einem vollen E-Mail-Briefkasten, und viele der eingehenden Mails sind für die eigene Arbeit nicht relevant. (Abhilfe schafft manchmal die Möglichkeit, eine tägliche Zusammenfassung als so genannten „digest" zu abonnieren.)

Es gibt kein zentrales Verzeichnis von Weblogs oder Mailinglisten. Die Fachportale verzeichnen aber einschlägige Angebote. Man sollte sich das Archiv einer Mailingliste oder die älteren Beiträge eines Weblogs ansehen, um sich vor dem Abonnieren bereits einen gewissen Eindruck über den Charakter zu verschaffen, was insbesondere bei nicht moderierten Diskussionslisten sinnvoll ist: Wie viele aktive Teilnehmer gibt es? Kommt es häufig zu polemischen Auseinandersetzungen („flame wars")? Werden nur fachliche Fragen behandelt, oder gibt es auch allgemeinere Diskussionen, sozusagen das virtuelle Gegenstück zu einem Gespräch in der Kaffeepause?

Viele wichtige Weblogs und Mailinglisten haben internationale Teilnehmer und kommunizieren in der Regel auf Englisch. Inzwischen haben sich auch zahlreiche Listen speziell für den deutschsprachigen Raum etabliert, von denen beispielhaft *H-Soz-u-Kult* vorgestellt werden soll, das sich zur wichtigsten und umfangreichsten Mailingliste für die Geschichtswissenschaft entwickelt hat[20]. *H-Soz-u-Kult*, das zum Fachportal Clio-online gehört, ist eine moderierte Liste, die nur wissenschaftlich relevante und von Redakteuren akzeptierte Beiträge enthält, neben Tagungsankündigungen und -berichten, Stellenausschreibungen und Ähnlichem vor allem zahlreiche Rezensionen von neu erschienenen Büchern.

---

[20] http://hsozkult.geschichte.hu-berlin.de/

Bei vielen Listen erfolgt die Anmeldung inzwischen über ein Webformular (auf der Startseite von *H-Soz-u-Kult* gibt es dafür einen Link „Anmeldung"). In anderen Fällen ist es für ein Abonnement nötig, eine E-Mail an eine dafür bestimmte Adresse zu schicken, die entweder automatisch von einem Programm oder manuell vom Listenverwalter bearbeitet wird. Man erhält dann eine Bestätigungsmail, in der Regel mit weiteren Hinweisen, etwa welche Beiträge erwünscht sind und vor allem, mit welchem per E-Mail gesendeten Befehl man die Liste wieder abbestellen kann. Man sollte darauf achten, solche Mails nicht, was immer wieder vorkommt, an die Liste selbst zu schicken (dann bekommen sie nämlich alle Teilnehmer zu lesen), sondern an die Adresse, die für die Listenverwaltung zuständig ist.

Es lohnt sich, bereits während des Studiums die wichtigsten Mailinglisten und Weblogs in seinem Fach herauszufinden und zu abonnieren.

Einstiegseite von *H-Soz-u-Kult*

10 Wie finde ich Volltexte im Internet?

Zunehmend finden sich im Internet nicht nur Informationen über wissenschaftliche Texte, sondern auch die Texte selbst. Eine immer größere Zahl von Quellentexten und Werken der wissenschaftlichen Literatur ist inzwischen in elektronischer Form verfügbar, entweder direkt im Netz publiziert oder nachträglich in digitale Form gebracht. Eine wichtige Rolle spielt dabei die Forderung nach „Open Access", dem freien Zugang zu wissenschaftlichen Informationen.[21]

Allerdings steht bisher nur ein kleiner Bruchteil der gesamten wissenschaftlichen Literatur auf diese Weise bereit. Viele Hochschulen und Forschungseinrichtungen haben Dokumentenserver aufgebaut, auf denen einzelne Aufsätze, Forschungsberichte oder Dissertationen angeboten werden. Sie sind meist in denselben Katalogen nachgewiesen wie die gedruckte Literatur, es gibt aber oft die Möglich-

Dissertation auf einem Dokumentenserver

---

[21] Informationsplattform Open Access: http://openaccess-germany.de/de/startseite/

keit, gezielt eine Recherche nach elektronischen Dokumenten durchzuführen. Eine Metasuche über zahlreiche Dokumentenserver bietet etwa die *Bielefeld Academic Search Engine* (BASE) an.[22] Auch die Fachportale enthalten in der Regel Verzeichnisse der einschlägigen digitalen Texte oder Textsammlungen. Die einzelnen Dokumentenserver erlauben oft ein „Browsen" nach Fächern oder Fachbereichen.

Besonders zahlreich ist das Angebot an digitalen Volltexten inzwischen im Bereich der Zeitschriften geworden, allerdings in vielen Fällen nicht für jedermann kostenlos zugänglich. Studierende und andere Universitätsangehörige befinden sich hier oft in der glücklichen Situation, dass ihre Universitätsbibliothek viele wichtige Zeitschriften zur Verfügung stellt, indem sie einen entsprechenden pauschalen Lizenzvertrag mit dem Verlag der Zeitschrift abschließt. In den letzten Jahren sind auch viele Zeitschriften, Textsammlungen und Datenbanken für alle wissenschaftlichen Einrichtungen in Deutschland als „Nationallizenz" verfügbar gemacht worden. Man

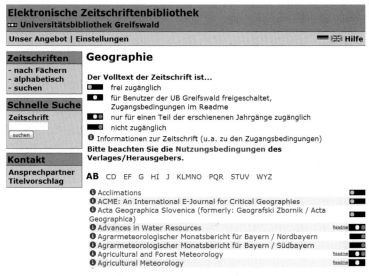

Elektronische Zeitschriftenbibliothek

---

[22] http://base.ub.uni-bielefeld.de/index.html

kann sich auch als einzelner Nutzer anmelden und hat dann von überall Zugang zu den entsprechenden Angeboten.[23]

Für die Suche nach elektronischen Zeitschriften gibt es die in Regensburg entwickelte *Elektronische Zeitschriftenbibliothek* (EZB)[24], die inzwischen von den meisten deutschen Bibliotheken genutzt wird. In ihr kann man entweder nach bestimmten Zeitschriftentiteln suchen oder fachlich geordnete Listen durchsehen, die auch angeben, ob die betreffende Zeitschrift frei zugänglich oder für die eigene Hochschule lizenziert worden ist. Von der EZB aus gelangt man zu den einzelnen Zeitschriften, die man meist weiter durchsuchen kann (die EZB selbst verzeichnet nur die Zeitschriften, nicht einzelne Aufsätze oder gar den Volltext).

In den letzten Jahren sind von Bibliotheken, Archiven und wissenschaftlichen Einrichtungen auf der ganzen Welt zahlreiche thematische Sammlungen von Texten und anderen Materialien wie Abbildungen digitalisiert und über das Internet zugänglich gemacht worden. Auch hier gilt: Das entsprechende Fachportal ist der beste Ausgangspunkt, um sich in der Vielfalt zurechtzufinden. Daneben gibt es für deutsche Angebote ein *Zentrales Verzeichnis Digitalisierter Drucke*.[25]

Bei manchen digitalisierten Sammlungen kann man den gesamten Text nach bestimmten Wörtern oder Ausdrücken durchsuchen – zum Beispiel bei *Making of America*, einer Sammlung von Texten aus dem 19. Jahrhundert[26]. Bei älteren deutschen Texten ist dies allerdings oftmals nicht möglich, weil sich ältere Schrifttypen nicht automatisch in durchsuchbaren Text umwandeln lassen. Man kann aber die eingescannten Seiten am Bildschirm durchlesen und auch ausdrucken, wie bei den *Scripta Paedagogica Online* der Bibliothek für Bildungsgeschichtliche Forschung[27].

---

[23] http://www.nationallizenzen.de/
[24] http://rzblx1.uni-regensburg.de/ezeit/
[25] http://www.zvdd.de/
[26] http://quod.lib.umich.edu/m/moagrp/
[27] http://www.bbf.dipf.de/retro-digit0.htm

Scripta Paedagogica Online

Inzwischen hat auch *Google* in Kooperation mit großen Bibliotheken ein umfangreiches Projekt zur Digitalisierung von Büchern begonnen. *Google Buchsuche*[28] ersetzt aber keine Bibliothek, weil das Angebot noch zu unausgewogen ist und die Recherchemöglichkeiten viel schlechter sind als bei Bibliothekskatalogen oder Fachdatenbanken. Vor allem kann man bei *Google Buchsuche* aus urheberrechtlichen Gründen kaum aktuelle Publikationen einsehen.

---

[28] http://books.google.de/

Anhang

Datenblatt

Adresse:
Tel.:
Fax:
E-Mail:

Bestandsgröße:
DFG Sondersammelgebiet bzw.
  Bestandsschwerpunkte:

URL der Website:
URL des elektronischen Katalogs:

Öffnungszeiten:
  Im Semester:
    Katalog:
    Lesesaal:
    Außerhalb des Semesters:
Leihfristen:
Benutzungsgebühr:

Sonstiges:
Spezifikationen der Datenbankrecherche:
Unterscheidung von Stich- und Schlagwörtern:
Trunkierungszeichen:
  Für einen einzelnen Buchstaben:
  Für mehrere Buchstaben:
Boolesche Operatoren werden angeboten
  UND
  ODER
  NICHT
  Weitere
Indexrecherche möglich:
Einschränkungen des Erscheinungszeitraums:
Behandlung von Satzzeichen:

Datenblatt

Niedersächsische Staats- und Universitätsbibliothek Göttingen
Adresse: Platz der Göttinger Sieben 1, 37073 Göttingen
Tel.: 0551-39-5231/5287 (Zentrale Information)
Fax:
E-Mail: zentralinfo@sub.uni-goettingen.de

Bestandsgröße: 4 Mio. Bände
DFG Sondersammelgebiet bzw.
Bestandsschwerpunkte: 20 Sondersammelgebiete, u.a. Anglistik, Geographie, Reine Mathematik

URL der Website: www.sub.uni-goettingen.de
URL des elektronischen Katalogs:
http://opac.sub.uni-goettingen.de/DB=1/LNG=DU/

Öffnungszeiten:
Lesesaal: Mo-Fr: 7.00-1.00 Uhr, Sa-So: 9.00-21.00 Uhr
Leihfristen: in der Regel 28 Tage
Benutzungsgebühr:

Sonstiges:
Spezifikationen der Datenbankrecherche:
Unterscheidung von Stich- und Schlagwörtern: ja
Trunkierungszeichen:
Für einen einzelnen Buchstaben: #
Für mehrere Buchstaben: ?
Boolesche Operatoren werden angeboten
UND: ja
ODER: ja
NICHT: ja
Weitere: ja
Indexrecherche möglich: nein
Einschränkungen des Erscheinungszeitraums: ja
Behandlung von Satzzeichen:

Datenblatt

Staatsbibliothek zu Berlin
Adresse: Haus 1, Unter den Linden 8, 10117 Berlin
Tel.: 030/266- 0
Fax:
E-Mail: benutzungsabt@sbb.spk-berlin.de

Bestandsgröße: ca. 10 Mio. Bände
DFG Sondersammelgebiet bzw.
    Bestandsschwerpunkte: u. a. Rechtswissenschaft

URL der Website: www.sbb.spk-berlin.de
URL des elektronischen Katalogs: www.sbb.spk-berlin.de/deutsch/kataloge/index.html

Öffnungszeiten: Mo-Fr: 9-21 Uhr, Sa: 9-17 Uhr
    Im Semester:
        Katalog:
        Lesesaal:
        Außerhalb des Semesters:
Leihfristen:
Benutzungsgebühr: Monatskarte 10 ¤, Jahreskarte 25 ¤

Sonstiges:
Spezifikationen der Datenbankrecherche:
Unterscheidung von Stich- und Schlagwörtern: nein
Trunkierungszeichen:
    Für einen einzelnen Buchstaben: #
    Für mehrere Buchstaben: ?
Boolesche Operatoren werden angeboten
    UND: ja
    ODER: ja
    NICHT: ja
    Weitere: BEI, PHRASE
Indexrecherche möglich:
Einschränkungen des Erscheinungszeitraums: ja
Behandlung von Satzzeichen:

Datenblatt
Bayerische Staatsbibliothek

Adresse: Ludwigstr. 16, 80539 München
Tel.: 089/28638-0
Fax:
E-Mail: benutzung@bsb-muenchen.de

Bestandsgröße: ca. 9 Mio. Bände
DFG Sondersammelgebiet bzw.
   Bestandsschwerpunkte: u. a. Geschichte

URL der Website: www.bsb-muenchen.de
URL des elektronischen Katalogs: www.bsb-muenchen.de/OPACplus.92.0.html

Öffnungszeiten:
   Im Semester:
      Katalog:
      Lesesaal: Mo-So: 8-24 Uhr
   Außerhalb des Semesters:
Leihfristen: in der Regel 4 Wochen
Benutzungsgebühr:

Sonstiges:
Spezifikationen der Datenbankrecherche:
Unterscheidung von Stich- und Schlagwörtern: ja
Trunkierungszeichen:
   Für einen einzelnen Buchstaben: ?
   Für mehrere Buchstaben: *
Boolesche Operatoren werden angeboten
   UND: ja
   ODER: ja
   NICHT: ja
   Weitere
Indexrecherche möglich: ja
Einschränkungen des Erscheinungszeitraums:
Behandlung von Satzzeichen:

Datenblatt
Deutsche Nationalbibliothek

Adresse: Adickesallee 1, 60322 Frankfurt/M.
Tel.: 069/1525-0
Fax:
E-Mail: info-f@d-nb.de

Bestandsgröße: ca. 23 Mio. Bände
DFG Sondersammelgebiet bzw. Bestandsschwerpunkte: Deutschsprachige Publikationen seit 1913

URL der Website: www.ddb.de
URL des elektronischen Katalogs:

Öffnungszeiten:
    Im Semester:
        Katalog:
        Lesesaal: Mo-Do: 10-20 Uhr, Fr: 10-18 Uhr, Sa: 10-17 Uhr
    Außerhalb des Semesters:
Leihfristen: Keine Ausleihe
Benutzungsgebühr: Jahreskarte 38 ¤, Monatskarte 15 ¤, Tageskarte 5 ¤

Sonstiges:
Spezifikationen der Datenbankrecherche:
Unterscheidung von Stich- und Schlagwörtern: ja
Trunkierungszeichen:
    Für einen einzelnen Buchstaben: !
    Für mehrere Buchstaben: *
Boolesche Operatoren werden angeboten
    UND: ja
    ODER: ja
    NICHT: ja
    Weitere
Indexrecherche möglich:
Einschränkungen des Erscheinungszeitraums:
Behandlung von Satzzeichen:

JOACHIM STARY

Wissenschaftliche Literatur lesen und verstehen

In diesem Text geht es um die Studentin Alina und vor allem das, was Alina Schwierigkeiten bereitet: Das Lesen und Verstehen wissenschaftlicher Texte. Wenn Alina ein Sachbuch in die Hand nimmt und zu lesen beginnt, dann weiß niemand (und sie selbst weiß es vermutlich auch nicht), was sich in diesem Augenblick in ihrem Kopf abspielt. Alina liest. Unzweifelhaft wird sie bemüht sein, das Gelesene zu verstehen. Lesen ist Handeln mit dem Ziel, aus einem Text einen Sinn zu bilden, sich durch dieses Tun selbst ein Erlebnis zu bereiten.[1] Es wird Situationen geben, in denen sie ein schönes Erlebnis hat und nach der Lektüre sagen wird: „Das habe ich verstanden!" Oder: „Das war sehr beeindruckend, spannend, hat mich berührt, nachdenklich gemacht usw." Und es wird andere Leseerlebnisse geben (vor allem zu Beginn ihres Studiums), die im schlimmsten Falle zur Feststellung führen: „Oh je, ich habe nicht ein Wort verstanden!" Und damit bin ich beim Thema.

Warum hat Alina „kein Wort" verstanden? Was heißt, einen Text zu *verstehen*? Wie kommt Verstehen zustande? Wovon hängt es ab, ob man etwas versteht? Gibt es Hilfestellungen, Techniken, Verfahren, die das Verstehen fördern? Das sind keine Fragen, mit denen sich nur Studienanfängerinnen wie Alina plagen. Die lernpsychologisch orientierte Leseforschung tut sich mit diesen Fragen nicht minder schwer. Man mag sich zwar mit Goethe trösten, der in sympathischer Offenheit bekannte: „Die guten Leutchen wissen nicht, was es einen für Zeit und Mühe gekostet, um Lesen zu lernen. Ich habe achtzig Jahre dazu gebraucht und kann noch jetzt nicht sagen, dass ich am Ziele wäre."[2] Alina hilft diese Erkenntnis Goethes nicht.

Wie kann man ihr helfen? Im Folgenden geht es um Antworten auf diese Frage. Eine Vorbemerkung: Die Hilfen, die ich vorstelle, erschließen sich am besten durch Beispiele. Diese Beispiele neh-

---

[1] Erich Schön: Geschichte des Lesens. In: Bodo Franzmann u.a. (Hrsg.): Handbuch Lesen. Baltmannsweiler 2001, S. 1.
[2] Johann Wolfgang von Goethe: Gedenkausgabe der Werke, Briefe und Gespräche. Hrsg. Von Ernst Beutler. Zürich, Stuttgart 1948 ff., Bd. 24, S. 709.

men einigen Raum ein. Ich habe Texte ausgewählt, die sich auf unser Thema beziehen: Lesen, Verstehen, Wissenschaftliches Arbeiten.

Warum ist das Verstehen wissenschaftlicher Literatur für Alina und viele Studierende schwierig? Weil Verstehen von vielen Faktoren abhängt: Alina muss, um an das Gelesene anschließen zu können, über themenrelevantes *Vor*wissen verfügen. Und Alina sollte an dem behandelten Gegenstand interessiert, sie sollte neugierig und wissbegierig sein. Das sind nur zwei von vielen Aspekten, die Verstehen beeinflussen. Alina muss etwas verstehen *können*[3] und *wollen*.

Die ersten wissenschaftlichen Versuche, Verstehen empirisch und theoretisch zu erklären, griffen zu kurz: Verstehen wurde als Funktion von Textmerkmalen verstanden (Satzlänge, Satzschachtelungen, der Gliederung und Ordnung des Textes, seiner Potenz, den Leser neugierig zu machen usw.). Heute ist sich die Leseforschung einig, dass Verstehen eine komplexe und komplizierte Interaktion zwischen *Text*merkmalen, *Leser*voraussetzungen und Lese*tätigkeit* ist.

Will man Alina helfen, Texte besser zu verstehen, kann man sich nur auf ihre *Lesetätigkeit* beziehen. Und für diese Lesetätigkeit gilt: Alina bekommt nur das an geistigem Ertrag heraus, was sie zuvor an geistiger Aktivität investiert hat. Je aktiver sich Alina mit ihren Texten auseinandersetzt, desto größer ist die Wahrscheinlichkeit, dass sie das Gelesene besser versteht.

Lernpsychologen zerlegen die Lesetätigkeit in eine Reihe von Teilstrategien. Sie beschreiben das Lesen zwar weitgehend isoliert von seiner Einbindung in die konkrete Studientätigkeit, bieten aber einen Ansatzpunkt, die Lesetätigkeit zu verbessern.[4] Es gibt keinen

---

[3] Georg C. Lichtenberg hat diesen Sachverhalt ironisch beschrieben: „Ein Buch ist ein Spiegel, wenn ein Affe hineinschaut, so kann kein Apostel herausgucken." Georg C. Lichtenberg: Sudelbücher. Frankfurt am Main 1984, S. 247 Manguel drückt diesen Sachverhalt sachlich aus: „Der Text weiß nicht, wie er an die rechten Leute gelangen soll und wie er die falschen meiden kann. Und wird er geschändet und mißbraucht, so kann er sich weder verteidigen noch selbst helfen, sondern ist auf die Hilfe seiner Urheber angewiesen." Alberto Manguel: Eine Geschichte des Lesens. Darmstadt 1998, S. 351.

[4] Diese Abstraktion ist nicht unproblematisch: Die Frage, warum jemand einen Text liest, ist nicht nebensächlich. Ob jemand einen Text liest, weil der Text prüfungsrelevant oder nach Auffassung einer Dozentin aufschlussreich ist, ob jemand einen Text liest, weil er sich davon die Lösung individueller Probleme oder weil er sich eine bessere Bewältigung seiner beruflichen Praxis verspricht – das ist für Verstehen wichtig, vor allem für die Überwindung von Verstehenshürden und Motivationsblockaden, für die Bereitschaft, solche Hürden und Blockaden durch den Einsatz zusätzlicher Energie zu überwinden.

Königsweg des Verstehens, des Umgangs mit wissenschaftlicher Literatur, doch es ist sinnvoll, sich an Vorschlägen zu orientieren, die Verstehen möglicherweise erleichtern, verbessern.

Fünf solcher Verfahren des Umgangs mit wissenschaftlicher Literatur stelle ich vor:
1. Metakognition,
2. Syntaktisch-semantische Analyse,
3. Reduktion,
4. Rekonstruktion,
5. Elaboration.

1 Metakognition: Den eigenen Lernprozess reflektieren

„Metakognition" meint das Nachdenken über das eigene geistige Handeln (Denken, Lesen, Schreiben usw.). Metakognition ist wichtig, weil Verbesserungen dieses geistigen Handelns nur möglich sind, wenn man sich ständig der Herausforderung der Selbstdiagnose, der Selbstreflexivität stellt: Wo stehe ich jetzt? Welche Ziele will ich erreichen? Sind meine Strategien der Zielerreichung angemessen? Usw.

Auf die Lesetätigkeit bezogen heißt dies: Alina sollte *vor* der Lektüre eines Textes folgende Fragen zu stellen:

An die Leserin Alina

Vorwissen
Was weiß ich über den im Text behandelten Gegenstand? Was will ich erfahren? Kann ich dieses Erkenntnisinteresse in Fragen fassen, die meinen Leseprozess leiten?

Anforderungsniveau
Mit welchen Schwierigkeiten werde ich rechnen müssen? Auf welches Anspruchsniveau sollte ich mich einstellen?
Verstehe ich diese Sprache? Kann ich mir ihr Verständnis kurzfristig aneignen (z.B. mit Hilfe entsprechender fachwissenschaftlicher Wörterbücher)?

An den Text

Welche Textsorte liegt vor? (Handelt es sich um einen Lexikon-Artikel oder einen Aufsatz in einer wissenschaftlichen Zeitschrift?) Was darf ich von ihr erwarten? (Gibt man mir einen ersten breit angelegten verständlichen Überblick oder setzt sich jemand

Ist der Text in einer wissenschaftlichen Fachsprache verfasst?

Lesestrategie-Entscheidungen
Auf welchen Wegen, in welcher Reihenfolge will ich vorgehen? Welches sind meine Teilschritte? Welche vorausschauenden oder zusammenfassenden Textteile, welche Kapitel lese ich zuerst? Wie dokumentiere ich mein Textverständnis (exzerpieren, zusammenfassen, paraphrasieren, kommentieren, visualisieren)? Welche Hilfsmittel setze ich ein (Lexika, Handbücher usw.)?

Solche metakognitiven Überlegungen sind deshalb wichtig, weil sie helfen, die Lesetätigkeit besser zu organisieren: Alina denkt darüber nach, was sie wissen muss, um den Text verstehen zu können, sie trifft Entscheidungen über notwendige Hilfsmittel (Lexika, Handbücher usw.), sie macht sich Gedanken über die Art und Weise, wie sie sich den Text aneignet, welche Lesestrategien sie auf ihn anwendet. Um solche Lesestrategien geht es auf den folgenden Seiten.

2 Syntaktisch-semantische Analyse: Begriffe klären

Wenn Alina sagt, „Oh je, ich habe kein Wort verstanden", dann liegt das nicht nur, aber häufig an den im Text benutzten Begriffen. Wenn Alina ihrer Kommilitonin Laura mitteilt, sie würde heute nicht zur Vorlesung kommen, weil ihr die „Motivation" fehle, dann wäre Laura überzeugt, diese Aussage zu verstehen. Alina „hat keinen Bock", so Lauras Überstzung.

Was in der alltäglichen Kommunikation gelingt, funktioniert nicht in der Wissenschaftssprache. Hier sind Begriffe *fachspezifisch* definiert. Und selbst innerhalb einer Fachwissenschaft gibt es in der Regel unterschiedliche Definitionen eines Begriffs. Ein Beispiel: Der Begriff „Motivation" bezeichnet eine menschliche Verhaltenseigenschaft und ist somit Gegenstand der Psychologie. Doch auch in anderen Fachwissenschaften spielt der Begriff eine Rolle. In der Pädagogik spricht man von Lernmotivation, in der Betriebswirtschaft von Leistungs- und Arbeitsmotivation, und die Philosophie versucht, den Begriff allgemein, also von konkreten Handlungszusammenhängen des Menschen abstrahierend, zu definieren.

In der Psychologie gibt es keine einheitliche (von allen Wissenschaftlern des Fachgebiets) akzeptierte Definition (auch wenn manche Wörterbücher der Psychologie suggerieren, es gäbe einen begrifflichen Konsens). So vielfältig die psychologischen Theorien, so vielfältig sind die Vorstellungen bzw. Definitionsangebote. Zwei Beispiele.[5]

Motivation aus der Sicht der	... ist/heißt ...
1. Psychoanalyse	„Die Freudsche – Theorie begreift das Individuum als gefangen in einem niemals endenden Konflikt zwischen sexuellen und aggressiven Trieben einerseits und den von der sozialen Umwelt und internalisierten Idealen auferlegten Beschränkungen andererseits. Die Gesetze der Motivation ergeben sich aus Analyse dieses Dilemmas zwischen Triebäußerung und Triebhemmung." (S. 72)
2. Humanistischen Psychologie	Nach Auffasung vieler Vertreter der Humanistischen Psychologie „besteht die Grundtendenz einer Person darin, ihr individuelles Potential zu entwickeln. Es gäbe einen inneren biologischen Druck zur vollen Entfaltung der ererbten Fähigkeiten und Talente; die zentrale Motivation des Individuums bestehe in der Tendenz zu Wachstum und Erweiterung der Grundausstattung des Selbst." (S. 321)

Zöge man weitere psychologische Therorien (Behaviorismus, Kognitivismus, Kritische Psychologie, konstruktivistische Ansätze) heran, würde Alina rasch merken, dass sie hier vor einem – wie sie sagen würde – „echten" Problem steht. Sie muss erkennen, ob es sich bei „Motivation" um einen Begriff der Alltagssprache oder einen fachwissenschaftlich definierten Begriff handelt. Und sie muss erkennen, in welchem fachwissenschaftlichen Theoriekontext der

---
[5] Bernard Weiner: Motivationspsychologie. 3. Aufl. Weinheim, Basel 1998.

Begriff definiert wurde. Um dies zu können, muss sie (Vor-)Kenntnisse über Psychoanalyse und „Humanistischer Psychologie" haben. – Keine leichte Aufgabe. Was kann ihr helfen?

Ermutigen mag sie Lichtenberg: „Man muß nie denken, dieser Satz ist mir zu schwer, der gehört für die großen Gelehrten, ich will mich mit den anderen hier beschäftigen, dieses ist eine Schwachheit die leicht in eine völlige Untätigkeit ausarten kann. Man muß sich für nichts zu gering halten."[6] Dieser Ratschlag ermutigt zwar zu einer Grundhaltung, die Alina beim Studieren einnehmen sollte, aber problemlösend ist er für sie nicht.

Helfen können ihr „Wikipedia"[7] und fachspezifische Lexika/Wörterbücher oder gute Handbücher/Enzyklopädien.

3 Reduktion:
Den Text auf seine wesentlichen Aussagen reduzieren

Die meisten wissenschaftlichen Texte sind redundant, das heißt sie enthalten ein „Mehr" an Information, eine. „Überinformation".[8] Einen Text auf seine wesentlichen Informationen zu reduzieren, ist eine sehr aktive Form der Textaneignung. Lichtenberg: „Eine Regel beim Lesen ist die Absicht des Verfassers, und den Hauptgedanken sich auf wenig Worte zu bringen und sich unter dieser Gestalt eigen zu machen. Wer so liest ist beschäftigt, und gewinnt".[9]

Zu den verschiedenen Methoden des Zusammenfassens gehören das *Unterstreichen*, die Formulierung von *Randbemerkungen* und das *Exzerpieren*.

---

[6] Georg C. Lichtenberg.: Sudelbücher. Frankfurt am Main 1984, S. 158.
[7] Die Web-Enzyklopädie „Wikipedia" (www.wikipedia.de) „Wikipedia" ist zwar (vor allem zur Erstinformation) sehr nützlich, aber kein Ersatz für die Lektüre wissenschaftlicher Literatur.
[8] Diese Redundanz (Beispiele, Zusammenfassungen, Wiederholungen usw.) ist keineswegs überflüssig, sondern hilft den Lesenden, die wesentlichen Informationen (Definitionen, Thesen, Schlussfolgerungen usw.) zu verstehen.
[9] Georg C. Lichtenberg: Sudelbücher. Frankfurt am Main 1984, S. 321.

1. Unterstreichen

Alinas Lieblingsmethode, Texte zu bearbeiten, ist das Unterstreichen: Unterstreichen kostet wenig Zeit, ist sowohl in der Badewanne als auch im Bus oder im Bett möglich und vermittelt Alina das Gefühl, intensiv gearbeitet zu haben.
Wer sich für dieses Verfahren entscheidet, sollte
- den Text einmal komplett gelesen haben und erst beim zweiten Lesen unterstreichen. Wird beim ersten Lesen sofort unterstrichen, so trifft man Entscheidungen über die Bedeutung einzelner Aussagen, ohne den Gesamtzusammenhang zu kennen. Viele Aussagen, die beim ersten Lesen markiert wurden, blieben bei Kenntnis des ganzen Textes oft völlig unberücksichtigt;
- mit einem Bleistift unterstreichen (und einen Radiergummi zur Hand haben). Was einem im Menschengetöse einer U-Bahn möglicherweise noch wichtig erschien, mag in der Stille und Abgeschiedenheit eines Arbeitszimmers als unwesentlich durchfallen;
- darauf achten, dass mit verschiedenen Farben auch unterschiedliche Wertungen vorgenommen werden. *Definitionen* in einer Farbe, *Beispiele* in einer anderen, *Thesen* in wieder einer anderen Farbe usw.

Springen Ihnen bei einem Text, den Sie mit dieser Methode bearbeitet haben, die *nicht* unterstrichenen Stellen stärker ins Auge, als die unterstrichenen, dann sollten Sie die Sinnhaftigkeit Ihres Tuns überprüfen.

2. Randbemerkungen

Alina schreibt manchmal auch Randbemerkungen in Bücher oder auf Kopien. Das ist nicht falsch. Wenn allerdings Randbemerkungen nur das Ergebnis spontaner Reaktionen beim Lesen sind, dann sind sie meist wertlos. Notiert Alina im Zuge ihrer Begeisterung, Empörung, Verblüffung usw. Bemerkungen wie „Toll!" oder „Oha!" oder ein dickes „!" bzw. „?", dann ist das deshalb wenig nachhaltig, weil diese Anmerkungen inhaltsleer sind.
    Zwei Verfahren, mit Randbemerkungen zu arbeiten, sind nützlich: das inhaltliche Gliedern und das logische Gliedern

Das inhaltliche Gliedern

Beim inhaltlichen Gliedern geht es darum, den Rand mit Begriffen zu versehen, die den Text inhaltlich erschließen. Wie geht man dabei vor?

Zunächst einmal kann man sich an äußeren Struktur-Merkmalen orientieren. Dazu gehören neben den Überschriften die kleinste Struktur-Einheit eines Textes: der Absatz. Gehen wir einmal davon aus, ein Absatz enthielte einen, höchstens zwei Kerngedanken. Dann liest man also Absatz für Absatz und versucht, dessen Inhalt bzw. Kerngedanken zu erfassen. Jeder Absatz sollte mit mindestens einem *inhaltlichen Leitwort* versehen werden. Bei solchen Leitwörtern kann es sich entweder um Wörter aus dem Text (*Stichwörter*) oder um selbst gewählte Begriffe (*Schlagwörter*) handeln.

Diese Form der Texterschließung erzeugt ein externes Gedächtnis. Das ist nützlich, wenn man zu einem späteren Zeitpunkt noch einmal auf den Text zurückgreift.

Ein Beispiel für das inhaltliche Gliedern eines Textes[10]:

„Die unterschiedlichen Zwecke des Lesens	
Wozu lesen wir? Wahrscheinlich war der früheste Anlaß, eine Schrift zu erfinden, die Notwendigkeit, genaue Kunde über Dinge zu bewahren, die ein einzelner nicht behalten konnte. Ein altes chinesisches Sprichwort sagt: „Die blasseste Tinte ist besser als das beste Gedächtnis." Archäologen, die Steinplatten mit eingehauenen Zeichen ausgegraben haben, stellen häufig fest, daß es sich um Abrechnungen von Verkäufen oder um Forderungen handelt. Sicher überlebt ein Geschäft nicht lange, wenn niemand Bücher führen und lesen kann. Man kann einen Knoten ins Taschentuch machen, wenn man sich daran erinnern will, daß man auf dem Heimweg einen Liter Milch einkaufen sollte. Aber wenn man Brot, Fleisch, Eier, Salz, Säuglingsnahrung, Toilettenpuder, Papierservietten und Hundefutter braucht, hat das Taschentuch nicht mehr genügend Zipfel, auch wenn wir uns erinnern könnten, was jeder von ihnen bedeutet. Die Gesellschaft hat auch nicht mehr die Barden, die ihre Sagen auswendig kennen und die Schreiber, die ihr die Briefe schreibt. Es gibt da einfach zuviel aufzuschreiben. So ist die konservierende Funktion des Aufschreibens und Lesens grundlegend. Es ist nicht schwer, sie dem Kind bewußt zu machen.	Konservierungsfunktion
Lesen und Schreiben für die Zwecke der Kommunikation leuchten dem Kind ebenfalls ein. Ein Brief von der Großmutter erregt freudige Erwartungen. Er mag interessante Neuigkeiten wie einen bevorstehenden Besuch oder ein schon abgeschicktes Geschenk ankündigen. Er ist anders geschrieben als eine Einkaufsliste, hat seine eigene Tradition und seinen Stil, den wir verschiedenen Anlässen anpassen und mit verschiedenen Gefühlen lesen.	Kommunikationsfunktion

---

[10] Eleanor J. Gibson, Harry Levin: Die Psychologie des Lesens. Frankfurt am Main 1989, S. 18f.

Zwar gibt es eine Art „funktionelle Autonomie" des Lesens bei den Erwachsenen; es geschieht manchmal ohne besondere Motivation, und man hat keine Absicht, die gewonnene Information zu nutzen. Wenn man in der Straßenbahn sitzt, kann man kaum anders, als die Werbetexte zu lesen, was die Werbeleute wohl wissen. Wir lesen fast automatisch, was auf der Cornflakes-Schachtel steht und erinnern uns nicht an den Inhalt. Aber das ist die Ausnahme. Meistens lesen wir, weil wir müssen. Ein moderner Mensch ist immer wieder gezwungen, Information lesend zu gewinnen.	Informationsfunktion
Die Pädagogen gehen immer wieder davon aus, daß man vor allem lesen können muß, um Dinge aus Büchern zu erfahren; Geometrie oder Geschichte, Psychologie oder Physiologie. Man kann versuchen, die bittere Pille des Lesenlernens auf diese Weise zu versüßen; aber die Kinder lassen sich davon selten täuschen. Man sollte ihnen von Anfang an zeigen, daß man ganz einfach darum lesen kann, weil es Freude macht. Daß das stille Lesen einer Geschichte oder eines Gedichtes ein Vergnügen ist. Wenn man kleinen Kindern vorliest oder wenn sie beobachten, wie Erwachsene in einen Roman vertieft sind, so erfahren sie dies. Es sollte in der Schule aber damit weitergehen. Der Lehrer sollte den Kindern zur Belohnung aus Büchern vorlesen, die ihnen Freude machen, solange ihnen die Technik des Lesens noch Mühe macht. Und selbstverständlich soll man sie individuell lesen lassen, sobald sie es können, und was sie wollen."	Unterhaltungsfunktion

Das logische (argumentative) Gliedern

Um einen Text verstehen, beurteilen und für das weitere Studium nutzen zu können, ist es hilfreich, die Argumentation, den logischen Aufbau eines Textes zu prüfen. Deshalb sollte an die Frage, *worum* es im Text geht, eine weitere Frage angeschlossen werden: *Wie wird argumentiert?* Welche Funktion hat ein Textabschnitt in der Argumentation des Autors, was „macht" die Autorin an dieser Stelle?
- Stellt er eine These oder eine Behauptung auf?
- Begründet sie eine These oder Behauptung?
- Zieht er eine Schlussfolgerung?
- Verallgemeinert sie Ergebnisse?

Einen Text logisch gliedern heißt also: die argumentative Funktion einer Textpassage kennzeichnen. Am Textrand notiert man Begriffe, die Auskunft geben, ob es sich bei einem bestimmten Absatz um eine These, Behauptung oder Begründung handelt oder um eine Verallgemeinerung, ein Beispiel oder eine Schlussfolgerung (vgl. die Liste problemstrukturierender Begriffe auf Seite 168). Ein Beispiel[11]:

---

[11] Ruth Klüger: Frauen lesen anders. In: Dies.: Frauen lesen anders. Essays. 3. Aufl. München 1997, S. 83f.

> **„Frauen lesen anders**
>
> | | |
> |---|---|
> | Bücher wirken anders auf Frauen als auf Männer. Die sollte kein heikles Thema sein. | These |
> | Doch fürchten Frauenrechtlerinnen, dass eine solche Behauptung den weiblichen Geschmack und die weibliche Denkfähigkeit in Frage stellt, und ihre Gegner fürchten einen weiteren Angriff auf den literarischen Kanon. Und doch: Längst haben wir von der Rezeptionsästhetik gelernt, dass das Wort, der Text, der Roman oder das Gedicht kein Ding an sich ist, dessen werkimmanenter Sinn sich den vertrauensvoll Lesenden bedingungslos erschließt und immer gleich bleibt. Jeder und jede von uns liest anders, wie kein Leben mit einem anderen identisch ist und sich jedermanns und jeder Frau Weltverständnis von jedem anderen unterscheidet. | Begründung 1: Allgemein; mit Verweis auf Rezeptionsästhetik |
> | Es ist uns eine Selbstverständlichkeit, dass wir einen japanischen Roman mit weniger Einfühlung lesen können als, sagen wir Fontanes ‚Effi Briest', wobei andererseits gerade das Exotische des japanischen Werks zum Lesevergnügen beiträgt. Der Einheimische liest mit weniger Erstaunen, dafür kritischer und genauer, also anders. So gibt es auch innerhalb derselben Kultur Differenzen, die das Leseverständnis beeinflussen, wie die zwischen den gesellschaftlichen Schichten und Klassen, die sich in einer Demokratie allerdings immer mehr verwischen. Auffällig bleiben dagegen die Unterschiede zwischen den Geschlechtern, sowohl die der Sozialisierung wie die biologischen. Wie sollte es denn anders sein, als dass Frauen und Männer, die weitgehend anders leben und mit anderen Erwartungen erzogen werden … anders lesen? | Begründung 2: Mit Verweis auf Sozialisation |
> | Zwar gibt es rein sachliche Texte, die für beide Geschlechter dasselbe bedeuten. Fahrpläne, zum Beispiel. Vor den Ankunfts- und Abfahrtstafeln der Bundesbahn wird der Mensch androgyn. Doch schon bei Gebrauchsanweisungen treten die Unterschiede in Kraft. So werden die Anweisungen in Kochbüchern von den meisten Frauen lustvoller gelesen als die Anweisungen zum Wechseln eines Autoreifens. Das soll uns nicht zu dem Fehlschluss verführen, dass Frauen mehr essen als Männer und kaum Autofahren, sondern liegt daran, dass Frauen meinen, es würde ihnen eher gelingen, die Anweisungen des einen Handbuchs auszuführen als die des anderen. Die Ausnahmen bestätigen die Regel. Vor allem sind die Ausnahmen sehr selbstbewusst, angefangen mit denjenigen kleinen Mädchen, die lieber Chemieexperimente ausführen als Puppenkleider nähen, bis hin zu den erwachsenen Mechanikerinnen. Sie alle gehen anders, nämlich mit diesem Ausnahmebewusstsein, an die Sache heran als ihre männlichen Spielkameraden, beziehungsweise Kollegen." | Beispiel für Begründung 2 |

Dieses Beispiel zeigt: Es ist sinnvoll, logisches und inhaltliches Gliedern zu verbinden. Die Autorin stellt in diesem Textausschnitt eine These auf und begründet diese zweifach. Würde man sich auf die metasprachlichen Begriff „Begründung 1", „Begründung 2" beschränken, wäre das nicht sehr hilfreich. Deshalb habe ich diese Begründungen durch inhaltliche Leitwörter ergänzt.

Mit der Kombination von inhaltlicher und logischer Gliederung – durchdringt man einen Text tiefer. Und erarbeitet sich ein solides Gerüst für das Referieren eines Textes: Die Autorin vertritt die *These* … Sie *begründet* diese These (1.) … und (2.) … Diese Begründung stützt sie mit folgendem *Beispiel* …

Abschließend zeige ich die Verschränkung der drei Reduktionsverfahren (Unterstreichen, inhaltliche und logische Gliederung) an einem Text über Wissenschaftsentwicklung[12]:

„Die Entwicklung der Wissenschaft verläuft nicht als geradliniger und kontinuierlicher Prozeß, in dem ‚eins zum anderen kommt'. Forschungsergebnisse, die heute als gesichert gelten, werden morgen aufgrund neuer Erkenntnisse verworfen, Methoden werden durch neue abgelöst. Wissenschaftlicher <u>Fortschritt vollzieht sich in Sprüngen</u>, in kleinern oder größeren Revolutionen. Wissenschaftlicher Fortschritt wurde häufig nur <u>durch unkonventionelles Vorgehen</u> abseits traditioneller Methoden und Verfahren erzielt. Die Vorstellung von einem Modell wissenschaftlicher Forschung hält sich zwar noch in manchen Köpfen, faktisch <u>bestimmt</u> ein <u>Methodenpluralismus</u> (Paul Feyerabend spricht von einem ‚heiteren Anarchismus') <u>den Wissenschaftsalltag</u>.	Wissenschaftsentwicklung *These* Methodenpluralismus *These*
Wenn also Ergebnisse wissenschaftlicher Forschung stets vorläufig und Irrtümer wahrscheinlich sind, wenn Methodenpluralismus die Regel ist und unkonventionelle Wege häufig die erfolgversprechenden sind – dann spricht vieles für ein <u>respektloses Verständnis von Wissenschaft</u>. Damit meine ich die Haltung,	Wissenschaftsverständnis *Schlussfolgerung* Respektlose Haltung zu Wissenschaft *Erläuterung*
• <u>neugierig</u> zu <u>sein</u>, offen für neue Erfahrungen, andere Meinungen und Sichtweisen, statt immer ‚auf der Hut' zu sein; • in <u>neuen Erfahrungen und Erkenntnissen</u> eine <u>Bereicherung und Anregung</u> zum Weiterfragen zu sehen statt Störfaktoren; • <u>ungewohnte Wege zu gehen</u> und sich <u>Irrtümer und (vorläufiges) Nichtwissen zu erlauben</u>, statt ‚auf Nummer Sicher' zu setzen; • sich <u>auf Erkenntniszuwachs zu konzentrieren</u>, statt geistige Energie in die Rechtfertigung und Verteidigung (vorläufiger) Auffassungen zu investieren.	
Diese Haltung <u>reduziert Angst</u> vor ‚der' Wissenschaft und <u>erhöht die Zuversicht, daß wissenschaftliches Arbeiten gelernt</u> werden kann. Sie hilft, <u>gelassener zu reagieren</u> auf den an Hochschulen beliebten Bluff mit gewichtigen Fachausdrücken oder beeindruckenden Hinweisen auf den neuesten wissenschaftlichen Trend (Strukturalismus, Dekonstruktivismus usw.), der selbstverständlich immer eine ‚Post'-Variante hat (Poststrukturalismus usw.)."	Respektlose Haltung und Angst/Erfolgszuversicht *Vorteil*

---

[12] Norbert Franck: Fit fürs Studium. 8 Aufl. München 2006, S. 41f.

3. Exzerpieren

Exzerpieren ist so alt wie die Schrift selbst. Man versteht darunter das auszugsweise Wiedergeben eines Textes. Hierbei kann es sich um *wörtliche* oder *paraphrasierende* (d.h. freie, nur den Sinn des Textes in eigenen Worten wiedergebende) Wiedergabe handeln. In der Regel werden beide Formen benutzt.

Wann exzerpiert man einen Text? Dann, wenn man den Text nicht besitzt, seine Anschaffung zu teuer oder unmöglich ist und die fotomechanische Vervielfältigung durch die ausleihende Bibliothek untersagt ist.

Eine solche Situation tritt (sieht man einmal von den historischen, altertumswissenschaftlichen Fächern ab) für viele Studierende nie oder sehr selten ein. Gibt es einen anderen Grund, einen Text zu exzerpieren?

Ein chinesisches Sprichwort lautet: „Ich höre etwas und vergesse es, ich sehe etwas und erinnere mich, ich tue etwas und verstehe es." Texte, die für das Studium bzw. für eine Haus- oder Abschlussarbeit besonders wichtig sind, sollte man in einen eigenen Zeichenvorrat übersetzen – in eigene Worte. Exzerpieren ist ein für diesen Zweck nützliches Verfahren.

Exzerpieren macht Arbeit, kostet Zeit und erhöht die Chance, einen Text zu verstehen. Zudem ein haftet exzerpierter Text besser im Gedächtnis als ein Text, der „nur" gelesen wird.

Wie exzerpiert man Texte? Man kann Texte auf zweierlei Weise exzerpieren:

1. Unter einer *allgemeinen Fragestellung* – zum Beispiel: „Was wird über den Sachverhalt oder den Gegenstand XY ausgesagt?". Exzerpieren unter einer solchen Fragestellung ist vor allem zweckdienlich bei geringen Vorkenntnissen über den Textinhalt, wenn es also vorrangig um Erstinformationen geht.
2. Unter einer oder mehreren *besonderen Fragestellungen* – zum Beispiel: „Wie äußert sich die Autorin zur Frage XY?" oder „Was versteht der Autor X unter dem Begriff Motivation?". Exzerpieren unter einer spezifischen Fragestellung empfiehlt sich immer dann, wenn man bereits über relativ umfangreiche Vorkenntnisse über ein Thema verfügt und nur nach Antworten auf bestimmte Fragen, nach bestimmten Problemlösungen, Stellungnahmen, neuen Argumenten, Tatsachen usw. sucht.

Im Folgenden stelle ich die erste Variante vor: Texte weisen in der Regel eine äußerlich ablesbare Struktur auf, das heißt, sie sind unterteilt in Kapitel, Unterkapitel und Absätze. Diese äußeren Strukturelemente spiegeln die innere, sachliche oder argumentative Struktur eines Textes wider. Das kleinste Element von Textunterteilungen ist der Absatz, und auf dieser Ebene setzt das Exzerpieren an. Man geht in zwei Schritten vor:

1. Schritt: Exzerpieren

Exzerpieren unter einer allgemeinen Fragestellung wird von zwei Fragen geleitet:
- Wie lautet das Thema des Absatzes?
- Was wird über das Thema ausgesagt?

Man notiert Absatz für Absatz zunächst die Antwort auf die Frage nach dem *Thema* des Absatzes: Worum geht es, worüber wird informiert? Dann notiert man – möglichst in eigenen Worten –, welche *Aussage(n)* zu diesem Thema gemacht werden.
    Wichtig ist dabei, dass Sie Thema und Aussage tatsächlich auseinander halten. Sofern der Text aussagekräftige Überschriften enthält, sollten diese als Zitat übernommen werden, ansonsten ist jeder Abschnitt des Textes (sowie alle Absätze) mit einer Überschrift („Worüber wird geschrieben?": Thema) zu versehen. Unter jeder Überschrift werden die entsprechenden Aussagen paraphrasierend (d.h. in eigenen Worten) zusammengefasst oder wörtlich zitiert. Notieren Sie die Seitenzahlen des Originaltextes, auf Ihre Aufzeichnungen beziehen.

2. Schritt: Verdichten

Nachdem Sie die zu einem Unterkapitel gehörenden Absätze exzerpiert haben, können Sie – je nach subjektivem Ermessen – die in jedem Absatz zusammengefassten Aussagen erneut – und zwar in Hinblick auf die Überschrift des Unterkapitels – zusammenfassen. Dieser Vorgang lässt sich ein weiteres Mal wiederholen, indem die in jedem Unterkapitel zusammengefassten Aussagen erneut – und zwar im Hinblick auf die Überschriften der Kapitel – zusammengefasst werden.
    Ein Beispiel[13] – zunächst das Exzerpt, dann das Ergebnis der Verdichtung:

---

[13] Umberto Eco: Wie man eine wissenschaftliche Abschlußarbeit schreibt. Heidelberg 1988, S. 39ff.

„Was ist Wissenschaftlichkeit?

Für manche ist die Wissenschaft mit den Naturwissenschaften oder mit Forschungen auf quantitativer Grundlage gleichzusetzen. Eine Untersuchung ist nicht wissenschaftlich, wenn sie nicht mit Formeln und Diagrammen arbeitet. Ginge man davon aus, dann wäre eine Arbeit über die Moral bei Aristoteles nicht wissenschaftlich, aber ebensowenig wären es Untersuchungen über Klassenbewußtsein und Bauernaufstände im Zeitalter der Reformation. An der Universität mißt man dem Begriff „wissenschaftlich" offensichtlich nicht diese Bedeutung bei. Versuchen wir also festzulegen, unter welchen Voraussetzungen eine Arbeit sich in einem weiten Sinn wissenschaftlich nennen darf. Vorbild können durchaus die Naturwissenschaften sein, so wie sie sich seit Beginn der Neuzeit entwickelt haben. Eine Untersuchung ist wissenschaftlich, wenn sie die folgenden Anforderungen erfüllt:

Eine Arbeit kann als wissenschaftlich gelten, wenn sie folgende Anforderungen erfüllt:

1. Die Untersuchung behandelt einen erkennbaren Gegenstand, der so genau umrissen ist, daß er auch für Dritte erkennbar ist. Der Ausdruck Gegenstand ist nicht unbedingt im konkreten Sinn zu verstehen. Auch die Quadratwurzel ist ein Gegenstand, auch wenn kein Mensch sie je gesehen hat. Auch die Gesellschaftsschichten sind Forschungsgegenstände, auch wenn man einwenden könnte, daß man nur Einzelwesen oder einen statistischen Durchschnitt, nicht aber Klassen im eigentlichen Sinn kennt. Aber in einem solchen Sinn hätte auch die Klasse aller Primzahlen über 3725 keine konkrete Realität, mit der sich doch ein Mathematiker bestens beschäftigen könnte. Den Gegenstand bestimmen heißt also die Bedingungen festlegen, unter denen wir über ihn auf der Grundlage von Regeln sprechen können, die wir aufstellen oder die andere vor uns aufgestellt haben, wenn wir Regeln aufstellen, nach denen eine Primzahl, die größer ist als 3725, erkannt werden kann; falls wir einer solchen Zahl begegnen, dann haben wir die Regeln für das Erkennen unseres Gegenstandes festgelegt.(...)

Die Arbeit muss einen erkennbaren Gegenstand behandeln, der so genau umrissen ist, dass er auch für Dritte erkennbar ist.

Die Bedingungen sind festzulegen, unter denen wir den Gegenstand auf der Grundlage von Regeln besprechen.

2. Die Untersuchung muß über diesen Gegenstand Dinge sagen, die noch nicht gesagt worden sind, oder sie muß Dinge, die schon gesagt worden sind, aus einem neuen Blickwinkel sehen. Eine mathematisch richtige Ausarbeitung, die mit den überkommenen Methoden den Pythagoreischen Lehrsatz beweisen würde, wäre keine wissenschaftliche Arbeit, weil sie unserem Wissen nichts hinzufügen würde. Es wäre allenfalls eine populärwissenschaftliche Darstellung, wie ein Handbuch, in dem der Bau einer Hundehütte mit Hilfe von Holz, Nägeln, Hobel, Säge und Hammer erklärt wird.

Die Arbeit muss über ihren Gegenstand entweder Dinge sagen, die nicht gesagt worden sind, oder Dinge, die schon gesagt worden sind, aus einem anderen Blickwinkel sehen.

Auch eine kompilatorische Arbeit kann, wie wir unter 1.1. gezeigt haben, wissenschaftlich nützlich sein, weil der „Kompilator" Meinungen, die andere zum gleichen Thema schon geäußert haben, zusammengestellt und auf eine vernünftige Weise zueinander in Beziehung gesetzt hat. So ist auch eine Anleitung für den Bau einer Hundehütte keine wissenschaftliche Arbeit, aber ein Werk, das alle bekannten Methoden zum Bau einer Hundehütte vergleicht und kritisch würdigt, könnte vielleicht einen bescheidenen Anspruch von Wissenschaftlichkeit erheben.

Kompilatorische Arbeiten können nützlich sein; sie sind aber keine wissenschaftlichen Arbeiten.

Zentrale Aussagen rekonstruieren

Nur über eines muß man sich klar sein: daß ein kompilatorisches Werk nur dann überhaupt wissenschaftlichen Nutzen haben kann, wenn es auf diesem Gebiet nichts Vergleichbares gibt. Wenn es schon vergleichende Arbeiten über das Herstellen von Hundehütten gibt, ist es verlorene Zeit (oder ein Plagiat), eine weitere zu schreiben.

3. Die Untersuchung muß für andere von Nutzen sein. Von Nutzen ist eine Abhandlung, die eine neue Entdeckung über das Verhalten von Elementarteilchen beweisen soll. Von Nutzen ist eine Abhandlung, die darstellt, wie ein unveröffentlichter Brief von Leopardi entdeckt wurde, und die ihn ganz transkribiert. (...)	Die Arbeit mus für andere von Nutzen sein.
4. Die Untersuchung muß jene Angaben enthalten, die es ermöglichen nachzuprüfen, ob ihre Hypothesen falsch oder richtig sind, sie muß also die Angaben enthalten, die es ermöglichen, die Auseinandersetzung in der wissenschaftlichen Öffentlichkeit fortzusetzen. Das ist eine ganz fundamentale Anforderung. (...)"	Die Arbeit muss es ermöglichen, die Hypothesen zu prüfen.

Das Verdichtungsergebnis:

> Eine Arbeit kann dann als wissenschaftlich gelten, wenn sie folgende vier Anforderungen erfüllt. 1. Sie muss einen erkennbaren Gegenstand behandeln, der so genau umrissen ist, dass er auch für Dritte erkennbar ist, 2. Sie muss über ihren Gegenstand Aussagen machen, die es bisher noch nicht gab, oder aber existierende Auffassungen über den Gegenstand aus einem neuen Blickwinkel betrachten, 3. Sie muss für andere von Nutzen sein und sie muss schließlich 4. Angaben enthalten, die es ermöglichen, nachzuprüfen, ob ihre Hypothesen falsch oder richtig sind.

4 Rekonstruktion: Die wesentlichen Textaussagen mit Hilfe nichtsprachlicher Zeichen rekonstruieren

Texte mit eigenen Worten – beispielsweise durch Exzerpieren – zu rekonstruieren, ist eine sehr aktive, fordernde wie das Verständnis fördernde Form der Auseinandersetzung mit wissenschaftlicher Literatur. Ebenso zu empfehlen ist, Texte mit nichtsprachlichen – Zeichen zu rekonstruieren; einfach ausgedrückt: Texte zu visualisieren.

Texte zu visualisieren bietet zwei Vorteile:
1. Visualisieren erfordert eine sehr gründliche Auseinandersetzung mit dem Text.
2. Die Visualisierung ist ein Wissensspeicher, der er es gestattet, zeitökonomisch zu wiederholen. Anders als bei Exzerpten, die wir – besonders wenn wir nach längerer Zeit wieder auf sie zurück greifen – ganz lesen müssen, ermöglicht uns die Visualisierung eine sehr rasche Rekonstruktion der inhaltlichen und oft auch der logisch-argumentativen Struktur eines Textes.

Zwei Visualisierungsverfahren haben sich als nützlich erwiesen. Beide Verfahren werden in der Psychologie unter dem Namen „Semantische Netze" thematisiert.

1. Begriffsnetz-Darstellung (Concept Mapping)

Die Begriffsnetz-Darstellung ist eine Methode, einen Text in die Form einer schematischen Darstellung zu übertragen. Diese Methode hilft, einen Text besser zu verstehen und ihn länger zu behalten.[14] – Wie erstellt man eine Begriffsnetz-Darstellung?

Texte setzen sich aus zwei Klassen von Elementen zusammensetzen: Begriffe und Relationen (zwischen den Begriffen). Begriffe geben Auskunft auf die Fragen: „Worüber sagt der Text etwas aus?" „Welches Thema behandelt der Text?" Relationen geben Auskunft auf die Fragen: „Was sagt der Text hierüber aus?" „Welches sind die wesentlichen Textaussagen?" Einen Text in die Form eines Netzwerkes zu übertragen heißt also, seine zentralen Begriffe und die zwischen ihnen bestehenden Relationen schematisch abzubilden.

Begriffe werden mit einer Umrandung gekennzeichnet. Relationen werden entweder durch unterschiedliche Pfeil- und Linien-Verbindungen oder durch eine einheitliche Verbindung mit unterschiedlicher Buchstaben-Notation dargestellt. Mit Hilfe unterschiedlicher Notationen oder Linienverbindungen lassen sich die verschiedenen Relationen zwischen den Begriffen abbilden.

Die folgende Liste wichtiger Relationen ist nicht vollständig. In der Regel genügt sie jedoch, um die logische Struktur eines Textes abzubilden.

---

[14] Vor allem Joseph Novak vom „Institute for Human and Machine Cognition" an der Cornell-Universität in Florida hat diese Methode propagiert und das Software-Werkzeug „CMap" entwickelt, das er Lehrenden und Lernenden gratis zur Verfügung stellt: http://www.ihmc.us/

Relation	Signalwort	Mögliche Notation
Eigenschaft	hat, ist gekennzeichnet	—e—>
Ist-ein	ist, ist Beispiel für	—i—>
Teil-Ganzes	ist Teil von, besteht aus	—t—>
Bedingung	wenn, wenn-dann	—b—>
Begründung	weil, deshalb	—k—>
Folge	führt zu, so dass	—f—>
Vergleich	ist wie, entspricht	—v—>
Zweck	damit, dass	—z—>
Mittel	indem, mittels	—m—>
Verneinung	ist nicht, kein	—n—>

Bei der Anwendung der Netzwerk-Technik sollten Sie stets abwägen, wie detailliert Sie den Text abbilden wollen. Je differenzierter das Schema, d.h. je größer die Zahl der Begriffe und Relationen, desto unübersichtlicher wird es. Am einfachsten ist die Methode anzuwenden, wenn man sich damit begnügt, nur die wesentlichen Strukturen eines Textes abzubilden.

Ein Beispiel – zunächst der Text[15], dann seine Visualisierung:

> „Ein literarisches Werk besteht ausschließlich oder hauptsächlich aus einem Text, das heißt ...aus einer mehr oder weniger langen Abfolge mehr oder weniger bedeutungstragender verbaler Äußerungen. Dieser Text präsentiert sich jedoch selten nackt, ohne Begleitschutz einiger gleichfalls verbaler oder auch nichtverbaler Produktionen wie einem Autorennamen, einem Titel, einem Vorwort und Illustrationen. Von ihnen weiß man nicht immer, on man sie dem Text zurechnen soll; sie umgeben und verlängern ihn jedenfalls, um ihn im üblichen, aber auch im vollsten Sinn des Wortes zu *präsentieren*; in *präsent* zu machen, und damit seine ‚Rezeption' und seinen Konsum in, zumindest heutzutage, der Gestalt eines Buches zu ermöglichen. Dieses unterschiedlich umfangreiche und gestaltete Beiwerk habe ich an anderer Stelle und in Anlehnung an den mitunter mehrdeutigen Sinn dieser Vorsilbe im Französischen als *Paratext* des Werkes

---

[15] Gérad Genette: Paratexte. Das Buch vom Beiwerk des Buches. Frankfurt am Main, New York 1992, S. 9f.

> bezeichnet. Der Paratext ist also jenes Beiwerk, durch das ein Text zum Buch wird und als solches vor die Leser und, allgemeiner, vor die Öffentlichkeit tritt. Dabei handelt es sich weniger um eine Schranke oder eine undurchlässige Grenze als um eine *Schwelle* oder – wie es Borges anläßlich eines Vorwortes ausgedrückt hat – um ein ‚Vestibül', das jedem die Möglichkeit zum Eintreten oder Umkehren bietet; um eine ‚unbestimmte Zone' zwischen innen und außen, die selbst wieder keine feste Grenze nach innen (zum Text) und nach außen (dem Diskurs der Welt über den Text) aufweist; oder wie Philippe Lejeune gesagt hat, um ‚Anhängsel des gedruckten Textes, die in Wirklichkeit jede Lektüre steuern'."

Die Übertragung dieses Textes in ein Begriffsnetz:

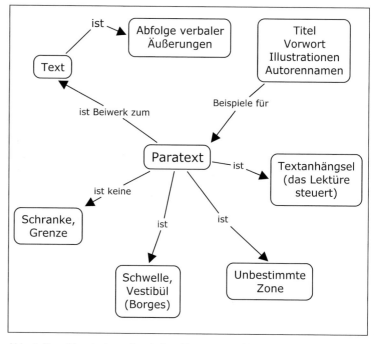

Abb. 1: Begriffsnetz (erstellt mit dem Programm „CMap")

2. Mind-Maps

Mind-Mapping[16] ist ein weniger striktes Verfahren, das der Brite Tony Buzan[17] entwickelt hat und sich in vielen europäischen Ländern und in Nordamerika auf allen Bildungsstufen großer Bekanntheit und Beliebtheit erfreut.

Die Mind-Mapping-Technik ist von Buzan nicht in erster Linie auf die Aneignung wissenschaftlicher Literatur bezogen, also als Lesetechnik, sondern als Denk- und Planungswerkzeug konzipiert worden. Gleichwohl eignet sich diese Technik sehr gut, Gelesenes festzuhalten.

Wie erstellt man eine Mind Map?
- Bei einer Mind-Map beginnt man – im Unterschied zu traditionellen Aufzeichnungen – mit der Zentralidee (oder dem Zentral-Thema) in der Mitte des Blattes.
- Um die Grundstruktur eines Mind-Maps sichtbar zu machen, werden die einzelnen Gedanken zu diesem Zentralthema auf – vom Zentrum ausgehenden – Linien geschrieben. Jeder neue Gedanke bedeutet eine neue Linie, die entweder vom Zentrum ausgeht (Ast) oder eine bereits bestehende Linie (Zweig) fortführt. Dabei sollte man möglichst nur Stichworte, Schlüsselwörter (keine Sätze) benutzen. Die Schlüsselwörter möglichst in Druckschrift schreiben. Dies erleichtert das Nachlesen und die Auswertung zu einem späteren Zeitpunkt.
- Wann immer es möglich ist, sollten visuelle Darstellungsmittel benutzt werden; aber nicht nur symbolische Zeichen wie zum Beispiel Pfeile, Symbole (Frage-, Ausrufezeichen usw.), Quadrate, Kreise, Linien usw.), sondern vor allem kreative Bilder (also ikonische Darstellungen)

Ich wende das Verfahren auf den Text von Gérard Genette (Seite 87f.) an. Das Ergebnis:

---

[16] „Mind Map" lässt sich am besten mit „Gedanken-Landkarte" übersetzen.
[17] Tony Buzan: Kopftraining. Anleitung zum kreativen Denken. München 1984.

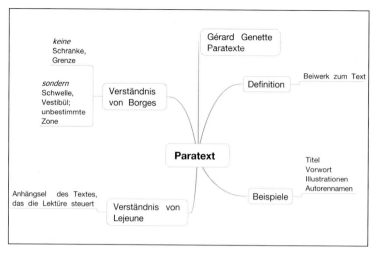

Abb. 2: Mind-Map (erstellt mit dem Programm „Mindmanager")

Worin bestehen die Vorteile der Technik? Buzan nennt sieben:

„1. Die Zentral- oder Hauptidee wird deutlicher herausgestellt.
2. Die relative Bedeutung jeder Idee tritt sinnfälliger in Erscheinung. Wichtigere Ideen befinden sich in der Nähe des Zentrums, weniger wichtige in den Randzonen.
3. Die Verknüpfungen zwischen den Schlüsselbegriffen werden durch ihre Linienverbindungen leicht erkennbar.
4. Als Ergebnis werden Erinnerungsprozess und Wiederholungstechnik effektiver und schneller.
5. Die Art der Struktur erlaubt es, neue Informationen leicht und ohne die Übersichtlichkeit störende Streichungen und eingezwängte Nachträge unterzubringen.
6. Jedes Kartenbild ist von jedem anderen nach Form und Inhalt deutlich unterschieden. Das ist für die Erinnerung hilfreich.
7. Im kreativen Bereich des Aufzeichnens, etwa bei der Vorbereitung von Aufsätzen und Reden, erleichtert es das nach allen Seiten offene Kartenschema, neue Ideenverknüpfungen herzustellen."[18]

Vergleicht man die beiden Visualisierungsverfahren, so lassen sich folgende Vor- und Nachteile gegenüberstellen:

---

[18] Tony Buzan: Kopftraining. Anleitung zum kreativen Denken. München 1984, S. 103.

Verfahren	Mind-Mapping	Begriffsnetz-Darstellung
Vorteile	• Das Verfahren lädt geradezu ein, *spontane Eindrücke* während des Lesens in der Map zu dokumentieren. • Es ist *sehr offen* für *Ergänzungen*. Jede Ergänzung kann als neuer Ast oder als Zweigergänzung eingefügt werden. • Es ermuntert dazu, Text mit *Bildzeichen* zu verknüpfen, die das Rekapitulieren des mit ihnen verknüpften Textes unterstützen können.	• Das Verfahren zwingt zur *sachlich-logischen Durchdringung* des Textes; das Begriffsnetz erstellt man vernünftigerweise immer erst nach der Lektüre des Textes. • Gute Begriffsnetze sind aufgrund ihrer „Begriffe-Relationen-Struktur" eine gute Hilfe, um Wissensstrukturen (z.B. für Prüfungen zu rekapitulieren)
Nachteile	• Die Bedeutung der Informationen, die auf Ästen und Zweigen dokumentiert wurde lässt sich immer nur über das im Zentrum stehende Thema erschließen, deuten. • Mind-Maps können aufgrund ihres offenen Gestaltungscharakters mitunter unübersichtlich werden.	• Es ist in eingeschränktem Maße *offen* für *Ergänzungen*. Der Zwang, die zwischen den Begriffen bestehenden Relationen zu kennzeichnen, lässt für Ergänzungen weniger Spielraum. • Das Verfahren ist zeitaufwendig!

Für die Erstellung von Begriffsnetz-Darstellungen und Mind-Maps gib es Software. Am bekanntesten ist der (kostenpflichtige) „Mindmanager".[19]

5 Elaboration:
Dem Text kritisch gegenübertreten

Elaboration, elaborieren heißt knapp ausgedrückt „etwas Eigenes hervorbringen, etwas selbstständig produzieren". Bezogen auf das Lesen heißt es, sich von der rezeptiven *Leser*-Rolle zu lösen und in eine aktive *Kritiker-R*olle zu schlüpfen. Man begegnet dem Text nicht mehr in erster Linie in der Absicht, ihn zu verstehen, sondern man hat ihn verstanden und tritt ihm nun mit seinen eigenen Vor-

---

[19] http://www.mindjet.de/

stellungen, Meinungen usw. gegenüber. Man konfrontiert also die Gedanken, Vorstellungen usw. des Autors mit seinen eigenen Überlegungen. Bei dieser kritischen Prüfung des Textes kann Alina zwei Verfahren anwenden.

1. Sie setzt sich mit dem Text anhand *inhaltlicher* Kriterien auseinander. Sie hält also beispielsweise einer bestimmten theoretischen Position ihre eigenen oder die Argumente eines anderen theoretischen Konzepts (mit dem sie übereinstimmt) entgegen. Sie kritisiert auf der Grundlage ihres Wissens über das Thema, das in einem Text behandelt wird. Auf dieses Verfahren gehe ich nicht ein, da es nur im Kontext eines Themas und Alinas Vorwissen behandelt werden kann.
2. Sie *prüft* den Text anhand *formaler* (inhaltsneutraler) Kriterien. Zu diesen Verfahren lassen sich fünf heuristische Hilfen formulieren.

1. Wissenschaftliche Standards

Wissenschaftliche Texte weisen in der Regel eine Grundstruktur auf. Auf diese strukturbildenden Elemente kann sich Alina fragend beziehen.

Wissenschaflicher Standard	Frage
Problem-, Fragestellung	Liegt dem Text eine Fragestellung zugrunde? Ist die Fragestellung relevant?
Methode, Argumentation	Wie wird methodisch vorgegangen? Ist das methodische Vorgehen der Fragestellung angemessen? Geht der Autor von bestimmten Voraussetzungen (Prämissen) aus? Sind diese Prämissen fragwürdig? Arumentiert die Autorin schlüssig?
Literatur, Quellen	Wurde die relevante Literatur berücksichtigt? Sind die Quellen zuverlässig?

Eine solche Prüfung setzt *Wissen* voraus. Alina muss
- einschätzen können, ob die dem Text zugrundeliegende Fragestellung relevant ist,
- über Kriterien verfügen, die ihr Urteil über Relevanz oder Nichtrelevanz begründen,

- erkennen, wie der Autor methodisch vorgeht (also über die verschiedenen methodischen Möglichkeiten, eine Fragestellung zu beantworten, Bescheid wissen),
- die relevante Literatur kennen, um beurteilen zu können, ob die Autorin die relevante Literatur berücksichtigt hat.

2. Ideologiekritische Fragen

Texte werden nicht voraussetzungslos produziert, sondern vor dem Hintergrund bestimmter Interessen und Einstellungen. Diese als Leserin kritisch zu befragen, heißt einen Text ideologiekritisch prüfen. Zum Beispiel könnte Alina fragen:

Ideologiekritischer Bezugspunkt	Frage(n)
Erkenntnis-Interesse	Was will die Autorin herausbekommen? Warum interessiert sie sich gerade für diesen Gegenstand, diese Fragestellung?
Handlungs-Interesse	An welchen Ergebnissen ist der Autor interessiert? Schreibt, forscht er im Interesse eines Auftragegebers?
Ideologischer Standpunkt	Schreibt die Autorin aus der Perspektive einer weltanschaulich begründeten Position (politisch, religös, wissenschaftstheoretisch usw.)? Ist diese ideologisch begründete Position für den Leser transparent, erkennbar? Sind bestimmte Werte-Präferenzen erkennbar und falls ja, werden diese begründet oder stillschweigend vorausgesetzt?

3. Geltungsanspruch von Aussagen

Aussagen in wissenschaftlichen Texten lassen sich mindestens drei Kategorien zuordnen:

Kategorie	Aussage-Beispiel	Frage-Zuordnung (Beispiele)
Aussagen über Realität	„Die Ganztagsschule erhöht über die die soziale Kompetenz der Schüler."	*Wie ist es?* Stimmt das? Gibt es für diese Aussage empirische Belege? Gibt es widersprechende Daten, Statistiken?
Aussagen über Normen und Werte	„Freiheit ist das wichtigste Gut des Menschen."	*Was soll sein?* Gibt es widersprechende Behauptungen (Gleichheit, Brüderlichkeit, Solidarität usw.)? Ist diese Norm für *alle* Menschen erstrebenswert? Lässt sich dieser Wert für alle Menschen *realisieren*?
Aussagen über Mittel	„Um das Risiko beim Investment durch Aktien für den Anleger gering zu halten, sollte man Hedge-Fonds erwerben."	*Was kann, muss getan werden?* Führt die vorgeschlagene Maßnahme, der Lösungsvorschlag wirklich zum Ziel? Gibt es widersprechende Aussagen? Liegen dem Lösungsansatz bestimmte Prämissen zugrunde? Sind diese Vorannahmen ausgewiesen?

4. Argumentationtypen

In wissenschaftlichen Texten werden sehr oft *Behauptungen* aufgestellt und versucht, diese mit Hilfe von *Argumenten* zu begründen, belegen. Um sich kritisch mit wissenschaftlichen Behauptungen auseinander zu setzen, benötigt Alina Instrumente, die es ihr ermöglichen, die Argumente zu prüfen. Dies wiederum setzt voraus, dass Alina weiß, welche Typen der Argumentation es überhaupt gibt und wie man sich ihnen gegenüber kritisch verhalten kann. Die folgende Liste kann Alina dabei helfen:

Argumentationstyp	Argumentations-Strategie; der Autor, die Autorin beruft sich auf ...	Gegenargument/ Kritik-Strategie ... Alina könnte ...
Tatsachen	Statistiken, Ergebnisse empirischer Untersuchungen ... auf „harte" (also quantitativ gestützte) Daten.	andere – gegensätzliche oder widersprechende – Fakten, Zahlen usw. dagegen setzen.

Erfahrungen	Mitteilungen, die auf Einzel- oder wenigen Fällen gründen.	andere – gegensätzliche oder widersprechende – Erfahrungen dagegensetzen.
Werte, Normen, Regeln, Gesetze	eine Informations-, Materialbasis, die von den Mitgliedern einer bestimmten Fachwissenschaft oder den Praktikern eines bestimmten Berufsfeldes als vorausgesetzt, gegeben, geltend, richtig, vernünftig, handlungsweisend usw. anerkannt wird.	Werte und Normen nicht anerkennen; Regeln und Gesetze fallbezogen als nicht zutreffend oder unangemessen kritisieren.
Autoritäten	Menschen, die in Bezug auf das diskutierte, behandelte Thema aufgrund ihrer durch wissenschaftliche Leistungen begründeten Kompetenz als Autoritäten in ihrem Fach ausgewiesen und in ihrem Kollegenkreis anerkannt sind.	Autoritäten und deren Theorien nicht anerkennen; andere Autoritäten und deren Theorien dagegen setzen.

5. Sprachanalyse

Robert Barrass[20] hat typische Redefiguren zusammengestellt, deren Bedeutung Alina kritisch prüfen kann.

Wenn Alina dies liest …	… könnte der Autor des Textes möglicherweise dies damit meinen:
Wie bekannt ist …	Ich denke/meine …
Es ist klar, dass …	Ich denke/meine …
Vielleicht könnte man sagen …	Ich weiß nicht, was ich denken, meinen soll.
Es besteht Übereinstimmung in …	Einige Personen denken/meinen …
Aus einleuchtenden Gründen …	Ich habe keinen Beweis.
Es besteht kein Zweifel …	Ich bin davon überzeugt …
Es ist wahrscheinlich, dass …	Ich habe nicht genügend Beweise.
Es ist nicht notwendig, auf diesen Punkt näher einzugehen.	Ich möchte Ihnen diesen Punkt nicht näher erläutern.

---

[20] Robert Barrass: Scientists Must Write. 4. Aufl. London, New York 1983, S. 30.

Suitbert Ertl[21] hat einen kleinen Kriterienkatalog entwickelt, anhand dessen Alina analysieren kann, ob man aufgrund des häufigen Auftretens bestimmter Ausdrücke, den Stil der Autorin als dogmatisch bezeichnen könnte.

Ausdrucksart	Der Autor, die Autorin benutzt häufig …	… anstelle von …
Häufigkeits-Ausdrücke	immer, stets, ständig usw.	in der Regel, häufig, oft, selten usw.
Mengen-Ausdrücke	alle, alles, keine, nichts usw.	die meisten, viele, manche, wenige usw.
Maß-Ausdrücke (vor allem Superlative)	äußerst, völlig, vollkommen, absolut, höchst usw.	einigermaßen, ziemlich, sehr, besonders usw.
Gewissheits-Ausdrücke	natürlich, selbstverständlich, zweifellos usw.	vielleicht, wahrscheinlich, vermutlich usw.

Ich kann nicht mit Gewissheit sagen, dass Alina mit Hilfe der hier vorgestellten Tipps und Strategien weniger Zeit als Goethe braucht, um Lesen zu lernen. Zu wünschen wäre es ihr. Ihnen auch.

---

[21] Suitbert Ertl: Erkenntnis und Dogmatismus. Psychologische Rundschau 23, 1972, S. 241-269.

MARKUS KRAJEWSKI

Elektronische Literaturverwaltungen
Kleiner Katalog von Merkmalen und Möglichkeiten

Bereits die erste akademische Veranstaltung stellt Sie vor eine Herausforderung: Sie müssen das Gehörte und Gelesene nicht nur verstehen und verarbeiten, sondern auch so festhalten, dass es später ohne Schwierigkeiten abgerufen und weiterverarbeitet werden kann. Man weiß ja nie, wozu man etwas noch gebrauchen kann. Im Mittelpunkt dieses Beitrags steht daher die Frage, wie sich diese Aufzeichnungen zweckmäßig organisieren und kontinuierlich ausbauen lassen.

Sie werden im Studium mit einer Flut unterschiedlicher Texte und (zunächst noch) unvertrauten Argumenten konfrontiert. Zu Ihrem Trost oder zu Ihrer Beunruhigung sei angemerkt, dass sich dieser Zustand im Laufe des Studiums kaum ändert. Auch für den professionellen Forscher liefert jede Annäherung an ein neues Sujet, jede Recherche zu einem unbekannten Themenkomplex eine Fülle an Büchern und Aufsätzen, die einen unablässigen Strom von Hinweisen hervorbringen, denen es im Laufe der Arbeit nachzugehen gilt. Schon aus diesem Grund ist die Klage über den Überfluss an Büchern, das Immer-Schon-Zuviel der Texte so alt wie die Schriftgelehrsamkeit selbst.

Wollte man zur Frage nach einer zweckmäßigen Organisation Ihrer Lektüren einen Katalog von Forderungen zusammenstellen, so könnte ein *erstes Gebot effizienter Literaturverwaltung* lauten: Bereits die Auswahl der zu lesenden Texte ist eine Form der Kanalisierung, die eine erste Flutwelle im überbordenden Informations(über)fluss abzuleiten vermag.[1]

1 Das Vergessen vergessen: Die Literaturdatenbank

„Habe ich schon mal irgendwo gelesen. Wo stand das noch?" Wer kennt sie nicht, diese Situation, die an die Schwäche der eigenen

---

[1] Mehr dazu im Beitrag von Franck (S. 159ff.).

Vergesslichkeit erinnert und eine bestimmte Formulierung, einen Gedanken oder eine Textstelle ins Gedächtnis ruft, ohne zugleich die Quelle zu vergegenwärtigen. Eine sorgfältig gepflegte Literaturdatenbank kann Abhilfe schaffen. Denn Zettelkästen oder Kartei-Systeme holen alle Texte, Hinweise und Gedanken, jede kleinste Notiz, die man einst in sie eingespeist hat, zuverlässig wieder hervor. Und eine solche Literaturdatenbank kann noch mehr.

Auch wenn man sich auf der Suche nach Ideen oder Gedanken zu einem bestimmten Thema befindet und weder relevante Stellen noch passende Formulierungen im Augenblick parat oder allenfalls in dunkler Erinnerung hat, dass ein gewisser Text dazu möglicherweise etwas Interessantes birgt, kann der Griff zum (elektronischen) Zettelkasten getrost das Vergessen vergessen lassen. Denn in einer Datenbank, die regelmäßig mit *allem* versorgt wird, was Sie im Laufe der Zeit lesen, hören und notieren, findet sich mit großer Sicherheit eine passende Stelle, ein Zitat, ein Exzerpt, ein Verweis oder eine Anregung, die weiterzuhelfen vermag.

Eine solche persönliche Literaturdatenbank muss also erinnern können, idealerweise nicht nur Sie, sondern auch sich selbst. *Erinnern* ist eine aktive Tätigkeit. Ob dies von einer Maschine überhaupt geleistet werden kann, soll hier nicht Gegenstand der Diskussion sein. Doch eine klug konstruierte Speichervorrichtung vermag noch ganz andere Aufgaben zu erledigen: Wieso sollte eine Literaturdatenbank nicht mit Überraschungen und Unvorhergesehenem aufwarten können, wieso nicht den Zufall ins Spiel der Zitate einbauen, oder aber durch eigene Assoziationen Begriffe und Argumente in Verbindungen bringen, die Sie kaum jemals im Zusammenhang gesehen hätten? Sofern eine Literaturdatenbank über solche Fähigkeiten verfügt, könnte man sie als ausgelagertes Textgedächtnis, als eine Art Gedächtnismaschine betrachten und auch betreiben.

2 Die drei Grundfunktionen einer Literaturverwaltung

Noch einmal zurück zum Anfang, zum Studienbeginn also gleichermaßen wie zum Ausgangspunkt dieses Texts: Das vielleicht größte Problem besteht darin, dass von Ihnen gleich zu Beginn erwartet wird, ein geübter Leser zu sein und eine weitere Kulturtechnik zu beherrschen: das Schreiben. Wo soll man da anfangen?

Zum einen kann man lernen zu verstehen, wie Texte funktionieren, wie sie aufgebaut sind. Es lohnt sich daher zu erkunden, nach welchen Schreibstrategien Autoren vorgehen. Zum anderen gilt es, unterdessen eigene Schreibübungen voranzutreiben. Eine wesentliche, obgleich sehr schlichte Erkenntnis kann dabei weiterhelfen: Andere Autoren kochen auch nur mit Wasser (manchmal freilich mit raffiniert gefiltertem). Das heißt, einerlei wie kunstvoll oder konventionell ein Text verfasst ist, ihm selbst liegt immer ein bestimmtes Eingangsmaterial zu Grunde. Ein Text besteht somit immer schon aus anderen Texten. Woran lässt sich dieses vorgängige Material wiederum erkennen? Wie werden diese Werkstoffe und Bausteine ausgewiesen? Zumeist recht einfach, durch Zitate und Fußnoten. Solche dienen also nicht (nur) als Zeichen besonderer Gelehrsamkeit des Verfassers. Sondern diese Verweise fordern vielmehr dazu auf, die betreffenden Stellen im Original nachzulesen. Sie ermöglichen es, zu dem Material überhaupt hinfinden zu können. Von nichts kommt nichts. Jeder Text ist daher immer schon eingeschrieben in ein Netzwerk von vorherigen Texten. Zitate und Literaturhinweise geben Ihnen folglich Hinweise, wie ein Autor auf seine Gedanken gekommen ist, wo er sich seinerseits bedient hat. Was liegt also näher, als sich ebenfalls auf diese Weise mit Gedanken zu versorgen?

2.1 Eingabe: Exzerpieren

Demnach sollten Sie schon beim Lesen Ihre Aufmerksamkeit auf solche Hinweise, auf eine derartige Verweisstruktur richten. Betrachten Sie die zu lesenden Texte also stets als eine Art Gedankenreservoir, als eine Materialsammlung, die es auszuwerten gilt, um Ausgangspunkte für Ihre eigenen Texte zu schaffen. Nehmen Sie interessante Hinweise auf weiterführende Literatur oder Quellen auf. Versammeln Sie diese jedoch immer am selben Ort, also direkt in Ihrem ausgelagerten Textgedächtnis, in der persönlichen Literaturdatenbank.

Schon Aristoteles hat empfohlen, sich beim Lesen Notizen zu machen. Er darf darum als Vater der Exzerpte gelten. Doch was um 330 v.Chr. noch einfach geklungen haben mag, erfordert heute eine ganz andere Genauigkeit und Sorgfalt: Angesichts der Tatsache, dass Sie vermutlich selten alle Texte, mit denen Sie sich im Laufe der Zeit befassen, auch später noch leicht zur Hand haben werden, sollten Sie diese im Augenblick der Lektüre möglichst genau erfassen, und zwar so, dass man später bestenfalls gar nicht mehr auf die Texte selber zurückgreifen muss, sondern nur noch auf die während der

Lektüre angefertigten Exzerpte. Dazu ist es zunächst notwendig, die *bibliographischen Angaben* sorgfältig festzuhalten.[2] Man sollte seine Literaturangaben von vornherein unterscheiden etwa in Monographien, Zeitschriftenartikel, Aufsätze aus Sammelbänden, Vorträge, unveröffentlichte Typoskripte, Websites und einfache, unspezifizierte Zettel für eigene Gedanken aller Art, denen allen wiederum unterschiedliche Beschreibungskategorien, also ein jeweils anderes Bündel an bibliographischen Angaben zukommen.

Nachdem die bibliographische Beschreibung vorgenommen ist, kann man sich ganz der Lektüre widmen. Es empfiehlt sich, von Zeit zu Zeit inhaltliche *Zusammenfassungen* zu notieren. Damit führt man sich das Gelesene noch einmal vor Augen, hält so Wichtiges und Interessantes fest und beginnt bereits, durch eine erste Paraphrase mit eigenen Worten den zur Kritik notwendigen Abstand zum Text herzustellen. Man protokolliert gewissermaßen seine eigene Lesart. Die Kritik selbst sowie Anmerkungen zum Inhalt, selbständige, weiterführende Gedanken notieren Sie indes am besten auf einer eigenen, typographisch unterschiedenen Ebene, also etwa eingefasst durch eckige Klammern [in etwa so: könnte hier Ihr Kommentar zu meiner Empfehlung stehen].

Schon während der Lektüre und Kommentierung des eigentlichen Texts sollte man weder die Anmerkungen in Form von Fußnoten noch am Ende die Literaturangaben außer Acht lassen. Viel versprechende bibliographische Angaben lohnen sich in der Regel gleich ebenso umfassend aufzuschreiben als wenn man sie zur Grundlage einer neuerlichen Lektüre wählen würde. Am besten legt man für einen derartigen Hinweis prompt einen neuen Eintrag an. Obschon auch fürs Exzerpieren das erste Gebot effizienter Literaturverwaltung, nämlich eine ebenso gut überlegte Selektion, eine geeignete Auswahl des Aufzuschreibenden gilt, so muss hier jedoch ein *zweites Gebot* ungleich höhere Beachtung finden: Alles von Wichtigkeit, alles, was möglicherweise einmal von Interesse sein könnte, gilt es zu notieren, und zwar sofort – und immer gleich am richtigen Ort.

Wie dieser Ort beschaffen ist, hängt von Ihrer bevorzugten Leseeinstellung und Exzerpierweise ab: Ob Sie für Ihre Lektüreberichte Zettel oder Karteikarten wählen, oder ob Sie die elektronische Eingabeform mit Hilfe eines Kleincomputers favorisieren bzw. Ihre Daten direkt am Notebook oder heimischen PC in die dortige Literaturdatenbank eingeben – entscheidend bleibt, dass Sie Ihre Notate

---

[2] Vgl. ausführlich S. 179ff.

Lektürekarte	Schlüsselwort:		Signatur:
Autor:	Titel:		
Verlag:	Stichworte:		
Ort:			
Erscheinungsjahr:			
Zusammenfassung/Zitate/Anmerkungen			

Markus.Krajewski@berlin.de

Abbildung 1: Eine Lektürekarte protokolliert Ihren Leseprozess – auch ohne Strom

stets nach einheitlichen Kriterien verzeichnen. Diese Gleichförmigkeit erzielen Sie durch eigens angefertigte (vgl. Abbildung 1) oder dafür vorgesehene Formulare (vgl. Abbildung 2), die über standardisierte Felder verfügen, um Ihre Angaben in immer gleicher Weise aufzunehmen.

Doch wenn Sie Ihre Lesefrüchte lediglich mit Sorgfalt und unterteilt in die standardisierten Kategorien festhalten, um diese Notate anschließend sich selbst zu überlassen oder gelegentlich darauf zurückzugreifen, so häuft sich mit der Zeit eine unorganisierte Fülle von Zetteln oder eine kaum zu überschauende Menge von Dateien an, die nun ihrerseits in eine Ordnung zu bringen sind. Entscheidend für die daran anschließenden Ordnungsmaßnahmen bleibt, dass sie stets am gleichen Ort stattfinden, dass Ihr Material nicht weit verstreut liegt, sondern statt dessen in einem einzigen Depot zu-

Elektronische Literaturverwaltungen

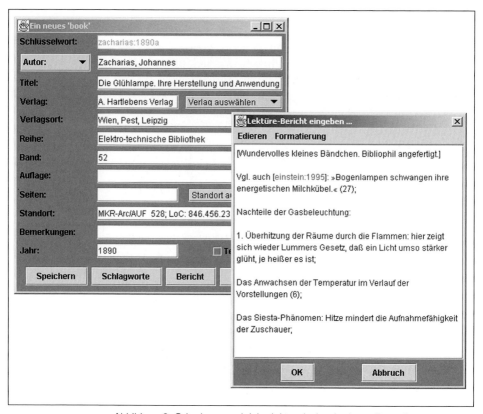

Abbildung 2: Oder besser gleich elektronisch mit einem Formular

sammengeführt wird. Als dieses Depot dient Ihre persönliche Literaturdatenbank.

Das *dritte Gebot* effizienter Literaturverwaltung kann demnach lauten: Ob zunächst auf Papier oder gleich elektronisch erfasst, gilt es stets, die sich ständig vermehrenden Lektüreberichte einschließlich ihrer standardisierten bibliographischen Angaben an einem einzigen Ort zusammenzuführen, die Beschreibungen der gelesenen und bearbeiteten Texte an zentraler Stelle in Ihrer persönlichen Literaturdatenbank zu versammeln. Anderenfalls droht man sich buchstäblich zu verzetteln oder, hochtechnisch formuliert, im Wust allzu zahlreicher Dateien zu verlieren.

2.2 Verarbeiten: Finden, Klassifizieren, Verbinden

Hat man es sich einmal zu Eigen gemacht, seine Literatur sowie Lesefrüchte und Lektüreberichte fortwährend und direkt in eine dazu geeignete Datenbank einzuspeisen, entsteht mit der Zeit ein persönlicher Wissensspeicher, eine Sammlung alles Gelesenen. Doch auch im Umgang mit diesen allmählich anschwellenden Textmengen sind Sie mit dem Problem des *WWW* konfrontiert: *Wie* ist das darin vorhandene *Wissen wieder zu finden?* Zwei unterschiedliche Strategien erschließen dabei den Weg zu den gespeicherten Erkenntnissen:

- die *lineare* Suche. Hier durchsuchen Sie den gesamten Datenbestand Eintrag für Eintrag nach einem Begriff oder einer gewünschten Buchstabenkombination;
- die *assoziative* Suche. Diese zweite Suchstrategie erweist sich mitunter als interessanter, denn sie folgt einem enzyklopädischen Prinzip der Wissensordnung. Anhand einer Sammlung von Schlagworten oder Begriffen, die den jeweiligen Text oder Gedanken klassifizieren, gelangen Sie von einem Eintrag zum nächsten. Die Verbindung zwischen den jeweiligen Texten ist dabei nicht ein gleich bleibender Suchbegriff, sondern einzig die thematische Nähe, die im Übergang von einem zum nächsten Eintrag schon wieder eine andere sein kann (vgl. Abbildung 3).

Während die lineare Suchstrategie also auf das sofortige Auffinden von intendierten, und das heißt immer schon vorausgesetzten Begriffen abzielt, unternimmt die assoziative Suche eine ausschweifende Erinnerungsreise durch das eigene Textgedächtnis, deren Zielrichtung sich im Verlauf der Suche unablässig verändert. Ein gesuchter Begriff ist allenfalls noch in der ersten Etappe intendiert. Schon der nächste Datenbankeintrag bietet zahlreiche andere Begriffe als Querverbindungen an, die es im aktuellen Zusammenhang möglicherweise zu verfolgen lohnt. Sie sehen sich so vor die Entscheidung gestellt, Sie müssen unter verschiedenen Möglichkeiten wählen, welchem der angebotenen Verweise zu Einträgen mit wiederum neuen, unbekannten Verweisen Sie am ehesten nachzugehen gedenken. Auf diese Weise ereignet sich während des Stöberns im Datenbestand eine stetige Verlagerung des Fokus Ihrer Suche, die somit zu bisweilen überraschenden Ergebnissen führen kann. Man erhält so Resultate, die man zuvor kaum in den Blick bekommen geschweige denn in Erwägung gezogen hätte. Ein Beispiel mag das verdeutlichen.

> Als Ausgangspunkt dient der Text „Peter Krezschmers Oeconomische Vorschläge, wie das Holz zu vermehren, Obst-Bäume zu pflanzen, die Strassen in gerade Linien zu bringen, mehr Aecker dadurch fruchtbar

zu machen, die Maulbeer-Bau-Plantagen, damit zu verknüpfen und die Sperlinge nebst den Maulwürffen zu vertilgen" Leipzig, 1744, wo sich neben Verweisen zu *Holz* oder *Obstbäumen* in der Vorrede von Georg Heinrich Zincke auch eine Passage über die *Phantasie* befindet, anhand dessen sich eine Verbindung eröffnet zu Gustav René Hockes Studie über den Manierismus („Die Welt als Labyrinth"), die ihrerseits ebenso unter dem Begriff der *Spionage* verschlagwortet ist. Dies leitet geradewegs zu einem gewissen H. Ruß über, der 1931 einen Aufsatz über „Die Kundenkartei und ihre Auswertung" verfasst hat, in dem er auf Seite 82 eine Kartei als Spionagesystem über den Kunden beschreibt, um anschließend einige Passagen über *Werbung* anzufügen. Unter diesem Schlagwort befindet sich an erster Stelle ein Eintrag der *Allgemeinen Elektricitäts-Gesellschaft* von 1901 über „Elektrische Reklame-Beleuchtung", die wiederum unter dem Begriff *Beleuchtung* auf einen Eintrag von Vilém Flusser verweist, der in seinem Buch „Dinge und Undinge" nicht nur über Straßenlaternen, sondern auch über Schach, Teppiche, Räder, den Atlas oder aber über einen *Stock* philosophiert.

Anhand dieser kleinen (Lese)Reisebeschreibung durch das ausgelagerte Textgedächtnis lässt sich vielleicht schon absehen, inwieweit eine solche Literaturverwaltung Anregungen geben kann und Hinweise liefert, die nicht nur sprichwörtlich von Hölzchen auf Stöckchen führen, sondern auch (Argumentations-)Wege in zahlreiche andere Richtungen vorschlagen.

Wenn man davon ausgeht, dass sich Gedanken auf Begriffsanordnungen und Argumentation ihrerseits auf Gedankenanordnungen stützen, so lässt sich diesem Spaziergang durch das ausgelagerte Textgedächtnis mit einiger Plausibilität eine kreative Funktion zu-

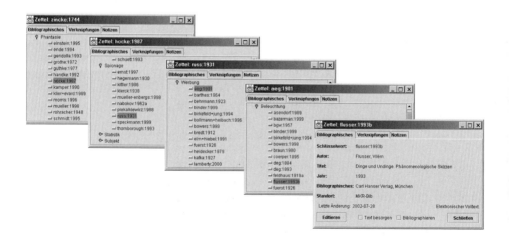

Abbildung 3: Von Hölzchen auf Stöckchen

schreiben: Durch die Reihung der Begriffe, die Ihnen das ausgelagerte Textgedächtnis anbietet, formt sich durch Ihre Auswahl und Verfolgung eine Gedankenkette, die wiederum als Argumentation für eine Textpassage dienen kann. Auf jede Ihrer Entscheidungen, welchen Weg es einzuschlagen gilt, folgt prompt eine Reaktion des Zettelkastens, indem er in Abhängigkeit von der zuvor getroffenen Wahl ein neues Bündel an Begriffen, an anschlussfähigen Argumenten bereitstellt. Ihre Literaturdatenbank dient also nicht bloß als Stichwortgeber oder Souffleur, sondern gewissermaßen als Gesprächspartner in Sachen Ideenfindung oder als Diskutant für Argumentationen. Die Literaturdatenbank, die über eine solche assoziative Such- oder besser Diskussionsfunktion verfügt, gerät damit zum jederzeit auskunftsfreudigen Lieferanten von Begriffsketten als Ausgangs- und Stützpunkte einer Argumentation, der Sie beim Schreiben Ihres Texts folgen.

Das *vierte Gebot* einer effizienten Literaturverwaltung fordert demnach von einer solchen Literatur-Software, dass sie gezielt mit Zufällen und Unvorhergesehenem umzugehen weiß, dass sie ihren Betreiber mit neuen alten Argumenten zu überraschen versteht.

Die beiden Suchstrategien unterscheiden sich also grundlegend: Während die lineare Suche darauf zielt, bereits im Vorhinein vergegenwärtigte Argumente, Begriffe, Zitate und Gedanken *wieder zu finden*, besteht die Leistung der assoziativen Suche darin, den Querverweis abzurufen als unerwartete Erinnerung an weiterführende Textbausteine, um aus ihnen per Kombination neue, überraschende Argumentationen zu konstruieren, das heißt auf diese Weise Gedankengänge zu *erfinden*.

Grundvoraussetzung für eine solche produktive Art des Suchens ist selbstverständlich, dass Ihre Literaturdatenbank über die Möglichkeit verfügt, jeden Eintrag mit einer Anzahl von Schlagworten zu versehen, die den einzugebenden Text anhand der vergebenen Begriffe inhaltlich erschließt und thematisch klassifiziert. Wenngleich diese Form der Querverweisung schon früher in den Karteisystemen um 1900 breite Anwendung gefunden hat, so erlaubt jedoch erst der Computer, von dieser Möglichkeit einer hypertextuellen Verknüpfung einfach und effizient Gebrauch zu machen, bestenfalls sogar durch eine automatisierte Verbindung von neuen Einträgen mit den bereits vorhandenen. Auf diese Weise wird die Assoziation leicht gemacht: Wie bei einem Lexikoneintrag erlauben die systematisch, weil automatisch, geschaffenen Querverweise, Ihre Suche in eine kreisende Bewegung, in einen enzyklopädischen Spaziergang zu verwandeln. Jeder Text, so will es das *fünfte Gebot* einer effizienten Literaturverwaltung, der in die Literaturdatenbank

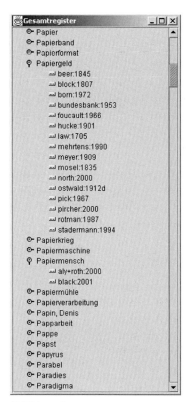

Abbildung 4:
Ein Blick auf das Gesamtregister

wandert, sollte so genau wie möglich und so viel wie nötig mit Schlagworten versehen werden.

Sofern Sie Ihre Suche gelegentlich weder enzyklopädisch vornehmen möchten noch linear nach vorgegebenen Begriffen, empfiehlt es sich, ein Gesamtregister aller Autoren und Schlagworte anzulegen, wo Sie auf einem Blick überschauen können, welche Einträge zu den jeweiligen Begriffen bzw. Personen bereits vorhanden sind (vgl. Abbildung 4). Ein solches Gesamtregister kann gleichzeitig als Orientierung bei der Verschlagwortung dienen. Insbesondere wenn es fraglich ist, ob man einen neuen Begriff als Schlagwort einführen soll oder aber den Sachverhalt unter einem bereits vorhandenen zu fassen sucht, kann ein Register eine wichtige Hilfe für derartige thematische Klassifikationen sein.

Einer der letzten großen Gelehrten des 20. Jahrhunderts, die ihre wissenschaftliche Textproduktion ebenso vollständig wie konsequent auf papierenen Zettelkästen gründeten, bemerkte zu seiner Arbeitsweise einmal: „Jede Notiz ist nur ein Element, das seine Qualität erst aus dem Netz der Verweisungen und Rückverweisungen im System erhält."[3] So wie Luhmann auf seinen Zetteln sich stets die Möglichkeit offen hielt, Verknüpfungen zu anderen Zetteln herzustellen, sollte eine elektronische Literaturdatenbank oder ein hypertextuelles Zettelkasten-System über eine entsprechende Funktion verfügen, die solche Querverweise in Form von Schlagworten aufnimmt, um jeden neuen Begriff mit den bereits vorhandenen zu vergleichen und, falls zwei übereinstimmen, automatisch neue Verbindungen zwischen den Einträgen einzurichten. Durch die allmählich engmaschig geratenden Verknüpfungen entwickelt sich so ganz beiläufig und (beinahe) ohne eigene Unterstützung das Geflecht oder die Textur Ihrer Lektüren. Niklas Luhmann: „Als Ergebnis längerer Arbeit mit dieser Technik entsteht eine Art Zweitgedächtnis, ein Alter ego, mit dem man laufend kommunizieren kann."[4]

Es muss kaum eigens erwähnt werden, dass eine solche sich selbst vernetzende Literaturdatenbank erst eine Zeit lang fleißig mit Da-

---

[3] Niklas Luhmann: Kommunikation mit Zettelkästen. Ein Erfahrungsbericht. In: André Kieserling (Hrsg.): Universität als Milieu. Bielefeld 1993, S. 58.
[4] Ebd., S. 57.

ten gefüttert werden will, bevor sich ein dichtes Gewebe von Querverbindungen für die tägliche Schreibarbeit ausgebildet hat. Doch bereits die Dauer eines eifrigen Studienjahrs mag hinreichen, um den Bereich einer kritischen Masse zu erreichen, ab der Sie von den Inhalten überrascht sein werden. Denn Sie werden staunen, was Sie nach einem Jahr wieder vergessen haben, Ihre Datenbank hingegen noch in jedem Detail für Sie bereithält. Schon aus diesen Gründen empfiehlt es sich also, möglichst frühzeitig, die Arbeit an einem persönlichen elektronischen Textgedächtnis aufzunehmen.

2.3 Ausgabe: Druck machen

Ein wissenschaftlicher Text erfordert üblicherweise einen Anmerkungsteil sowie ein Literaturverzeichnis, das alle Werke auflistet, die Sie für Ihre Arbeit herangezogen und verwendet haben. Jedem Zitat muss ein Nachweis folgen, welcher Schrift es entstammt. Jeder Gedanke, den Sie aus einem anderen Text als Anregung aufgenommen haben und in Ihrer eigenen Argumentation weiterführen, muss als solcher ausgewiesen werden. Es empfiehlt sich dabei, mit dem Nachweis solcher Literaturangaben nicht zu lange warten. Denn eine der aufwendigsten und zeitraubendsten Angelegenheiten besteht darin, einem geschriebenen Text die Belege der verwendeten Literatur im Nachhinein zuzuordnen. Oft wird es schwierig, die richtige Stelle noch zweifelsfrei auszumachen. Oder Sie müssen sie – sofern nicht bereits elektrifiziert in Ihrer Datenbank – mühsam aus den mitunter umfangreichen handschriftlichen Notizen heraussuchen. Zitate sollen schließlich auf die Seite genau angeben, woher sie stammen. Aus diesem Grund ist es günstiger sich anzugewöhnen, diese Nachweise immer sofort, schon während des Schreibens, in den Text einzubauen. Das *sechste Gebot* effizienter Literaturverwaltung lautet demzufolge: Machen Sie es sich zur Regel, Zitate in Ihren Texten direkt mit dem entsprechenden Beleg (einschließlich der Seitennummer) zu vermerken.

Auch wenn Sie mit aller Sorgfalt Ihre Belege im Text mit Fußnoten versehen haben, so muss am Ende Ihrer Arbeit noch ein Literaturverzeichnis stehen, in dem alle zuvor verwendeten Schriften auftauchen, zusätzlich jedoch auch noch jene Texte, die Sie im weiteren Zusammenhang, zur Hintergrundinformation und als allgemeine Literatur herangezogen haben. Um diese Liste nicht eigens noch mühselig zusammenstellen zu müssen, sollte Ihre Datenbank über eine Funktion verfügen, welche die gesamte, für die aktuelle Arbeit ausgewählte Literatur automatisch aufzulisten erlaubt. Bei einer solchen

Funktion markieren Sie während der Arbeit am Text jene Einträge, die Ihnen als Arbeitsmaterial dienen, speichern diese als Liste ab, um nach Abschluss Ihrer Arbeit diese Liste einfach per Knopfdruck abzurufen und am Ende Ihres Texts als Literaturverzeichnis einzufügen. Manche Literaturverwaltungen erlauben zudem, mehrere Listen zu führen, etwa für die Schriften, die Sie sich noch aus der Bibliothek besorgen müssen oder für eigenständige, thematisch gebündelte Bibliographien. Eine elektronische Literaturverwaltung sollte also ihrem Namen insofern alle Ehre machen, dass sie die Verwaltung der Literatur möglichst eigenständig übernimmt und Sie sich ganz dem Schreiben Ihres Texts widmen können. Das *siebte Gebot* effizienter Literaturverwaltung heißt demnach: Kümmern Sie sich lediglich um korrekte Fußnoten, das entsprechende Literaturverzeichnis erstellt Ihr persönliches Textgedächtnis aus diesen Angaben automatisch.

Texte, die Sie für unterschiedliche Gelegenheiten anfertigen, erfordern bisweilen verschiedene Formen oder Stile der bibliographischen Angaben. Manche Seminarleiter schreiben für Ihre Hausarbeiten verbindliche Richtlinien vor, wie ein Literaturverzeichnis auszusehen hat, zum Beispiel dass bei einer Monographie immer auch eine Verlagsangabe auftauchen muss. In den Studienordnungen oder Richtlinien Ihres Instituts wird oftmals festgelegt, welchen formalen Anforderungen Ihre Abschlussarbeit genügen muss. Eine leistungsfähige Literaturdatenbank sollte daher über die Möglichkeit verfügen, verschiedene Formate eines Literaturverzeichnisses bereitzustellen, die auf einfache Weise verändert und den geforderten Ansprüchen angepasst werden können.

Neben der alltäglichen Notwendigkeit, die bibliographischen Angaben Ihrer Lektüren aus der Datenbank heraus in die Fußnoten und Literaturverzeichnisse von selbst geschriebenen Texte zu überführen, kann es mitunter vorteilhaft sein, die Exzerpte und eigenen Anmerkungen gesondert auszugeben, um sie zu besonderen thematischen Sammlungen – in einer eigenen Datei gespeichert – zusammenzustellen. Sie haben beispielsweise einmal ein Referat zur Diskussion über die Schwere der Luft im 17. Jahrhundert gehalten, und nach vier Semestern, erkundigt sich eine Kommilitonin, die nebenbei für einen Radiosender arbeitet und ein Feature zum selben Thema vorbereitet, ob Sie ihr einige Informationen geben können bzw. an ihrer Sendung mitwirken wollen. Das Referat ist nunmehr zwei Jahre alt und inzwischen ergaben sich einige neue Entwicklungen, die Sie selbstverständlich weiterhin verfolgt und unterdessen in Ihren elektronischen Zettelkasten eingegeben haben. Um sich nun kurzerhand auf den neusten Informationsstand zu bringen, befragen Sie Ihre Datenbank, die wiederum zuverlässig einige interessante Stellen und Querverbindungen liefert, die seinerzeit beim Referat noch fehlten. Diese Textstellen werden nun in einer eigenen Datei zu einem Dossier zusammengestellt, das Sie als geeignete Grundlage für Ihren Beitrag verwenden oder weitergeben können. Das *achte Gebot* effizienter Literaturverwaltung fordert daher, dass Ihre Datenbank weit verbreitete Textformate unterstützen sollte, die es Ihnen erlauben, die Lektüreberichte, Kommentare und Exzerpte problemlos in anderen Textverarbeitungen weiter zu verwenden.[5]

Das Ziel dieses Texts sollte sein, Sie von den Vorteilen und Möglichkeiten einer elektronischen Literaturverwaltung zu überzeugen, die Ihre tägliche wissenschaftliche Arbeit während des Studiums, möglicherweise aber auch darüber hinaus, begleiten kann, um in ihrer Eigenschaft als ein ausgelagertes persönliches Textgedächtnis zum einen die Erinnerungen an Ihre Lektüren zu bewahren, zum anderen jedoch Ihnen ebenso Vorschläge und Anregungen für Gedanken und Argumentationen beim Schreiben Ihrer Texte zu unterbreiten. Wenn Sie früh damit beginnen, alles Wissenswerte in Ihrer elektronischen Datenbank zu verzeichnen, dann schreiben sich Referate, Hausarbeiten und, soviel sei aus eigener Erfahrung versichert,[6] die Abschlussarbeit entschieden leichter.

3 Kleine Software-Liste

Vielleicht fragen Sie sich schon ungeduldig, welche Software den acht Geboten einer effizienten Literaturverwaltung genügen kann (oder zumindest woher die Illustrationen stammen). Nicht zuletzt da die zuvor beschriebenen Anforderungen und Leistungen einer Literaturdatenbank aus praktischer und täglicher Notwendigkeit heraus formuliert worden sind, sei hier auch ein eigener Versuch erwähnt, diese Gebote in eine anwenderfreundliche und übersichtlich zu bedienende Software münden zu lassen. Dieser Versuch eines hypertextuellen Zettelkastens firmiert unter dem Namen *synapsen* und soll neben anderen, vergleichbaren Produkten in einer kurzen tabellarischen Übersicht aufgelistet werden.

---

[5] Ihre Exzerpte sollten daher von Programmen wie *Star Office* oder *Microsoft Word*, aber auch Schriftsatzsystemen wie *LaTeX* lesbar sein.
[6] Vgl. Markus Krajewski: ZettelWirtschaft. Die Geburt der Kartei aus dem Geiste der Bibliothek. Berlin 2002.

Diese alphabetisch geordnete Liste erhebt freilich keinen Anspruch auf Vollständigkeit, sondern soll lediglich eine Orientierung vermitteln, welche gängigen Programme derzeit zur Verfügung stehen, die wesentlichen Eigenschaften der jeweiligen Software kurz diskutieren und vermerken, unter welchen Adressen im Internet man sie sich näher anschauen kann. Die Angaben dieser Liste sind zukünftig sicherlich nicht frei von Veränderungen.

Schließlich gilt es noch, die Anzahl der Gebote einer effizienten Literaturverwaltung zur biblischen Zehn zu vervollständigen: Das *neunte Gebot einer effizienten Literaturverwaltung* lautet (leider): die perfekte Software-Lösung existiert nicht. *Zehntes Gebot*: Spaß sollte die Arbeit mit dem Programm Ihrer Wahl trotzdem machen.[7]

---

[7] Eine erweiterte Fassung dieses Texts, die der Form eines Essays folgt, befindet sich unter http://www.verzetteln.de/LiteraturVerwaltung.pdf

Anhang: Literaturverwaltungen, softwaretechnisch

askSam

„askSam is the world's premier free-form database – since 1985 individuals, businesses, and organizations around the world have chosen askSam to manage their information. We hope you'll do the same." (Aus dem Handbuch)

Systemvoraussetzungen:	Win32 (= 95, 98, Me, NT, 2000, XP, Vista)
Eingabe:	• Frei konfigurierbar • Eingabemaske für amerikanische Bibliographiestandards inklusive • Hypertext-Verbindungen, jedoch recht aufwendig • Zahlreiche Import-Filter • Verwaltung von Bilddateien
Suchen/Verarbeiten:	Sehr schnelle Suche Keine automatische Hypertext-Verbindung
Ausgabe:	Zahlreiche Text- und Mailformate, allerdings keine bibliographischen Austauschformate wie etwa BiBTeX
Bezugsquelle:	http://www.asksam.com/
Kurzkommentar: • Stärke: Datenbank frei zu konfigurieren • Stärke: Sehr schnelle Suche • Nachteil: Mitgelieferte Eingabemaske ist an amerikanischen Bibliographiestandards orientiert • Gewöhnungsbedürftige Optik, erinnert an selige DOS-Zeiten • Unübersichtliche Strukturierung der einzelnen Features; erfordert recht hohe Einarbeitungszeit, wenig intuitiv	

EndNote

„EndNote is an online search tool – it provides a simple way to search online bibliographic databases and retrieve the references directly into EndNote. (EndNote can also import data files saved from a variety of online services, CD-ROMs, and library databases.) EndNote is a reference and image database – it specializes in storing, managing, and searching for bibliographic references in your private reference library. Now you can organize images including charts, figures, and equations with a caption and your own keywords."

(Aus dem Handbuch)[8]

Systemvoraussetzungen:	Win32 (ab Win98, NT 4.0), Mac OS 9, Mac OS X
Eingabe:	• Direkter Import von bibliographischen Einträgen durch Verbindung mit Online-Datenbanken und Bibliothekskatalogen • Zahlreiche Importfilter • Verwaltung von Bilddateien
Suchen/Verarbeiten:	Standard-Suche, keine Hypertext-Verknüpfung der Einträge
Ausgabe:	Mehr als 700 vorgefertigte Ausgabestile, allerdings nahezu ausschließlich für amerikanische Zeitschriften, Schwerpunkt auf Lebens- und Naturwissenschaften; Datenausgabe als ASCII-, HTML-, RTF-Format
Bezugsquelle:	http://www.endnote.com
Kurzkommentar: • Stärke: Direkte Verbindung mit Online-Datenbanken und ausgewählten Bibliothekskatalogen, dadurch sehr komfortable Eingabe von neuen Datensätzen • Stärke: Einfache Benutzung, schlichtes Design • Nachteil: Schwerpunkt der Bibliographie-Stile auf amerikanischen Lebens- und Naturwissenschaften, kaum Unterstützung der *Humanities* oder von europäischen Zeitschriften • Nachteil: keine Verbindungsmöglichkeit zwischen einzelnen Einträgen, sondern nur von einem Eintrag ins Internet oder zu einer anderen Datei	

---

[8] Der Hersteller dieser Software (vgl. http://www.isiresearchsoft.com/) bietet zudem noch andere Bibliographier-Programme wie *ReferenceManager* oder *ProCite* an, die einerseits über einen Großteil der Funktionen von *EndNote* verfügen, andererseits jedoch auch Netzwerke unterstützen; demzufolge sind sie auch kostenintensiver.

LiMan (Literatur-Manager)

„Liman (sprich: Laimen) ist besonders auf das Management von Literatur bei wissenschaftlichen Arbeiten ausgelegt. Er hilft bei:
- Referaten, Haus- und Diplomarbeiten, Dissertationen
- und allgemein der Verwaltung wissenschaftlicher Literatur.

Die wesentlichen Funktionen sind die Eingabe und Verwaltung von Literaturquellen sowie der Erstellung weitgehend vollständiger Literaturverzeichnisse für wissenschaftliche Arbeiten. Neben bibliographischen Angaben können auch Informationen über den Beschaffungsort bzw. die Ablagestelle erfasst werden.

Allen Quellen lassen sich Stichworte zuweisen und eine Kurzzusammenfassung schreiben. Quellen können mit Hilfe eines Filters und einer Suchfunktion wieder aufgefunden werden. So ist es bspw. möglich, sich alle Quellen zu einem bestimmten Stichwort anzeigen zu lassen."

(Aus der Dokumentation)

Systemvoraussetzungen:	Win32
Eingabe:	Festgelegte Eingabemaske, optimiert für deutschsprachige Bibliographiestandards, allerdings nicht besonders fein auflösende Kategorien: ein Großteil wird zusammengefasst in dem Feld „Erschienen in:" Import-Filter für Text- und Datenbank-Formate
Suche:	Standard-Suche Keine Verknüpfungen möglich (in der Lite-Version)
Ausgabe:	Zusammenstellung einzelner Datensätze zu Listen, die mit vielfältigen Funktionen exportiert werden können
Bezugsquelle:	http://www.liman.de
Kurzkommentar: • Stärke: Übersichtliche Gestaltung • Stärke: Umfassende Exportfunktion • Nachteil: zu wenig Kategorien bei den bibliographischen Angaben • Nachteil: Kaum Verknüpfungsmöglichkeiten zwischen Einträgen	

Citavi (Weiterentwicklung von LiteRat)

Die Weiterentwicklung von Literat namens Citavi ist nicht mehr kostenlos und konzentriert sich vor allem darauf, die Möglichkeiten des Internet zu nutzen, etwa durch Online-Recherche in OPACs, Download von Titelangaben und Cover, Zitieren aus MS Word heraus, durch neue Dokumententypen und Zitationsstile oder die Installation auf USB-Sticks.

Zum Vorgänger Literat hieß es:
„LiteRat ist eine Literaturverwaltung, die sich an Studierende und Dozenten richtet. Das Programm ist kostenlos.
Mit LiteRat kann man Literatur inhaltlich erschließen, das ist die Stärke des Programms und darauf konzentrieren wir unsere weitere Entwicklung. LiteRat ist nicht dafür gedacht, beispielsweise den Leihverkehr einer Bibliothek zu unterstützen oder Kanzleien bei der Archivierung ihrer Dokumente zu dienen. Für solche Aufgaben wird geeignetere Software angeboten.
LiteRat enthält nicht nur eine Titel- und Schlagwörter –, sondern auch eine Zitatekartei. Zu jedem Titel können beliebig viele Zitate eingegeben, nach einer eigenen Systematik geordnet und ausgedruckt oder in Texte übernommen werden.
LiteRat eignet sich für die Arbeit im Team; Arbeitsaufträge und Erledigungsvermerke werden mit dem Namen des Mitarbeiters gespeichert; jeder Mitarbeiter kann passwortgeschützte ‚private Notizen' anlegen."
(Von der WebSite)

Systemvoraussetzungen:	Win32
Eingabe:	Festgelegte Eingabemaske, optimiert für deutschsprachige Bibliographiestandards, viele Kategorien Import-Filter für ASCII-Dateien
Suche:	Etwas Mühsame Suche über Menüs Komfortable Verschlagwortung Kaum Verknüpfungsmöglichkeiten
Ausgabe:	Ausgabe nur durch verschiedene Listen, keine Export-Filter
Bezugsquelle:	http://www.citavi.com
Kurzkommentar:<ul><li>Stärke: Übersichtliche Darstellungsweise, intuitive Benutzerführung</li><li>Stärke: Gut geeignet für Projektarbeit von mehreren Benutzern</li><li>Nachteil: Kaum Verknüpfungsmöglichkeiten</li></ul>	

Synapsen

„Synapsen ist ein in JAVA geschriebener hypertextueller Zettelkasten, der die Literaturvernetzungsstruktur von Niklas Luhmann aufgreift und elektrifizierend erweitert."
(Von der WebSite)

Systemvoraussetzungen:	Linux/Unix, Mac OS X, Win32 (= 95, Me, NT, 2000, XP), basiert auf *SQL* und *JAVA*
Eingabe:	Festgelegte Eingabemaske, optimiert für deutschsprachige Bibliographiestandards, zahlreiche Kategorien, Daten-Import via *SQL* oder *BibTex oder online via z39.50-Protokoll*
Suche:	Lineare oder assoziative Suche (wie im Text oben beschrieben), Automatische und manuelle Hypertext-Verknüpfungen, Suche in OPACS wie GBU oder LiGrary of Congress
Ausgabe:	Konfigurierbare Bibliographier-Stile ASCII-, PDF-, RTF-Format, BiBTeX Schnittstelle zum Schriftsatzsystem LaTeX
Bezugsquelle:	http://www.verzetteln.de/synapsen/
Kurzkommentar (Stärken):	
• Dient durch seine assoziative Suchstrategie nicht nur als reiner Datenspeicher, sondern ebenso als „Gesprächspartner" in Sachen Ideenfindung oder als Lieferant von Argumenten; • Direkte Verbindung mit Online-Datenbanken und ausgewählter Bibliothekskatalogen, dadurch komfortable Eingabe von neuen Datensätzen • Automatische und manuelle Verknüpfungsmöglichkeiten via Hypertext • Funktioniert auf allen gängigen Betriebssystemen, setzt ausschließlich auf Standards wie *SQL*, *Java*, RTF, BibTex, pdf u. a. • Englischsprachige Version; Netzwerk-Version für Gruppenarbeit • Netzwerkunterstützung, mehrere Benutzer können gleichzeitig dieselbe Datenbank verwenden • Einbindung von Bildern, direkte Verbindung zu MS Word oder Open Office	

In weitgehenden Informationen zum Thema „Zettelkasten" sowie zu weiteren Softwarepaketen vgl. die Hinweise in Wikipedia: http://de.wikipedia.org/wiki/Zettelkasten

NORBERT FRANCK

Lust statt Last:
Wissenschaftliche Texte schreiben

„Schreiben *macht* nicht Schwierigkeiten, Schreiben *ist* Schwierigkeit" – schreibt ein angesehener Wissenschaftler und Autor vieler Bücher und Aufsätze: Hartmut von Hentig.[1]
„Müheloses und lustvolles Schreiben" kann sich von Hentig „auch bei anderen nicht vorstellen".[2] Der emeritierte Professor teilt das Schicksal vieler Studentinnen und Studenten. Schwierigkeiten mit dem Schreiben verderben die Freunde am Studium; sie sind – vor allem in den Sozial- und Geisteswissenschaften – ein Grund für lange Studienzeiten. Das hat sich inzwischen ebenso herumgesprochen wie die Tatsache, dass die meisten Lehrenden sich nur wenig Zeit nehmen für Schreib-Beratung. Und die verstreut angebotenen Seminare über wissenschaftliches Schreiben können die große Nachfrage nicht befriedigen.
So quälen sich viele Studentinnen im ersten und Studenten im sechsten Semester mit Hausarbeiten, schreiben „auf den letzten Drücker" und entwickeln Vermeidungsstrategien – vom längst fälligen Besuch der Eltern bis zum gründlichen Putzen der Wohnung. Sicherheit und Routine im Schreiben stellen sich oft nicht ein. Jede neue Hausarbeit erscheint als ganz neue Herausforderung.
Für Hartmut von Hentig ist Schreiben „eine nicht lehrbare Kunst". Ich meine: Das Ringen um Formulierungen als Martyrium mag eine Schriftstellerin als Schicksal annehmen. Im einsamen Kampf um das Wort mag sich der Dichter opfern – und wie Balzac nur nachts, viel Kaffee trinkend, auf ausschließlich blauem Papier schreiben. Dem Künstler kann der Geruch von Äpfeln helfen, die in der Schreibtisch-Schublade faulen. Wer nicht den *Tell*, die *Räuber* oder die *Glocke* zu Papier bringen will, kommt weiter mit Handwerk. Ein Handwerk lässt sich lernen. Handwerk ist ein goldener Boden für Kreativität.
In einer Tischlerei können die Meisterin, der Geselle und die Auszubildenden dabei beobachtet werden, wie sie nach bestimmten

---

[1] Hartmut von Hentig: Eine nicht lehrbare Kunst. In: Wolf-Dieter Narr, Joachim Stary (Hrsg.): Lust und Last des wissenschaftlichen Schreibens. Frankfurt am Main 1999, S. 19.
[2] Ebd.

Vorgaben aus unterschiedlichen Hölzern, mit Leim, Nägeln, Hammer, Hobel und Säge Tische und Schränke herstellen. Die Hochschule gleicht eher einem Möbelhaus: Überall trifft man auf fertige Produkte: Texte. Über den Prozess, der zu diesen Produkten führt, erfährt man wenig. Über das Schreiben spricht man nicht – allenfalls in Vorworten, in denen der Institutssekretärin dafür gedankt wird, dass sie ein fast unleserliches Manuskript getippt hat, oder der Ehefrau das zweifelhafte Kompliment gemacht wird, dass sie den Autor zwei Jahre von der Außenwelt abgeschirmte und alle Haus- und Erziehungsarbeit für ihn übernahm.

Anderswo ist das anders. Zum Beispiel in den USA. *Academic* bzw. *Scientific Writing* ist dort ganz selbstverständlich Gegenstand von Lehre. Über den Prozess des Schreibens wird kein großes Aufheben gemacht. Dieser Prozess ist nichts Geheimnisvolles, sondern kann zielgerichtet gesteuert werden. Zwar gibt es kein Patentrezept für wissenschaftliches Arbeiten bzw. Schreiben, aber Wegweiser, die helfen, beim und mit dem Schreiben voranzukommen.

Meine Wegweiser zeigen in folgende Richtung: zielgerichtet arbeiten, strukturiert und lesbar schreiben. Die Etappen:

- *Wissenschaft und Sprache.* Auch an der Hochschule dürfen gut lesbare Texte geschrieben werden. Ich zeige, wie das gelingen kann.

- *Textstrukturen.* Haus-, Magister-, Diplomarbeiten und Dissertationen haben viele Gemeinsamkeiten – zum Beispiel ein Inhaltsverzeichnis, eine Einleitung und ein Literaturverzeichnis. Das Literaturverzeichnis einer Masterarbeit ist umfangreicher als das einer Hausarbeit. An die Einleitung einer Dissertation werden höhere Anforderungen gestellt als an die Einleitung einer Bachelorarbeit. Doch bei allen Unterschieden des Umfangs, der Komplexität oder des Gegenstands: Alle Einleitungen sollen einleiten und jedes Literaturverzeichnis muss bestimmte Standards erfüllen. Wer diese Anforderungen und Grundmuster kennt, kann den „Stoff" müheloser ordnen und leichter Schreibroutine entwickeln.

- *Prozesssteuerung.* Hausarbeiten lassen sich nicht wie der Aufsatz in der Schule aus dem Ärmel schütteln. Sie lassen sich nicht im Kopf konzipieren und gestützt auf ein paar Gliederungspunkte am Stück „runterschreiben". Viele Schwierigkeiten entstehen zum Beispiel dann, wenn die Fragestellung oder das Ziel der Arbeit zu schwammig sind. Man liest und liest – ohne Kriterien, ob ein Text wichtig ist oder nicht, gerät vom Hundertsten ins Tausendste und geht in der (scheinbaren) Informationsflut unter. Die Alternative heißt zielgerichtet Arbeiten, ein Schreibvorhaben geplant angehen, um Umwege zu vermeiden.

Bevor diese Etappen beginnen, einige Hinweise auf Hürden, die das Vorankommen erschweren.

1 Schreibhürden abräumen

An der Hochschule steht „die wissenschaftliche Ausbildung im Vordergrund ... Es ist nicht Aufgabe der Uni, die Sprache auszubilden" – antwortete der Pressesprecher der Ludwig-Maximilian-Universität in München auf die Frage, ob Vortrags- und Präsentationstrainings zum Lehrangebot von Hochschulen gehören sollten.[3] Wie der Pressesprecher denken viele Hochschullehrer: wer *wissenschaftlich ausgewiesen* sei, lehre auch gut und könne schreiben. Unter dieser Fehleinschätzung haben viele Studierende in Vorlesungen und bei der Lektüre wissenschaftlicher Texte zu leiden. Wer diese Einschätzung übernimmt, erschwert sich das Leben.

1.1 Hürde 1: Wissenschaftliches Schreiben kann man oder nicht

Englisch und Tauchen, Biologie und Abseilen, Geschichte und Schwimmen – kein Weg führt am Lernen vorbei. Für Englisch oder Französisch braucht man mehrere Jahre, um es zur Perfektion zu bringen. Mit dem Schreiben wissenschaftlicher Texte verhält es sich nicht anders. Eine wissenschaftliche Hausarbeit ist wie ein Marathonlauf:

> „Jeder kann laufen, aber nicht jeder kann deshalb auch schon einen Marathon laufen. Die Fähigkeit ... muß ich vorher entsprechend trainiert haben und zusätzlich eine Reihe formaler Aspekte strikt beachten, wenn ich nicht spätestens bei Kilometer 30 erschöpft aufgeben soll: Ich darf unter keinen Umständen zu schnell anlaufen, muß ein gleichbleibendes Tempo beibehalten und auf kräftezehrende Zwischenspurts verzichten, sollte nicht zu warm bekleidet sein und regelmäßig trinken."[4]

Gedanken, Ideen oder Argumente in eine angemessene sprachliche Form zu bringen, muss – um im Bild zu bleiben – trainiert werden.

---

[3] Stefan Brunner: Die Kunst der Beredsamkeit. Süddeutsche Zeitung vom 24.8.1996.
[4] Georg Rückriem: „Es läuft" – Über die Brauchbarkeit von Analogien und Metaphern. In: Wolf-Dieter Narr, Joachim Stary (Hrsg.): Lust und Last des wissenschaftlichen Schreibens, Frankfurt am Main 1999, S. 124.

Diese Fähigkeit ist kein Nebeneffekt der Auseinandersetzung mit Sozialisationstheorie, Eignungsdiagnostik oder Volkswirtschaft. Wer auf das Training verzichtet und meint, aus dem Stand wissenschaftlich schreiben zu können, überfordert sich – und bringt sich um eine Lernchance. Wer sich einräumt, dass das wissenschaftliche Schreiben gelernt werden muss, hat gute Chancen, es zu lernen. Das Lernen sollte bereits bei der ersten Hausarbeit beginnen. Ist zum Beispiel *Umweltpolitik in der Europäischen Union* Thema dieser Hausarbeit, wird man viel lesen müssen über Verträge, Institutionen und Kommissionen, über Instrumente der Umweltpolitik und den Zusammenhang von Ökonomie und Ökologie. Wissenschaftliches Schreiben lernen, heißt sich bewusst damit auseinanderzusetzen, wie die Ergebnisse dieser Lektüre dargestellt werden können.

Vielleicht wird, wenn diese Hausarbeit abgegeben ist, das mühsam zusammengetragene Wissen über die *Umweltpolitik in der Europäischen Union* nie mehr gebraucht. Doch die nächste Hausarbeit und die Abschlussarbeit kommen bestimmt. Und für sehr viele Berufe ist die Fähigkeit, Sachverhalte angemessen darstellen zu können, eine Schlüsselqualifikation.

1.2 Hürde 2: Perfekt oder gar nicht

„Wenn ich ein weißes Blatt Papier oder einen leeren Bildschirm vor mir habe, fällt mir oft nichts ein." Diesen Satz höre ich häufig. Meist ist das Problem falsch beschrieben: *Viele* Gedanken gehen durch den Kopf, und es fällt schwer, die Gedanken zu ordnen. Chaos ist meist das Problem beim Schreiben – nicht Leere. Um Ordnung in dieses Chaos zu bringen, müssen die Gedanken eine konkrete Form erhalten; sie müssen aufs Papier. Wer eine Erstfassung schreibt, entlastet das Arbeitsgedächtnis von dem Wirrwarr an Gedanken, der sich am Schreibtisch häufig einstellt. Der erste Entwurf kann anschließend in aller Ruhe systematisch strukturiert, ergänzt und vertieft werden (vgl. S. 174). Ordnung ist ohne Chaos nicht zu haben. Um Ordnung ins Chaos bringen zu können, darf man nicht auf Anhieb „druckreif" schreiben wollen. Schreiben ist kein „Alles-oder-nichts-Unternehmen", bei dem nur ein Versuch gestattet ist. Diese Einsicht hilft, gelassen mit Schwächen der ersten Fassung umzugehen und das Problem des Anfangs loszuwerden.

Schreiben erfordert häufiges Umschreiben, um die angemessene Form und den treffenden Ausdruck zu finden. Wer viel schreibt, weiß das und bringt einen ersten, zweiten (dritten) Entwurf zu Papier, aus dem ein gelungener Text werden kann.

Camus stellt in *Die Pest* einen Mann vor, der ein großes Werk schreiben will. Sein Opus Magnum soll mit einem Satz von ungeheurer Bedeutung beginnen, einem Satz, der großen Eindruck machen soll. Dieser Satz kommt nie zu Papier und das Werk wird nie geschrieben. Ich kenne dieses Problem. Zwar erwarte ich nicht wie der verhinderte Schreiber in Camus' *Pest*, „dass die Herren in Paris", wenn sie den ersten Satz eines Textes von mir lesen, sagen werden, „Hut ab vor diesem Mann", aber ich möchte schon, dass der erste Satz in einem Aufsatz oder Buch „rund" ist. Deshalb fange ich nie mit dem ersten Satz an, sondern mit dem, was ich – vorläufig – schreiben kann. Als Empfehlung formuliert:

> „Führe ein Register solcher Sätze, mit denen angefangen werden könnte und die Schlaglichter auf dein Thema werfen, zusammen mit allen anderen Einfällen, die im Moment ‚nicht dazugehören', wohl aber irgendeine Relevanz bekommen können. Führe dieses Register so aufmerksam ‚wie die Behörde das Fremdenregister': laß ‚keinen Gedanken inkognito passieren'. So steht es in Walter Benjamins *Dreizehn Ratschlägen für den Schriftsteller*".[5]

Der Schreibprozess sollte nicht durch Korrekturen gebremst werden. Der erste Entwurf eines Kapitels oder Abschnitts ist eine Rohfassung. Jede Rohfassung ist unzulänglich. Wer bereits nach den ersten vier oder fünf Sätzen korrigiert, blockiert sich, kommt nicht voran, wird unzufrieden oder beißt sich an der Korrektur der Korrekturen fest. Ich empfehle deshalb, einen Entwurf erst dann zu überarbeiten, wenn er abgeschlossen ist.

Über Ernest Hemingway wird berichtet, er habe bestimmte Szenen bis zu vierzig Mal umgeschrieben, bis sie ihm gefielen. Wer nicht bereits während des Studiums auf den Nobelpreis aus ist, kommt mit einem Dreischritt aus: Rohfassung – vorläufige Fassung – Endfassung aus (vgl. S. 176ff.).

2 Verständlich schreiben – lernen

Howard S. Becker rät in *Die Kunst des professionellen Schreibens*, verständlich, präzise und unprätentiös zu schreiben. Ein Kapitel seines Buches wurde in *The Sociological Quarterly* veröffentlicht. Zwei Kollegen von Becker antworteten mit folgender Warnung:

---

[5] Wolfgang Fritz Haug: Sieben Tips fürs Schreiben. In: Wolf-Dieter Narr, Joachim Stary (Hrsg.): Lust und Last des wissenschaftlichen Schreibens. Frankfurt am Main 1999, S. 73.

> „Weitschweifige, angestrengte und langweilige Artikel überwiegen ... noch immer in der Soziologie ... Wir bezweifeln deshalb, daß es klug ist, Studenten und Mitgliedern des Lehrkörpers, die die Welt des ‚publish or perish' eben erst betreten, anzuraten, von dem schwerfälligen, phantasielosen Stil der Disziplin abzurücken ... Derzeit und in absehbarer Zukunft werden graduierte Studenten und Studentinnen schreiben ‚lernen', indem sie lesen, was bereits geschrieben ist. Worauf sie dabei stoßen, sind im allgemeinen langweilige, weitschweifige, angestrengt-prätentiöse Texte, die das Problem perpetuieren, weil sie zur der Vermutung Anlaß geben, daß die meisten Gutachter auf einem solchen gespreizten Stil geradezu bestehen."[6]

Diese Warnung lässt sich in einem Satz verdichten: Schlecht schreiben ist die sichere Bank, solange man sich in der Welt des *publish or perish* noch keinen Namen gemacht hat. Kein guter Rat.

2.1 Lernen – nicht nachahmen

Auf einer Beerdigung spricht man anders als auf dem Tennisplatz und im Büro anders als in der Disco. Bei einem wissenschaftlichen Kongress geht es – jedenfalls während des offiziellen Teils – anders zu als bei einem Betriebsausflug und im Theater anders als am Stammtisch. In unterschiedlichen Situationen werden unterschiedliche „Sprachen" mit eigenem Stil und Vokabular gesprochen. Dieses Vokabular muss man kennen, um sich verständigen zu können. Kennen heißt nicht imitieren. Ein Lehrer, der den Sprachstil seiner SchülerInnen übernimmt, würde sich zum Gespött seiner KollegInnen und der Lernenden machen. Eine gute Lehrerin stellt sich auf die Sprache ihrer SchülerInnen ein, um nicht über deren Köpfe hinweg zu reden.

Es ist nützlich, die Stilelemente *langweiliger, weitschweifiger, angestrengt-prätentiöser* Texte zu kennen, um sie beurteilen, gezielt einsetzen oder vermeiden zu können. Es ist wenig sinnvoll, sich an solchen Texten zu orientieren. Wer einen Krimi schreiben will, sollte die Erzählperspektiven oder den Aufbau eines Plots bei Patricia Highsmith oder Celia Fremlin studieren. In vielen wissenschaftlichen Texten sind keine brauchbaren Anhaltspunkte zu finden, um Schreiben zu lernen. Vielmehr trifft man „auf die Neigung, Selbstverständlichkeiten mit einem Schwall von unpräzisen Begriffen im Rahmen unüberschaubar verwinkelter Sätze aufzublasen".[7]

---

[6] Howard S. Becker: Die Kunst des professionellen Schreibens. Frankfurt am Main, New York 1994, S. 65f.

[7] Michael Stitzel: Zur Kunst des wissenschaftlichen Schreibens – bitte mehr Leben und eine Prise Belletristik! In: Wolf-Dieter Narr, Joachim Stary (Hrsg): Lust und Last des wissenschaftlichen Schreibens. Frankfurt am Main 1999, S. 145.

In der Welt der Wissenschaft ist die Zahl der „einschlägigen" Veröffentlichungen zentrales Erfolgskriterium. Veröffentlichungen, in denen vorläufige Überlegungen zur Diskussion gestellt werden, sind nicht „einschlägig", mögen diese Überlegungen noch so anregend sein. Das Ergebnis: schlechte Texte gespickt mit Imponiervokabeln und verschwommenen Phrasen. „Wir drücken uns deshalb so schwammig aus," schreibt der Soziologe Becker über seine Zunft, „weil wir fürchten, bei größerer Präzision von Kollegen auf offensichtlichen Irrwegen ertappt und ausgelacht zu werden."[8]

Sprachmoden, absichernde Zugehörigkeitssignale, sprachliche Verbeugungen vor den Größen des Fachs kommen hinzu. 1996 veröffentliche der amerikanische Wissenschaftler Alan Sokal in der Zeitschrift *Social Text* einen Beitrag, der von der ersten bis zur letzten Zeile unsinnig war. Der Physiker hatte eine Mixtur aus naturwissenschaftlichen Floskeln und postmodernem Jargon eingereicht – und die Redaktion überzeugt.

In den folgenden Zeilen steht kein Nonsens:

> „Fast alle anderen mir bekannten Untersuchungen zur Analyse des Verstehens komplizierter Zusammenhänge in Texten von größerem Umfang führen zwar zu interessanten Befunden, z. B. zu einer Strategie der Befragung bestimmter Sorten von Sachtexten oder der Erschließung der Struktur bestimmter Erzählungen (story grammar) (vgl. Groeben 1982, 45 f.; Schnotz 1988), sie lassen sich aber nicht auf jeden Leseprozeß übertragen, sondern haben in etwa den niedrigen Grad der Allgemeinheit, den die Vielzahl der didaktischen Vorschläge zur Erschließung einer bestimmten Textsorte bzw. für eine bestimmte Form der Interpretation besitzt."[9]

Ein komplizierter Satz, der „irgendwie" wissenschaftlich klingt. *Irgendwie* ist ein Wort aus der Umgangssprache – entweder ein Füllwort oder das Signal: Präziser kann ich den Vorgang oder Sachverhalt nicht beschreiben. *Irgendwie* ist in wissenschaftlichen Texten deplatziert. Gresziks Formulierung mag anspruchsvoll klingen, präzise ist sie nicht. *Analyse* heißt „systematische Untersuchung". Wenn Grzesik über „Untersuchungen zur Analyse des Verstehens" schreibt, dann schreibt er *über Untersuchungen zur systematischen Untersuchung*.

Kompliziert ist also nicht notwendig „klug" und unverständlich nicht identisch mit „wissenschaftlich". Wer einen runden Tisch beschreiben soll, kann schreiben: „Der Tisch ist rund." Man kann – spottet Tucholsky über Fachleute, die Laien imponieren wollen – diesen Sachverhalt auch so formulieren: „Rein möbeltechnisch hat

---

[8] Howard S. Becker: Die Kunst des professionellen Schreibens. Frankfurt am Main, New York 1994, S. 24f.
[9] Jürgen Greszik: Textverstehen lernen und lehren. Stuttgart 1990, S. 95.

der Tisch ... eine kreisrunde Gestalt."[10] Der erste Satz ist präzise. Das ist entscheidend. Und er ist schlicht. Das ist angemessen. Wer über „komplizierte Zusammenhänge in Texten" schreibt, sollte diese Zusammenhänge präzise und verständlich erläutern. Von einem „Psychiater, der über Geisteskranke schreibt", erwarten wir auch, dass er sich nicht ausdrückt „wie ein Geisteskranker"[11].

„Alles, was uns imponieren soll, muß Charakter haben", meinte Goethe.[12] Hausarbeiten imponieren, wenn sie zum Beispiel

- *informativ* sind,
- *originelle* Fragen behandeln oder
- auf einen *interessanten* Zusammenhang verweisen.

Darauf kommt es an. Während des Studiums ist viel zu lernen: Theorien, Fakten, Zusammenhänge, Zahlen, Begriffe usw. Um einen Satz wie den von Grzesik zu verstehen, muss man ihn „übersetzen". (Zum Beispiel so: Die Untersuchungen über das Verstehen umfangreicher Texte, in denen komplizierte Zusammenhänge behandelt werden, lassen sich nicht verallgemeinern.) Was man nicht in eigenen Worten wiedergeben kann, bleibt fremd. Was wir nicht verständlich formulieren können, haben wir noch nicht richtig verstanden. Erst wenn wir eine Theorie oder Zusammenhänge in eigenen Worten wiedergeben können, sind wir in der Lage, mit dieser Theorie umzugehen und mit der Einsicht in diese Zusammenhänge etwas anzufangen. Wer auf eine „Fremdsprache" zurückgreift und im Stil anderer schreibt, wird mit jedem Satz einer Hausarbeit Mühe haben. Das Formulieren wird stets von der Unsicherheit begleitet sein, ob der richtige „Ton" getroffen wurde. Kurz: Nachahmung ist ein Lernverhalten, das keinen wirklichen Kompetenzzuwachs ermöglicht und deshalb keine Sicherheit im Umgang mit Texten schafft. Wer nach einem „anspruchsvollen" Stil sucht, statt sich zu bemühen, klar und prägnant zu formulieren, verbaut sich Lernchancen und überfordert sich.

2.2 Verständlich schreiben

Es gibt keine verbindlichen Regeln für einen wissenschaftlichen Stil, sondern nur plausible Anhaltspunkte. Mein Vorschlag: präzise und

---

[10] Kurt Tucholsky: Gesammelte Werke. Bd.7. Reinbek 1993. S. 275.
[11] Umberto Eco: Wie man eine wissenschaftliche Abschlußarbeit schreibt. 6. Aufl. Heidelberg 1993, S. 189.
[12] Johann Wolfgang von Goethe: Gedenkausgabe der Werke, Briefe und Gespräche. Bd. 22. Zürich, Stuttgart 1998, S. 501.

verständlich schreiben. Ich begründe diesen Vorschlag aus drei Perspektiven:

1. *Berufsperspektive:* präzise und verständlich schreiben zu können, ist eine Fähigkeit, die in vielen Berufen verlangt wird.
2. *Schreibperspektive:* Wer sich für einen präzisen und verständlichen Stil entscheidet, erleichtert sich das Schreiben.
3. *Leseperspektive:* Verständlichkeit ist ein Gebot der Höflichkeit gegenüber den Lesenden. Popper meinte sehr bestimmt: „Wer's nicht einfach und klar sagen kann, der soll schweigen und weiterarbeiten, bis er's kann."[13] Er muss an die Urheber der folgenden Sätze gedacht haben:

> „Da das Begreifen von Zusammenhängen optimal nur durch tätiges Erproben gewonnen wird, unser Alltag jedoch immer weniger Anlässe gibt, praktische Erfahrungen zu machen, müssen wir in der pädagogischen Arbeit bewusst entwickelte Gelegenheiten zur Förderung, Entfaltung und Differenzierung sinnlicher Aktivitäten bieten."
>
> „Die aktive Form der professionellen Personalsuche, das sogenannte Executive Search, ist darauf abgestellt, gezielt nach den besten Kandidaten/innen für eine zu besetzende Position zu suchen."
>
> „Da es sich bei den vom Executive-Search-Berater angesprochenen Kandidaten/innen naturgemäß um Persönlichkeiten handelt, die erfolgreich in ihrer aktuellen Position wirken und arbeiten, möchten diese – im Falle des Scheiterns eines Kontaktes – ihre Position natürlich nicht gefährdet sehen. Im fortgeschrittenen Prozess ist deshalb auch die Diskretionszusicherung des Klienten für eine erfolgreiche Gesprächsfortsetzung mit interessierten Kandidat/innen entscheidend."

Drei Satzungetüme. Wer so schreibt, mutet Leserinnen und Lesern einiges zu. Die Formulierungen sind umständlich und unpräzise. Deshalb sollten diese Sätze umgebaut und abgespeckt werden.

Satz 1 – Umbauphase 1: Ein klarer Textaufbau.
1. Worum geht es? Hauptaussage:
    In der pädagogischen Arbeit sinnliche Aktivitäten fördern und entfalten.
2. Warum ist das wichtig? Allgemeine Begründung:
    Zusammenhänge werden optimal nur durch tätiges Erproben begriffen.
3. Was steht dem entgegen? Besondere Umstände:
    Der Alltag bietet immer weniger Möglichkeiten, praktische Erfahrungen zu machen.

---

[13] Karl Raimund Popper: Auf der Suche nach einer besseren Welt. 6. Aufl. München, Zürich 1991, S. 100.

Das Ergebnis: Wir müssen in der pädagogischen Arbeit bewusst entwickelte Gelegenheiten zur Förderung, Entfaltung und Differenzierung sinnlicher Aktivitäten bieten, denn das Begreifen von Zusammenhängen wird optimal nur durch tätiges Erproben gewonnen. In unserem Alltag gibt es jedoch immer weniger Anlässe, praktische Erfahrungen zu machen.

Satz 1 – Umbauphase 2: Abschied vom Fachjargon
Ein klarer Satzbau hilft nicht viel weiter, weil das verquaste Pädagogen-Deutsch unpräzise ist:
- *bewusst entwickelte* Gelegenheiten – können Gelegenheiten *unbewusst entwickelt* werden?
- *sinnliche* Aktivitäten – gibt es *unsinnliche* Aktivitäten?
- *tätiges* Erproben – ist *ausprobieren* etwas anderes, kann man *untätig* erproben?
- *Begreifen* von Zusammenhängen *wird gewonnen* – wie geht das?

Das Endergebnis: Wir müssen Kindern ermöglichen, mit allen Sinnen zu lernen, denn Zusammenhänge können sie nur durch den praktischen Umgang mit ihrer Umwelt richtig begreifen. In unserem Alltag gibt es jedoch immer weniger Möglichkeiten, praktische Erfahrungen zu machen.

Satz 2: Hier hilft nur radikales Abspecken. Die Hälfte der Wörter reicht. Die andere Hälfte ist Murks:
- *aktive* Form: passiv kann man nicht suchen,
- *ist darauf abgestellt*: unnötiger Einschub,
- *gezielt* suchen: *ungezielt* sind die besten Kandidatinnen und Kandidaten wohl kaum zu finden,
- *für eine zu besetzende Position*: wofür sonst?

Also: Professionelle Personalsuche, Executive Search genannt, bedeutet: nach den besten Kandidatinnen und Kandidaten suchen.

Satz 3: Was soll uns dieser Text sagen? Er enthält zwei Überlegungen:
1. Executive-Search-Berater sprechen KandidatInnen an, die einen Job haben, den sie nicht gefährden wollen.
2. Ist ein Kontakt hergestellt, muss der Auftraggeber des Executive-Search-Beraters den interessierten KandidatInnen Diskretion zusichern. Das ist Voraussetzung für eine erfolgreiche Fortsetzung des Gesprächs.

Das lässt sich ohne unnötige Einschübe, ohne Bombast wie „wirken und arbeiten" und das überflüssige „natürlich" so formulieren:

Executive-Search-Berater sprechen Personen an, die erfolgreich arbeiten und ihre Stelle nicht gefährden wollen. Diskretion ist daher oberstes Gebot für eine erfolgreiche Verhandlung mit interessierten Kandidatinnen und Kandidaten.

Ich verallgemeinere diese Anmerkungen und Überarbeitungen:

1. Überflüssiges streichen – Notwendiges schreiben

Ein Text ist unter anderem dann gelungen, wenn nichts mehr weggelassen werden kann. Streichen kann und sollte man zum Beispiel *gemacht* vor Erfahrungen (oder Aussagen), *aufgeführt* vor Gründe, *erzielt* vor Ergebnisse, *aufgetreten* vor Störungen. Überflüssig sind die bei Studierenden beliebten Wörtchen *rein* und meist *auch* bzw. *aber*. Ich zitiere aus einer Haus- und zwei Diplomarbeiten:

> „Rein rechnerisch soll dieses Investitionsprogramm etwa 3,4 Millionen neue Arbeitsplätze schaffen."

> „Dabei beschränkt sich die Analyse auf wirtschaftstheoretische und wirtschaftspolitische Aspekte, eine Betrachtung rein politischer Argumente erfolgt nicht."

> „Der weitaus größere Teil entscheidungsrelevanter Informationen liegt nun nicht in strukturierter Form in Datenbanken vor, sondern ist in semistrukturierten Daten wie einfachen Texten und grafischen Daten enthalten, die in Gestalt von Dokumenten vorliegen. Damit der Entscheidungsträger nun möglichst viele Informationen geliefert bekommt, ohne den Überblick zu verlieren, ist es erforderlich, die unterschiedlich strukturierten Daten in einer gemeinsamen Struktur zu integrieren."

Rein muss nicht sein. Vor allem im ersten Satz nicht, in dem *rein* ein Arbeitsersatz ist. Gemeint ist sicher, dass die Annahme, es könnten mit dem Investitionsprogramm etwa 3,4 Millionen neue Arbeitsplätze geschaffen werden, viele Einflussfaktoren unberücksichtigt lässt. Und „*rein* politisch" kann auch abwertend verstanden werden, wenn die Entsprechung zu *wirtschaftstheoretisch* fehlt.

Nun ist ebenfalls überflüssig; gehäuft wirkt *nun* störend. Und für *in Gestalt von* reicht *als*: Der größte Teil entscheidungsrelevanter Informationen ist in semistrukturierten Daten wie einfachen Texten und grafischen Daten enthalten, die *als* Dokumente vorliegen.

Aus einer Diplomarbeit: „Das Gleiche gilt auch für die Erhebung von Gebrauchtwagendaten, die von Privat an Privat verkauft werden."[14] Ohne *auch* geht es auch. In *das Gleiche* „steckt" bereits *auch*. Die vier Buchstaben kann man sich sparen und in eine korrekte

---

[14] Zit. in Erwin Dichtl: Deutsch für Ökonomen. München 1995, S. 31.

Aussage investieren: Verkauft werden nicht Daten, sondern Autos. Der Satz muss daher lauten: „Das Gleiche gilt für die Erhebung von Daten über Gebrauchtwagen, die von Privat an Privat verkauft werden."

Zur Kategorie der Füllwörter, die in einer Reportage, einem Essay oder einer Rede angebracht sein können, zählen: allenthalben, ausgerechnet, bekanntlich, eigentlich, gemeinhin, gewissermaßen, hinlänglich, immerhin, in der Tat, keineswegs, letztlich, meistenteils, schlichtweg, überaus, ungemein, zuweilen.

Aus der Einleitung einer Diplomarbeit über die *Entwicklungszusammenarbeit zweier Partnerstädte*:

> „Internationale Partnerschaften zwischen Städten gehören in Europa seit den 50er Jahren zum kommunalen Alltag. In der Nachkriegszeit wurde ihnen eine besondere Bedeutung *in* der Völkerverständigung und der Friedenssicherung in Europa an der *Basis* zugemessen. *Auch* heute verfolgen die partnerschaftlich verbundenen Städte noch das Ziel, die Annäherung ihrer *Bevölkerungen* zu erreichen. Den Hintergrund bildet jetzt die von der Staatspolitik angestrebte europäische Einigung, die an der *Basis* mit getragen werden muß.
>
> *Aber* im Laufe der 70er Jahre begannen die Kommunen, über den Tellerrand Europas zu schauen. Nachdem die Konsolidierung der europäischen Staaten in weiten Zügen vorangeschritten war, trat in der westlichen Staatspolitik vor dem Hintergrund des Kalten Krieges das Interesse in den Vordergrund, weltweit *ihre* politische Überzeugung und wirtschaftlichen Interessen gegenüber dem Ostblock zu behaupten. In den gerade in die Unabhängigkeit entlassenen Entwicklungsländern spitzte sich der Konflikt um das Ausweiten der Einflußgebiete in Form von Stellvertreterkriegen und über die Zusicherung von Entwicklungshilfe zu. In die öffentliche Diskussion geraten, erregte die Situation der sogenannten Dritten Welt verstärkt das Interesse und die Anteilnahme der Bevölkerungen in den industrialisierten Ländern. Aus dem Gefühl der Solidarität *entsprangen* in den Kommunen die ersten Schritte *in Richtung* eines Engagements für die Entwicklungsländer. *Das* legte den Grundstein *zu* einer im Laufe der Jahre zunehmenden zivilgesellschaftlichen Beteiligung an entwicklungspolitischen *Aktivitäten*, der Wiege der kommunalen Entwicklungszusammenarbeit." (Herv. N.F.)

In diesen Sätzen ist manches schief:
- Städtepartnerschaften können eine besondere Bedeutung *für* die Völkerverständigung haben;
- Städte „haben" Einwohnerinnen und Einwohner bzw. Bürgerinnen und Bürger – *Bevölkerung* ist gewöhnungsbedürftig und der Plural falsch;
- *jetzt* ist ein Arbeitsersatz. Gemeint ist: Die Motive für Städtepartnerschaften haben sich geändert;
- gewöhnlich wird Interesse und Anteilnahme geweckt, nicht *erregt;*
- aus einem Gefühl können keine *ersten Schritte entspringen,* und *Schritte in Richtung eines Engagements* ist – wie *in Sachen* – sehr saloppe Umgangssprache;

- ein *Grundstein* wird *für* und nicht *zu* etwas gelegt;
- auf die *Basis*, die etwas tragen muss, und die *Aktivitäten* gehe ich auf der Seite 130 ein.

Zum *Auch* und *Aber*: Beide Worte sind einerseits überflüssig und können deshalb gestrichen werden. Andererseits signalisieren sie Gedanken, die nicht formuliert werden. Dadurch wird der Text unpräzise.

Gedanke 1: Die partnerschaftlich verbundenen Städte verfolgen noch heute das Ziel, ... *Allerdings hat sich das Motiv geändert.* Die politisch angestrebte Einigung Europas soll von den Bürgerinnen und Bürgern mitgetragen werden.

Gedanke 2: In den 70er-Jahren *kommt ein weiteres Ziel hinzu.*

Ich habe noch zwei andere Worte hervorgehoben, die ebenfalls Präzisionsräuber sind: die Pronomen *ihre* und *das*. Wofür steht im zweiten Satz des zweiten Absatzes *ihre?* Für die *westliche Staatspolitik* oder für die *europäischen Staaten?* Und worauf bezieht sich *das* im letzten Satz? Solche Fragen sollten den Leserinnen und Lesern erspart bleiben.

„Wer seinen Hund liebt, muss nicht auch seine Flöhe lieben", sagte Heiner Geißler einmal in einem *Zeit*-Interview. Wessen Flöhe meint er? Die eigenen? Oder die des Hundes? Wenn er die des Hundes meinte, wäre korrekt gewesen: „Wer seinen Hund liebt, muss nicht auch *dessen* Flöhe lieben." Viele tun sich schwer mit *seine* und *dessen, dieser* und *jene*, mit Personal- und anderen Pronomen – beim Schreiben und beim Lesen:

- „Von Drogen abhängige Menschen halten sich meist dort auf, wo *sie* gespritzt oder geraucht werden." – Wer wird gespritzt? Die Menschen oder die Drogen?
- „Mathematikstudentin sucht Apartment mit Küche und Bad, in dem sie auch Nachhilfeunterricht geben kann." – Nachhilfe im Badezimmer?

Pronomen führen leicht zu Rätseln. Texte sollten informativ sein, nicht rätselhaft.

In der Schule haben wir gelernt: Wer Wörter wiederholt, hat einen „schlechten Stil". Das ist richtig, denn wir langweilen uns, wenn wir zum Beispiel dreimal hintereinander *machen* oder *schön* hören. Bei Verben und Adjektiven sollte man sich, wie es in der Schule hieß, um einen „Wechsel im Ausdruck" bemühen. Wenn in der Einleitung einer Diplomarbeit auf zwanzig Zeilen der Aufbau der Arbeit erläutert wird, sollte nicht ständig das Verb *dargestellt* vorkommen:

„Im zweiten Kapitel werden ... dargestellt. Im dritten Kapitel werden ... dargestellt. Im fünften Kapitel wird schließlich dargestellt ..."

Es stehen genügend andere Verben zur Verfügung: referieren, analysieren, vergleichen, bewerten, untersuchen, beschreiben, definieren, unterscheiden, abgrenzen, eingrenzen.

Die Empfehlung aus dem Deutschunterricht gilt für Substantive und Personen nur eingeschränkt. Im Johannes-Evangelium heißt es: „Am Anfang war das Wort, und das Wort war bei Gott, und Gott war das Wort." Dreimal *Wort* und zweimal *Gott* in einem Satz. Jeder Deutschlehrer würde den Rotstift zücken. Doch dieser Satz ist verständlich und eindringlich. Das lässt sich über die folgende „Übersetzung" nicht sagen, die Wolf Schneider als Warnung vor Pronomen dient: „Am Anfang war das Wort. Es befand sich bei Gott, und letzterer war identisch mit ersterem."[15] *Letzterer* und *ersterem* machen den Texte holprig und Sätze häufig schwer verständlich, weil gerätselt werden muss, für wen oder was ein Pronomen steht. Deshalb: Wer seinen Hund liebt, muss nicht auch die Flöhe seines Hundes lieben" – und zweimal überlegen, bevor man ein Pronomen verwendet.

2. Fremdwörter müssen treffend sein

Es gibt gute Gründe, Fremdwörter zu verwenden. Sie sind allerdings kein Ersatz für treffende Aussagen oder präzise Beschreibungen. „Das tut weh", schrieb ein Professor neben folgende Formulierung in einer Soziologie-Hausarbeit: „alternative Basisaktivitäten". Ich habe die Hausarbeit nicht gelesen, sondern nur die Klage des Professors.[16] Aus eigener Erfahrung weiß ich, dass diese Formulierung nicht schmerzhaft ist – aber fast immer ein Arbeitsersatz: „Alternativ" ist so unpräzise wie „Basisaktivitäten", und beide Wörter sind nur scheinbar verständlich. Jede Leserin und jeder Leser kann sich darunter vorstellen, was sie oder er will. Was ist das *Alternative* an den *Basisaktivitäten*? Gibt es *traditionelle* Basisaktivitäten? Und *Aktivitäten* ist fast nie treffend. Was sind zum Beispiel – vgl. S. 128 – „entwicklungspolitische Aktivitäten", an denen die „zivilgesellschaftliche Beteiligung" zunimmt?

Wenn eine Doktorandin schreibt: „Die Diskriminierung von Schülern türkischer Nationalität könnte hier inhaltlich demonstriert

---

[15] Wolf Schneider: Deutsch für Profis. München 1985, S. 66.
[16] Zit. n. Maik Grossekathöfer: Die Qual der Korrektur. Süddeutsche Zeitung vom 10.5.1997.

werden", dann erfahren wir nicht, ob die Diskriminierung belegt, bewiesen oder illustriert werden kann. Kurz: Fremdwörter müssen treffend sein.

3. Schachtel- und Bandwurmsätze vermeiden

> „Der jüngere Hausherr hatte, als der allgemeine Aufbruch begann, mit der Hand nach der linken Brustseite gegriffen, wo ein Papier knisterte, das gesellschaftliche Lächeln war plötzlich von seinem Gesicht verschwunden, um einem gespannten und besorgten Ausdruck Platz zu machen, und an den Schläfen spielten, als ob er die Zähne aufeinanderbisse, ein paar Muskeln."

Eine Szene aus den *Buddenbrooks*. Der Satz hat 53 Wörter; sein Autor, Thomas Mann, ist ein Meister kunstvoller Sätze. Das sind die wenigsten. Deshalb sollten sie kürzere Sätze schreiben. Wer sich nicht mit komplizierten Satzkonstruktionen herumschlagen und anderen das Verständnis einer Hausarbeit oder eines anderes Textes nicht erschweren will, sollte Schachtelsätze vermeiden. Ich stelle fünf Möglichkeiten vor, die einem Ziel dienen: Die Argumentation in einem Text syntaktisch zu unterstützen.

1. Hauptsache in den Hautsatz:
Was ist in folgendem Satz die Hauptsache?

> „Neue Steuerungsmodelle, übergreifende Managementansätze, effizienzsteigernde Organisationsprozesse sind Themen, mit denen sich öffentliche Verwaltungen angesichts des Kostendrucks und der erforderlichen Haushaltssanierungen zunehmend beschäftigen."

Der Hauptsatz lautet: „Neue Steuerungsmodelle ... sind Themen". Was ist wirklich wichtig? Die öffentlichen Verwaltungen beschäftigen sich mit neuen Steuerungsmodellen. Warum tun sie das? Weil sie unter Druck stehen. Aussagen sind verständlicher und prägnanter, wenn sie durch den Satzbau gestützt werden. Der Ort für die Hauptaussage ist, wie der Name sagt, der Hauptsatz, an den sich die Begründung im Nebensatz anschließt: Öffentliche Verwaltungen beschäftigen sich zunehmend mit neuen Steuerungsmodellen, übergreifenden Managementansätzen und effizienzsteigernden Organisationsprozessen [Aussage], weil der Kostendruck gestiegen ist und die Haushalte saniert werden müssen [Begründung].

2. Nebensätze an den Hauptsatz anhängen:
Es ist unhöflich, andere Menschen zu unterbrechen. Es ist unfreundlich gegenüber Leserinnen und Lesern, Aussagen durch mehrere Nebensätze zu unterbrechen. Und man macht sich das Schreible-

ben mit verschachtelten Sätzen schwer, weil man zum Beispiel mit den Anschlüssen nicht zurecht kommt. Ein Beispiel für einen missratenen – weil verschachtelten – Satz:

> „Mit der kognitiven Wende, durch welche sich (wie gesagt) die bisher dominante Stimulus-Response-Psychologie in die zweite Reihe verwiesen sah, wurden kognitive Ansätze und Fragestellungen der alten Bewußtseinspsychologie – die von Ebbinghaus inaugurierte assoziationspsychologische Gedächtnisforschung, die Würzburger Schule der Denkpsychologie, die Berliner Schule der Gestalttheorie etc. – die seinerzeit durch die behavioristische Umwälzung zurückgedrängt worden waren – Mitte oder Ende der fünfziger Jahre wieder aufgegriffen."[17]

Stellt man den Hauptsatz an den Anfang, wird aus diesem Satzmonster ein klar strukturierter Text: Mit der kognitiven Wende wurden in den fünfziger Jahren kognitive Ansätze und Fragestellungen der alten Bewusstseinspsychologie wieder aufgegriffen: die von Ebbinghaus inaugurierte assoziationspsychologische Gedächtnisforschung, die Würzburger Schule der Denkpsychologie, die Berliner Schule der Gestalttheorie usw., die durch die behavioristische Umwälzung zurückgedrängt worden waren.

Sollte die durch „wie gesagt" angekündigte Wiederholung wichtig sein, kann in einem zweiten Satz ergänzt werden: „Die Stimulus-Response-Psychologie wurde mit dieser Wende in die zweite Reihe verwiesen."

Das Verständnis dieses Textes setzt Kenntnisse der Psychologie voraus. Nicht jeder Text muss für alle verständlich sein. Diese Tatsache ist jedoch kein Freibrief für komplizierte – weil verschachtelte – Sätze. Auch ein komplizierter Sachverhalt kann in Sätzen ausgedrückt werden, die das Verständnis nicht erschweren und deren Struktur deutlich macht, was die Kernaussage und was nachgeordnet ist bzw. ein erläuterndes Beispiel.

3. Einen (Doppel-)Punkt setzen:
Es ist erfreulich, wenn man mehr als einen Gedanken hat. Gedankenreichtum sollte angemessen präsentiert und nicht alle Gedanken in einem Satz gepackt werden. Ein Beispiel:

> „Da einem Rechner prinzipiell nicht zu trauen ist, kontrollieren Sie noch einmal den Endausdruck. Insbesondere die Vollständigkeit der Seiten, die richtige Paginierung (Seitenzahlen), der Anschluß zwischen letzter Zeile auf einer Seite und erster Zeile auf der nächsten Seite, die getrennten Wörter am Ende einer Zeile u.ä. sind Dinge, die immer wieder zu

---

[17] Klaus Holzkamp: Lernen. Subjektwissenschaftliche Grundlegung. Frankfurt am Main 1995, S. 118.

heiteren Nebeneffekten führen, die Sie Ihrem Prüfer nicht zumuten sollten."[18]

Im zweiten Satz lautet der Hauptsatz: „Insbesondere die Vollständigkeit der Seiten ... sind Dinge". Und diese Dinge führen zu Nebeneffekten, die dem Prüfer nicht zugemutet werden sollten. Wir verstehen zwar, was gemeint ist. Aber präzise ist der Satz nicht. Die Autoren haben sich in ihrem Satzbau verheddert. Sie haben nicht überlegt, was ist die Hauptsache? Das Ergebnis ist eine misslungene Mischung aus Bandwurmsatz und Umgangssprache („sind Dinge").

Solche Pannen werden vermieden, wenn die Hauptsache im Hauptsatz steht und an der richtigen Stelle ein Punkt gesetzt wird: „Prüfen Sie, ob die Seiten ...." In einem weiteren Satz folgt dann der Hinweis, dass den Prüfenden Diplomarbeiten mit Formfehlern erspart bleiben sollten.

Aus einer Diplomarbeit:

> „Die Vermutung, dass der Körper des Menschen nicht nur seine äußere Hülle ist, sondern dass sich in ihm Elemente des Inneren widerspiegeln, spornt schon seit Jahrhunderten den Forschungsdrang von Wissenschaftlern (oder vermeintlichen Wissenschaftlern) an."

Mein Vorschlag: statt 34 Wörter in einem Satz, 30 Wörter in drei Sätzen: Der Körper ist nicht nur die äußere Hülle des Menschen. Vielmehr spiegeln sich im Körper Elemente des Inneren. Diese Vermutung spornt seit Jahrhunderten den Forschungsdrang von Wissenschaftlern (oder vermeintlichen Wissenschaftlern) an."

4. Zusammengesetzte Verben zusammen lassen, Funktionsverben vermeiden:

Mark Twain bemerkte einmal: „Wenn der deutsche Schriftsteller in einen Satz taucht, dann hat man ihn die längste Zeit gesehen, bis er auf der anderen Seite seines Ozeans wieder auftaucht mit seinem Verbum im Mund."

„Ich schlage vor eine kleine Pause", sagen Südeuropäer, deren Deutsch noch nicht perfekt ist. „Ich *schlage*, sofern es keine Einwände gibt und wir uns wirklich auf fünf Minuten beschränken können, eine kleine Pause *vor*" – können wir im Deutschen sagen. Die Möglichkeit, zusammengesetzte Verben zu trennen, haben zum Beispiel Italienerinnen und Italiener nicht. Deshalb sagt kein italienischer Wirtschaftswissenschaftler:

---

[18] Uwe Hoppe, Jochen Kuhl: Diplomarbeiten schreiben am PC. München 1996, S. 11.

„Im Rahmen unserer Einzelhandelsuntersuchung *wurden* zum Beispiel neben konkreten Handlungsempfehlungen für den Einzelhandel insbesondere auch übergreifende Maßnahmen zur Förderung der Gesamtattraktivität des Landkreises Osnabrück *empfohlen* – unter anderem in den Bereichen städtebauliche Attraktivität, Erreichbarkeit und Angebotsvielfalt."

Nach 19 Wörtern erfahren wir, was „im Rahmen der Einzelhandelsuntersuchung *wurde*". Der Satz ist kein Schachtelsatz – aber nichts ist unmöglich. Die Trennung von *wurden* und *empfohlen* lädt zum Schachteln ein. Ich konstruiere ein Beispiel: Im Rahmen unserer Einzelhandelsuntersuchung *wurden,* das war eine Verabredung zwischen dem Lehrstuhl und der Kreisverwaltung, die deshalb umstritten war, weil die Interessenvertretung der Architekten, die ihre Interessen beeinträchtigt sahen, in der Kreisverwaltung einflussreiche Fürsprecher hatte, zum Beispiel neben konkreten Handlungsempfehlungen für den Einzelhandel insbesondere auch übergreifende Maßnahmen zur Förderung der Gesamtattraktivität des Landkreises Osnabrück *empfohlen* ...

Schon haben wir 49 Wörter zwischen *wurde* und *empfohlen.* Eine Wirtschaftswissenschaftlerin aus Italien würde schreiben: In unserer Einzelhandelsuntersuchung geben wir konkrete Handlungsempfehlungen für den Einzelhandel und schlagen übergreifende Maßnahmen vor zur Förderung der Gesamtattraktivität des Landkreises Osnabrück – unter anderem in den Bereichen städtebauliche Attraktivität, Erreichbarkeit und Angebotsvielfalt.

Um genau zu sein: Die Italienerin würde weder *Einzelhandelsuntersuchung* noch *Handlungsempfehlungen* oder *Gesamtattraktivität* schreiben, sondern: In unserer Untersuchung über den Einzelhandel geben wir zum einen konkrete Empfehlungen, was der Einzelhandel tun kann. Zum anderen machen wir Vorschläge, wie der gesamte Landkreis attraktiver werden kann. Bella Italia!

Verben, die sich nicht zerlegen lassen, beugen der Trennung von Satzgegenstand und Satzaussage vor – und damit auch Schachtelsätzen:

informieren	statt	mitteilen (teilte mit)
beteiligen	statt	teilnehmen (nahm teil)
können	statt	möglich sein
formulieren, sagen	statt	vortragen (trug vor)

Funktionsverben laden ebenfalls zu Schachtelsätzen ein und machen Texte schwerfällig. Funktionsverben sind Verben, die nicht ohne Substantiv auskommen. „Erst stirbt der Wald, dann stirbt der Mensch." Dieser Satz ist einprägsam. Auch deshalb wurde er populär. Niemand hätte folgende Formulierung behalten: „Erst *kommt*

der Wald *zu Tode*, dann *scheidet* der Mensch *aus dem Leben*." Deshalb:
- informieren statt *Mitteilung machen*,
- ermöglichen statt *Gelegenheit bieten*,
- können statt *in der Lage sein*,
- beachten statt *Beachtung schenken*,
- bezweifeln statt *Zweifel hegen*,
- prüfen statt *einer Prüfung unterziehen*.

5. Aktiv statt Passiv:
Holzkamp (vgl. S. 132) schreibt im Passiv. Diese Form lädt zu Schachtelsätzen ein. In dem zitierten Satz wird die Satzaussage (*wurde aufgegriffen*) getrennt. Nach 59 Wörtern erfahren die Leserinnen und Leser, was aus den „kognitiven Ansätzen und Fragestellungen der alten Bewußtseinspsychologie *wurde*". Bis sie auf das erlösende „aufgegriffen" stoßen, können sie rätseln, ob diese Ansätze endgültig verworfen, vergessen oder verspottet wurden.

Die Lesenden sind bei solchen Satzkonstruktionen häufig so angestrengt damit beschäftigt, die Satzaussage zu erfassen, dass der Satz nicht verstanden wird oder ein falscher „Zwischensinn" entsteht. Ein einfaches Beispiel: Peter versagte (ach, der Ärmste!) dem Vorschlag des Professors die Zustimmung. Bei einem so kurzen Satz entstehen keine Verständnisschwierigkeiten. Doch Holzkamps Satz zeigt, welche Satzungetüme entstehen können, wenn die Satzaussage auseinander gerissen wird. Solche Sätze sind schwer zu verstehen. Wer so schreibt, macht sich das Schreiben schwer, weil Grammatik und Logik leicht durcheinander geraten und häufig geprüft werden muss, ob die Anschlüsse stimmen.

Mit aktiven Verben vermeidet man dieses Problem. Und man verwendet die inhaltlich angemessene Form – jedenfalls in allen Disziplinen, in denen es um menschliches Handeln geht: Psychologen *greifen* Ansätze *auf*. Erziehungswissenschaftler *entwickeln* Konzepte. Richterinnen *verurteilen* Angeklagte. Politiker *fordern* Studiengebühren – oder *sind* dagegen.

Mit aktiven Verben werden Sätze präziser und anschaulicher. Ein einfaches Beispiel: „Die Kürzung der Subventionen wurde von der CDU kritisiert." Aktiv: „Die CDU kritisierte, dass die Subventionen gekürzt wurden." Werden die Verantwortlichen genannt, verschwindet das Passiv auch aus dem Nebensatz: „Die CDU kritisierte, dass die Landesregierung die Subventionen gekürzt hat."

Ein zweites Beispiel:
„Durch einen immer tiefer in die ökologischen Kreisläufe eindringen-

> den industriellen Produktionsproßeß, durch eine immer rücksichts- und verantwortungslosere Ausbeutung natürlicher Ressourcen und die Zerstörung intakter ökologischer Regionen infolge militärischer Nutzung, werden in Westdeutschland seit Beginn der achtziger Jahre verstärkt Ansätze entwickelt, die versuchen, pädagogische Antworten auf die ökologische Krise zu finden."[19]

Das war mir neu: Der *industrielle Produktionsprozess* und die *Ausbeutung natürlicher Ressourcen* haben *Ansätze entwickelt*, die versuchen, pädagogische Antworten auf die ökologische Krise zu finden. Entwickeln nicht Menschen – vor allem Pädagoginnen und Pädagogen – solche Ansätze? Und seit wann können Ansätze antworten? Ist es nicht so, dass Menschen *in* oder *mit* Ansätzen auf Fragen antworten? Dieser Satz wird mit einem aktiven Verb kurz und klar: „Seit Beginn der achtziger Jahre entwickelten Erziehungswissenschaftlerinnen und Erziehungswissenschaftler pädagogische Ansätze, in denen versucht wird, auf die ökologische Krise zu antworten."

Die Leideform ist angebracht, wenn

- tatsächlich ein Erleiden ausgedrückt werden soll: Ich wurde im Urlaub vom Insekten gequält,
- nicht interessiert, wer die handelnde Person ist: Das Schwimmbad wird um neun Uhr geöffnet,
- ein Handlungsträger fehlt: In der Prüfungsordnung ist vorgesehen, dass ... Die Prüfungsordnung kann nichts vorsehen, sondern nur die, die sie gemacht haben.

2.3 Ich, man oder wir?

„Der Stil wissenschaftlicher Texte zeichnet sich u.a. durch die Vermeidung des Personalpronomens ‚Ich' aus" – meinen Kruse und Jakobs.[20] Walter Krämer vertritt eine andere Meinung: „Entgegen einem verbreiteten Vorurteil ist das Wort ‚ich' auch in der Wissenschaft durchaus erlaubt".[21] Stitzel plädiert nachdrücklich dafür, „Ich" zu schreiben:

---

[19] Armin Bernhard: Ökologische Pädagogik. In: A. Bernhard, L. Rothermel (Hrsg.): Überleben durch Bildung. Weinheim 1995, S. 25.
[20] Otto Kruse, Eva-Maria Jakobs: Schreiben lehren an der Hochschule. In: O. Kruse, E.-M. Jakobs, G. Ruhmann (Hrsg.): Schlüsselkompetenz Schreiben. Neuwied u. a. 1999, S. 23.
[21] Walter Krämer: Wie schreibe ich eine Seminar- oder Examensarbeit? Frankfurt am Main, New York 1999, S. 156.

> „Der Terminus ‚Ich', „lange verpönt und ausgegrenzt durch hoheitsvolle Allgemeinplätze, ersetzt durch ein scheinbar generalisierendes ‚man' ... müßte Leitlinie und Identifikationsmerkmal wissenschaftliches Schreiben werden. ‚Ich meine', ‚ich vertrete', ‚ich kritisiere' – und schon ist Wissenschaft spürbarer, lebendiger".[22]

Ich meine: Wer in einer Haus- oder Diplomarbeit Fragen formuliert und Schwerpunkte setzt, meint, feststellt oder schlussfolgert, sollte *ich* schreiben: „Ich gehe der Frage nach, ..." „Deshalb konzentriere ich mich auf ..."
  Ich empfehle,
1. *wir* frühestens dann zu schreiben, wenn die Fünfzig überschritten sind (ein rhetorisches *wir* kann gelegentlich angebracht sein: „Wir müssen darüber nachdenken, ob unsere Lebensweise unseren Planeten ruiniert");
2. die Entscheidung für *ich* oder *man* vom Gegenstand abhängig zu machen, um den es in einer Hausarbeit geht (und die Konvention des Fachbereichs bzw. die Vorlieben derer zu beachten, die eine Arbeit beurteilen). Ich meine/denke usw.,
- dass im Mai 2002 über vier Millionen Menschen in Deutschland arbeitslos gemeldet waren,
- dass Auto fahren die Umwelt belastet,

sind unangemessene Formulierungen. Es gibt Tatsachen, Erkenntnisse, Verallgemeinerungen, die unabhängig von meinen Denken und Meinen sind.

Ich empfehle nicht, dick aufzutragen, ein *Ich* an das andere zu reihen. Eigenlob stinkt, und die „cäsaristische Attitüde" (Narr, Stary) – ich kenne keine Zweifel, sondern nur „Siege" – ist mir auch in der Wissenschaft zuwider. Ich rate, die eigene Leistung nicht zu verstecken:
- wer über die *eigene* Fragestellung schreibt: *Meine* Fragestellung,
- das Ziel *seiner* Arbeit schreibt: *Ich* verfolge das Ziel,
- wer ...: *Ich* habe gezeigt, belegt, demonstriert, deutlich gemacht ...

Ein wissenschaftlicher Text ist kein Kriminalroman. Die Leserinnen und Leser sollten zu jedem Zeitpunkt wissen, *who dun it?*
  Wem *ich* nicht gefällt oder an einem Fachbereich studiert, an dem die erste Person verpönt ist, muss mehr schreiben.
  Statt: Ich gehe der Frage nach ..."

---

[22] Michael Stitzel: Zur Kunst des wissenschaftlichen Schreibens – bitte mehr Leben und eine Prise Belletristik! In: Wolf-Dieter Narr, Joachim Stary (Hrsg.): Lust und Last des wissenschaftlichen Schreibens. Frankfurt am M. 1999, S. 146.

Länger: „In dieser Arbeit wird der Frage nachgegangen ..."
Statt: „Ich untersuche, ob ..."
Länger: „In dieser Arbeit wird überprüft, ob ..."

In jedem Falle sollte die Arbeit nicht zum Subjekt erklärt werden. Eine Haus- oder Abschlussarbeit (und ein Kapitel) kann nichts. Eine Hausarbeit untersucht nicht, eine Diplomarbeit fragt nicht und ein Kapitel beschäftigt sich nicht mit Wahrnehmungstheorien. Deshalb muss immer etwas umständlich formuliert werden: „Im Mittelpunkt des zweiten Kapitels steht ..." oder „Im Hauptteil steht die Frage im Mittelpunkt, ob ..."

3 Dem Inhalt eine Struktur geben

Was gehört in die Einleitung und was in den Schluss einer Arbeit? Worauf kommt es im Hauptteil an? Um diese Fragen geht es auf den nächsten Seiten – von A (wie Anhang) bis Z (wie Zitat). Meine Antworten konzentrieren sich auf die Funktion und Struktur der Bestandteile einer Haus- oder Abschlussarbeit. Wozu zitiert man? Welche Funktion hat eine Einleitung. *Wie* man korrekt zitiert, *wie* man korrekt zitierte Quellen im Literaturverzeichnis anführt, ist Thema des nächsten Kapitels.

3.1 Titel

Der Titel ist die Visitenkarte einer Arbeit. Er sollte wie eine Visitenkarte informativ sein und keine falschen Erwartungen wecken. Vom Titel sollte eindeutig auf den Inhalt geschlossen werden können. Ein Bewertungskriterium ist die Frage: Halten die Ausführungen, was der Titel verspricht? Deshalb haben viele Abschlussarbeiten und wissenschaftliche Veröffentlichungen oft lange (und geschraubte) Untertitel. „Geld und Politik " wäre ein sehr griffiger – aber nicht ratsamer – Titel für eine Arbeit, in der an Beispielen der Einfluss von Großspenden auf die Kommunalpolitik der SPD untersucht wird. Zutreffend, wenn auch weniger eingängig, ist folgender Titel: „Der Einfluss von Großspenden auf die Kommunalpolitik der SPD. Die Beispiele Köln und Wuppertal". Titel müssen nicht griffig sein, sondern aussagekräftig.

3.2 Inhaltsverzeichnis – Gliederung

Das Inhaltsverzeichnis soll den Aufbau einer Arbeit wiedergeben und damit den Leserinnen und Lesern die Orientierung erleichtern (und das Nachschlagen vereinfachen).

Es gibt viele Möglichkeiten, eine Arbeit zu gliedern – zum Beispiel: *chronologisch*, nach *zentralen Merkmalen* (Geschichte, Ziele, Aufbau und Organisation), *Funktionen* (Erziehung, Bildung, Weiterbildung), *Theorien und Konzepten* (normative, geisteswissenschaftliche Pädagogik, kritische, empirisch-analytische Erziehungswissenschaft). Für empirische bzw. experimentelle Arbeiten in den Sozial- und Naturwissenschaften gibt es Standardgliederungen.[23]

Eine Gliederung sollte schlüssig, verständlich und aussagekräftig sein. Die Gliederungsziffern müssen die Beziehungen, die Über- und Unterordnungen zwischen den einzelnen Themenaspekten angemessen zum Ausdruck bringen. Sind zum Beispiel *Funktionsbereiche* das Gliederungsprinzip, müssen Einkauf, Produktion, Vertrieb in der Gliederung auf der gleichen Ebene zu finden sein. Gliedert man eine Arbeit über das Bildungssystem nach den Kriterien *Struktur* und *Funktion*, werden alle behandelte Bildungsbereiche nach diesen Kriterien gegliedert: das Kapitel über die Vorschule ebenso wie das über die Schule und die Hochschule.

Auf den nächsten Seiten führe ich drei Beispiele an:
- einen Auszug aus dem Inhaltsverzeichnis einer Diplomarbeit über die Gleichstellungspolitik in der Europäischen Union,
- eine Gliederungsvariante dieses Inhaltsverzeichnisses und
- das Inhaltsverzeichnis einer Hausarbeit über den Asylkompromiss von 1993, die von einem Studienanfänger im Fach Politikwissenschaft geschrieben wurde.

Zunächst zum Inhaltsverzeichnis der Diplomarbeit:
- das Gliederungsprinzip wird konsequent durchgehalten,
- die Gliederung ist ausgewogen, das heißt relativ gleichmäßig unterteilt,
- die Gliederung ist mit bis zu sieben Unterpunkten noch übersichtlich. Mehr Unterpunkte pro Gliederungspunkt machen ein Inhaltsverzeichnis unübersichtlich und sind bei einer Hausarbeit von zwölf bis zwanzig Seiten zu viel des Guten.

---

[23] Vgl. für die Psychologie: Norbert Franck: Fit fürs Studium. 8. Aufl. München 2006, S. 49f., für die Naturwissenschaften Hillert Ibbeken: Die Schwarzwälder Kirschtorte und das Problem eines wissenschaftlichen Textes. In: Wolf-Dieter Narr, Joachim Stary (Hrsg.): Lust und Last des wissenschaftlichen Schreibens. Frankfurt am M. 1999, S. 176-190.

Inhaltsverzeichnis

1	**Einleitung**
2	**Gleichstellungspolitik im Wohlfahrtsstaat**
2.1	Die theoriegeleitete Klassifizierung wohlfahrtsstaatlicher Gleichstellungspolitik
2.2	Gleichstellungspolitik in Dänemark
2.2.1	Familienstruktur
2.2.2	Einkommenssituation
2.2.3	Das System der sozialen Sicherung
2.2.3.1	Berechtigung zu Sozialleistungen
2.2.3.2	Sozialausgaben und Sozialleistung
2.2.3.3	Alterssicherung und Altenbetreuung
2.2.3.4	Mutterschafts- und Familienleistungen
2.2.4	Arbeitsmarkt
2.2.4.1	Dienstleistungssektor
2.2.4.2	Arbeitszeit
2.2.4.3	Arbeitslosigkeit
2.2.4.4	Arbeitslosengeld und Arbeitslosenhilfe
2.2.5	Steuersystem
2.2.6	Politische Partizipation
2.2.7	Bildung und Kinderbetreuung
2.3	Gleichstellungspolitik in der Bundesrepublik Deutschland
2.3.1	Familienstruktur
2.3.2	Einkommenssituation
2.2.3.3	Das System der sozialen Sicherung
2.3.3.1	Berechtigung zu Sozialleistungen
2.3.3.2	Sozialausgaben und Sozialleistung
2.3.3.3	Alterssicherung und Altenbetreuung
2.3.3.4	Mutterschafts- und Familienleistungen
2.3.4	Arbeitsmarkt
2.3.4.1	Dienstleistungssektor
...	

Der Gliederungsvariante auf der nächsten Seite ist zu entnehmen, dass man entweder nur Ziffern verwenden oder Ziffern und Buchstaben kombinieren kann. Und man kann römische und arabische Zahlen, große, kleine und griechische Buchstaben einsetzen (oder Paragraphen – wenn dies der Konvention des Fachs entspricht).

Im Text werden die Gliederungspunkte des Inhaltsverzeichnisses wiederholt. Zudem kann durch Zwischenüberschriften, Absätze, Spiegelstriche usw. optisch gegliedert werden.

Ist ein Inhaltsverzeichnis sehr umfangreich, kann eine *Inhaltsübersicht* vorangestellt werden, in der nur die Kapitel ohne Unterpunkte aufgeführt sind. Enthält eine Arbeit viele Tabellen bzw.

Dem Inhalt eine Struktur geben **141**

Inhaltsverzeichnis

A Einleitung

B **Gleichstellungspolitik im Wohlfahrtsstaat**
1 Die theoriegeleitete Klassifizierung wohlfahrtsstaatlicher Gleichstellungspolitik
2 Gleichstellungspolitik in Dänemark
2.1 Familienstruktur
2.2 Einkommenssituation
2.3 Das System der sozialen Sicherung
2.3.1 Berechtigung zu Sozialleistungen
2.3.2 Sozialausgaben und Sozialleistung
2.3.3 Alterssicherung und Altenbetreuung
2.3.4 Mutterschafts- und Familienleistungen
2.4 Arbeitsmarkt
2.4.1 Dienstleistungssektor
2.4.2 Arbeitszeit
2.4.3 Arbeitslosigkeit
2.4.4 Arbeitslosengeld und Arbeitslosenhilfe
2.5 Steuersystem
2.6 Politische Partizipation
2.7 Bildung und Kinderbetreuung
3 Gleichstellungspolitik in der Bundesrepublik Deutschland
3.1 Familienstruktur
3.2 Einkommenssituation
3.3 Das System der sozialen Sicherung
3.3.1 Berechtigung zu Sozialleistungen
3.3.2 Sozialausgaben und Sozialleistung
3.3.3 Alterssicherung und Altenbetreuung
3.3.4 Mutterschafts- und Familienleistungen
3.4 Arbeitsmarkt
3.4.1 Dienstleistungssektor
...

Abbildungen oder Abkürzungen, ist ein *Verzeichnis der Tabellen* und/oder *Abbildungen* Kür, ein *Abkürzungsverzeichnis* Pflicht. Solche Verzeichnisse stehen nach dem Inhaltsverzeichnis.

Zum Inhaltsverzeichnis der Hausarbeit (S. 142): Sie ist unausgewogen: Während der Abschnitt II.2 mehrere Seiten umfasst, ist Kapitel III übergliedert, vor allem auf den Seiten 7 und 8. Sprachlich ist das Inhaltsverzeichnis misslungen:
- „Betrachtung der Entstehungsgeschichte und -bedingungen": Während nicht angegeben wird, um welche *Entstehungsgeschichte und -bedingungen* es sich handelt, ist *Betrachtung* überflüssig. Die *Betrachtung* sollte exklusiv dem Aufsatz im Deutschunterricht der

Inhaltsverzeichnis

I. Vorbemerkung	1
II. Betrachtung der Entstehungsgeschichte und -bedingungen	2
1. Zahlenentwicklung	2
2. Der Umgang mit dem „Asylproblem" in Politik und Bevölkerung	3
III. Die Änderung des Asylkompromisses	7
1. Die Drittstaatenregelung	7
a) Änderung des Grundgesetzes	7
b) Änderung des Asylverfahrensgesetzes	7
2. Sichere Herkunftsstaaten	8
3. „Offensichtlich unbegründete" Anträge	8
4. Straffung des gerichtlichen Verfahrens	8
5. Die Flughafenregelung	9
6. Flüchtlinge vor Krieg und Bürgerkrieg	10
7. Kürzung der Leistungen	10
IV. Umsetzung und Konsequenzen des neuen Asylrechts	12
1. Die Drittstaatenregelung	12
2. Der B-Status für Flüchtlinge vor Krieg und Bürgerkrieg	14
3. Kürzung der Sozialleistungen	15
4. Allgemeine Auswirkungen	16
V. Fazit	18
Literaturverzeichnis	

gymnasialen Oberstufe vorbehalten blieben – an der Hochschule wird dargestellt, analysiert, verglichen, bewertet usw.
- „Zahlenentwicklung" ist unpräzise und daher ohne Aussagehalt.
- „Der Umgang mit dem ‚Asylproblem' *in* Politik und Gesellschaft" ist eine Formulierung aus dem Floskelbaukasten, die zu Lasten der Präzision geht.

3.3 Einleitung

Eine Einleitung soll zum Lesen einladen. Viele Einleitungen schrecken ab, weil die Leserinnen und Leser keinen Anhaltspunkt entdecken können, worum es geht, was sie erwartet und warum es sich lohnen könnte, den Text zu lesen. Ein Beispiel: die bereits erwähnte Hausarbeit über den Asylkompromiss (vgl. S. 143).

Eine Einleitung, die nicht einleitet, erfüllt ihre Funktion nicht. Was soll eine Einleitung leisten? Der folgende (fiktive) Dialog zwischen Leser und Autorin gibt eine erste Vorstellung vom Ziel und dem Inhalt einer Einleitung:

I. Vorbemerkung

Das Grundrecht auf Asyl, verankert in Art. 16. des Grundgesetzes ist einer der zentralen Punkte in der Deutschen Verfassung. Dies hat aktuelle und vor allem auch historische Gründe. Viele Deutsche, die sich durch Terror und Verfolgung während der Zeit des Nationalsozialismus gezwungen sahen, ins Exil zu gehen, wanderten zwischen 1993 und 1945 in andere Staaten aus, wo ihnen Unterschlupf, also politisches Asyl, gewährt wurde.

Um eine glaubwürdige demokratische Republik zu gründen war also die Festigung eines solchen Grundrechts notwendig, es wurde als historische Antwort auf die NS-Zeit angesehen, und es wird vor diesem Hintergrund auch heute noch diskutiert.[1]

Bei den Verhandlungen des Parlamentarischen Rates zu einer neuen Verfassung im Winter 48/49 wurde ein von Beschränkungen weitgehend freies Asylrecht geschaffen.

„... wenn wir irgendeine Einschränkung aufnehmen würden, wenn wir irgend etwas aufnehmen würden, um die Voraussetzungen für die Gewährung des Asylrechts festzulegen, dann müßte an der Grenze eine Prüfung durch die Grenzorgane vorgenommen werden. Dadurch würde die ganze Vorschrift wertlos."[2]

Der Wandel des Verständnisses des Grundrechts auf Asyl von diesem Statement eines CDU-Mitglieds bis hin zur expliziten Grundgesetzänderung soll in dieser Arbeit als Entstehungsbedingung zum „Asylkompromiß" vom 25.5.1993 betrachtet werden.

Er stellt einen entscheidenden Einschnitt in die Geschichte des Asylrechts dar. Neben den vorgenommenen Änderungen werden hier auch die Konsequenzen bei deren Umsetzung bis zwei Jahre nach Abschluß des Gesetzes aufgezeigt.

[1] Vgl. Bade, Klaus J.: Ausländer – Aussiedler – Asyl: eine Bestandsaufnahme. München 1994, S.94
[2] Der Parlamentarische Rat und das Asylrecht 1948/49, in Spaich, H.: Asyl bei den Deutschen, o.O., 1982, S- 18-37, zitiert nach Bade, Klaus J., a.a.O, S. 93

L: Warum sollte ich diese Arbeit lesen?
A: Weil in ihr ein interessantes (wichtiges) Thema (Problem) behandelt wird.
L: Was habe ich davon, wenn ich die Arbeit lese?
A: Sie bekommen Antworten auf folgende Fragen: ...
L: Warum wird denn nicht das gesamte Problem behandelt?
A: Weniger ist aus folgenden Gründen mehr: ...
L: Muss ich alles lesen?
A: Unbedingt. Die Argumente bauen aufeinander auf.
L: Und warum soll ich mich mit Theorien beschäftigen, wenn ich etwas über das Problem XY erfahren möchte?
A: Sie sollten wissen, warum ich wie vorgehe, um sich ein fundiertes Urteil bilden zu können. Und keine Angst: Meine Ausführungen zur Theorie folgen der Maxime: So viel wie nötig und so kurz wie möglich.

Eine Einleitung hat die Funktion,
- das Problem darzustellen, das behandelt wird: Worum geht es? Was macht die Sache relevant, interessant, fragwürdig?

- den Gegenstand zu präzisieren, ihn ein- bzw. abzugrenzen: Worum geht es genau? Warum werden gerade diese Gesichtspunkte behandelt? Auf welche Aspekte wird nicht (näher) eingegangen?
- den Ertrag zu skizzieren: Welches Ziel wird mit welchem Ergebnis verfolgt?
- die Voraussetzungen zu erläutern, unter denen das Thema behandelt wird: Welcher methodische Zugang wurde gewählt? Welche Literatur, welche Daten usw. wurden herangezogen?
- den Aufbau der Arbeit zu begründen: In welcher Reihenfolge wird vorgegangen?

Ob alle und wie ausführlich diese Punkte in einer Einleitung angesprochen werden müssen, hängt vom Gegenstand und Umfang der Arbeit ab. In einer Hausarbeit von zehn bis zwanzig Seiten ist es in der Regel nicht notwendig, Aufbau und Abfolge der Arbeit zu begründen. Doch zwei oder drei Sätze schaden nicht und sind eine gute Übung. In jedem Falle gilt: Eine Einleitung soll zum Hauptteil hinführen, ihn aber nicht vorwegnehmen.

Die Einleitung ist der Ort, um die Eingrenzung des Themas zu begründen und zu erläutern, welche Konsequenzen diese Themen-Eingrenzung für die Reichweite und Verallgemeinerbarkeit der Ergebnisse oder Schlussfolgerungen haben. Zwei missglückte Beispiele. Aus einer Hausarbeit:

> „Das Thema Wissenschaftstheorie ist ein weites Feld. Daher wird in dieser Arbeit auf die nähere Analyse verschiedener wissenschaftstheoretischer Ansätze verzichtet."

Das *weite Feld* hätte der Autor besser Fontane („Das ist ein weites Feld, liebe Effi" [Briest]) überlassen und sich um die Logik gekümmert: Weil etwas komplex ist, wird auf die nähere Analyse verzichtet. Aus einem wissenschaftlichen Aufsatz:

> „*Themenkomplexe* wie das Verhältnis der polnischen Minderheit zu den deutschen Parteien, die Rolle der polnischen Fragen im preußischen Abgeordnetenhaus, die Tätigkeit der polnischen Berufsverbände, die polnischen Banken in Berlin etc. etc. wurden bei der Recherche zwar herangezogen, entsprechende Darlegungen *hätten* jedoch *den Rahmen* der Fragestellung *gesprengt*."[24]

Der Verweis auf *Themenkomplexe, die Rahmen sprengen* hat keinen argumentativen Status. Sind *entsprechende Darlegungen* notwendig oder nicht? Was folgt daraus, dass auf *entsprechende Dar-*

---

[24] Tatjana Chahoud: Zur Bildungs- und Schulsituation der polnischen Minderheit in Berlin/Preußen. In: Mitteilungen und Materialien der Arbeitsgruppe Pädagogisches Museum. H. 25, 1987, S. 143 – Herv. N.F.

Dem Inhalt eine Struktur geben

legungen verzichtet wurde? Was folgt daraus, dass die *Themenkomplexe bei der Recherche herangezogen* wurden? Kurz: Einschränkungen sind erlaubt. Sie müssen jedoch begründet werden. Die Einleitung ist kein Ort für Geständnisse, Erlebnisberichte oder Prosaübungen. Aus einer Anglistik-Hausarbeit:

> „Die Beschäftigung mit den Werken von Toni Morrison hat in mir viele Gefühle ausgelöst. Je intensiver ich mich mit ihrem Werk auseinandergesetzt habe, um so vielschichtiger wurde mein Bild von der Autorin und ihrem Werk."

Das ist schön – gehört aber nicht in eine Hausarbeit. Und folgende Offenbarungen nicht in eine Diplomarbeit.

> „Ich bin grundsätzlich davon überzeugt, dass sich der Einbezug des Körpers in die Diagnostik – und ebenso in die Therapie – lohnt. Daher fasziniert mich die bioenergetische Körperdiagnostik zwar, dennoch stehe ich den Konzepten mit einiger Skepsis gegenüber. Die Theorien scheinen mir nachvollziehbar und eingängig, aber die häufig sehr metapherhaften Beschreibungen überzeugen mich nicht. Da ich aber der Auffassung bin, dass der Einbezug des Körpers weniger mit Glauben zu haben sollte und mehr mit Wissen, habe ich mich in dieser Arbeit an die empirische Überprüfung der Körperdiagnostik herangewagt."

Subjektives Interesse ist ein guter Anlass, sich mit einem Thema bzw. Problem zu beschäftigen. Und es ist nichts dagegen einzuwenden, wenn jemand Überzeugungen hat oder von einem Konzept fasziniert ist – ein ausreichende Begründung für eine Diplomarbeit sind Faszination und Überzeugungen nicht. Zumal dann nicht, wenn sie mit Geständnissen verbunden werden: „Da ich aber der Auffassung bin, dass der Einbezug des Körpers weniger mit Glauben zu haben sollte und mehr mit Wissen ..." Dass es in der Wissenschaft nicht um Glauben geht, sollte man nach dem ersten Semester wissen und nicht mehr in der Einleitung einer Diplomarbeit bekennen.

Den Aufbau der Arbeit erläutern, meint nicht: das Inhaltsverzeichnis nacherzählen. Ein Auszug aus dem Inhaltsverzeichnis und der Einleitung einer Diplomarbeit:

6.	Realisierung eines Prototypen zur Generierung von WWW-Dokumenten	51
6.1	Die Domänen-Modelle des Prototypen	51
6.1.1	Inhaltsmodell	51
6.1.2	Strukturmodell	51
6.1.3	Layoutmodell	54
6.1.4	Die Schnittstellen zwischen den Domänen-Modellen	55
6.2	Implementierung des Prototypen	59
6.3	Mögliche Erweiterunen des Prototypen	68
7.	Ausblick	71

> „Gegenstand des sechsten Kapitels ist dann der entwickelte Prototyp. Es werden die einzelnen Domänen-Modelle des Prototypen und deren

Schnittstellen erklärt. Eine Beschreibung der Implementierung und möglicher Erweiterungen des Prototypen folgen. Die Arbeit schließt mit dem Kapitel 7 ab, in dem ein Ausblick gegeben wird."

Dem Inhaltsverzeichnis ist zu entnehmen, *was* im sechsten Kapitel steht und *dass* das siebte Kapitel das letzte ist. Worum geht es im Ausblick? Wohin wird vor welchem Hintergrund geblickt? Wie baut das sechste auf die vorangegangen Kapitel auf? Die Beantwortung dieser Fragen liefert das Material für die *Erläuterung* des Aufbaus einer Arbeit. Diese Fragen sollten vor dem Schreiben der Endfassung stehen, denn sie sind eine unverzichtbare Kontrolle, ob die Arbeit schlüssig aufgebaut ist.

Der letzte Satz in meiner Frage-Antwort-Runde lautete: „Meine Ausführungen zur Theorie folgen der Maxime: So viel wie nötig und so kurz wie möglich." Für Hausarbeiten im ersten und zweiten Semester werden in der Regel keine wissenschaftstheoretische Begründungen verlangt. Wer an seiner Diplomarbeit oder Dissertation sitzt, sollte sorgfältig prüfen, ob es wirklich notwendig ist bzw. verlangt wird, in der Einleitung wissenschaftstheoretische „Bekenntnisse" abzugeben:

> „Manch einer fühlt sich bemüßigt, ehe er richtig loslegt, auch noch seinen wissenschaftstheoretischen Standort zu fixieren. Er wird sich zum Kritischen Rationalismus, zum Konstruktivismus, zum Wissenschaftlichen Realismus oder zu was auch immer bekennen und sich daran messen lassen müssen. (...) Wer sich in der Wissenschaftstheorie nicht wirklich zu Hause fühlt, sollte besser die Finger davon lassen. Das Ganze könnte aufgesetzt wirken, ganz abgesehen davon, daß man dadurch Fußangeln auslegt, in die man selbst hineintreten könnte."[25]

In vielen Haus- und Abschlussarbeiten fallen die VerfasserInnen mit der Tür ins Haus – nach dem Muster „Die vorliegende Arbeit befasst sich mit der Architektur von ..." Ich halte es für einfallslos, im ersten Satz wörtlich oder sinngemäß den Titel der Arbeit zu wiederholen. Die ersten fünf oder sechs Zeilen (in einer Masterarbeit können es auch zwei Seiten sein) sollten zum Problem, zur Fragestellung hinführen. Zum Beispiel auf folgenden Wegen:

- mit einer (provozierenden) Behauptung:

> „Die Soziologie ist ohne die Erkenntnisse und Ergebnisse, die feministische Wissenschaftlerinnen in den vergangenen zwanzig Jahren zur Situation von Frauen in der Gesellschaft erarbeitet haben, nicht mehr zu denken."[26]

---

[25] Erwin Dichtl: Deutsch für Ökonomen. München 1995, S. 5.
[26] Brigitte Brück u.a.: Feministische Soziologie. 2. Aufl. Frankfurt am Main, New York 1997, S. 9.

- mit Fragen:

  „Worauf lassen sich die Unterschiede zwischen Individuen zurückführen? Auf Vererbung oder auf Umwelteinflüsse?" Und worin besteht die praktische Relevanz dieser Frage?" (Aus einer Hausarbeit in Psychologie)

- mit einem Erfahrungsbericht, *der zum Thema führt*:

  „In den letzten Wochen habe ich einige Interviews mit ehemaligen Lehrkräften einer Mädchenvolksschule über die unmittelbare Nachkriegszeit geführt. Ich wollte u.a. wissen, was es für sie bedeutete, Mädchen zu unterrichten. Einhellige Meinung war, daß es für die pädagogischen Zielsetzungen überhaupt keine Rolle gespielt habe, ob man mit Mädchen oder Jungen zu tun hatte."[27]

- mit einer Beschreibung, *die zum Problem führt*:

  „An den Soziologen hat sich die Öffentlichkeit inzwischen gewöhnt. Er hat bei aktuellen Fragen – sozialen Randgruppen, Betonsiedlungen, Familie, Schule – etwas zu sagen. (...) Man bittet ihn, sich zum aktuellen Zustand der Gesellschaft zu äußern, die öffentliche Meinung und die Verhaltensweisen zu diesem oder jenen Aspekt zu beschreiben, Entwicklungstendenzen zu identifizieren und zu sagen, was man tun soll, um bestmöglich zu handeln. Kurz: er hat sich zu dem entwickelt, was man einen ‚Experten' nennt: zu einem Gesellschaftsexperten.

  Gefangen in diesem Strudel, in dem er sich, nicht ohne Gefallen daran, treiben läßt, kommt es oft vor, daß er eine wesentliche Frage vergißt: Was ist überhaupt eine Gesellschaft und wie funktioniert sie? Diese Grundfrage der Soziologe ..."[28]

- mit einem *treffenden* Zitat. Georg Bollenbeck zum Beispiel beginnt seine Studie über Kontroversen um die kulturelle Moderne mit einem Zitat aus den *Münchner Neuesten Nachrichten* vom April 1933:

  „Wir lassen uns eine solche Herabsetzung unseres großen deutschen Musikgenies [Richard Wagner – NF] von keinem Menschen gefallen, ganz sicher aber nicht von Herrn Thomas Mann, der sich selbst am besten dadurch kritisiert und offenbart hat, daß er die ‚Gedanken eines Unpolitischen' nach seiner Bekehrung zum republikanischen System umgearbeitet und an den wichtigsten Stellen in ihr Gegenteil verkehrt hat. Wer sich selbst als dermaßen unzuverlässig und unsachverständig in seinen Werken offenbart, hat keine Recht auf Kritik wertbeständiger deutscher Geistesriesen."[29]

Eine Einleitung ist kein Vorwort (das vor dem Inhaltsverzeichnis steht). Im *Vorwort* werden Hinweise und Erläuterungen gegeben,

---

[27] Hannelore Faulstich-Wieland: Geschlecht und Erziehung. Darmstadt 1995, S. 1.
[28] Jean-Claude Kaufmann: Frauenkörper – Männerblicke. Konstanz 1996, S. 9.
[29] Georg Bollenbeck: Tradition, Avantgarde, Reaktion. Deutsche Kontroversen um die kulturelle Moderne 1880 - 1945. Frankfurt am Main 1999, S. 11.

die nicht unmittelbar zum eigentlichen Thema gehören: Aussagen über die Bedingungen, unter denen die Arbeit entstand, der Dank an Personen oder Institutionen, die die Arbeit unterstützt haben. Eine Hausarbeit ist nicht der Ort, um den Eltern für den monatlichen Scheck oder dem Freund zu danken, dass er die Arbeit getippt hat. Ein Vorwort wird nur umfangreichen Arbeiten vorangestellt. Eine *Vorbemerkung*, mit diesem Wort wurde die Einleitung der Hausarbeit über den Asylkompromiss überschrieben (vgl. S. 143), gibt es nicht. Und mit einer *Widmung* sollte man warten bis zur ersten Buchveröffentlichung.

3.4 Hauptteil

In einer Hausarbeit kann es darum gehen, Texte zu interpretieren, Literatur zu referieren, Konzepte zu analysieren, Theorien zu vergleichen oder empirische Untersuchungen zu bewerten. Der Gegenstand, die Fragestellung und das Ziel von Hausarbeiten können sehr unterschiedlich sein. Doch bei aller Vielfalt sind wiederkehrende Anforderungen auszumachen.

1. Begriffe klären

Jede Wissenschaft hat ihre Fachbegriffe. In den Naturwissenschaften sind Begriffe und Fachausdrücke (termini technici) in der Regel eindeutig. In den Sozial- und Geisteswissenschaften sind verbindliche Definitionen von zentralen Fachbegriffen die Ausnahme. *Sozialisation*, *Demokratie* oder *Bildung* lassen sich nicht nach dem Muster $E = mc^2$ auf eine Formel bringen oder wie ein Quadrat eindeutig definieren. Deshalb müssen in der Politik- oder Erziehungswissenschaft die für eine Arbeit zentralen Begriffe geklärt werden. Die Leserinnen und Lesern sollten nicht rätseln müssen, was versteht der Verfasser unter *Sozialisation*? Was schließt bei der Verfasserin der Begriff *Demokratie* ein?

Begriffe können
- aus der Literatur übernommen,
- erweitert oder
- eingegrenzt

werden. Ist das Ziel einer Arbeit einen Begriff neu zu fassen, kann mit Hilfsbegriffen begonnen und Schritt für Schritt der Begriff neu bestimmt werden. „Begriffshuberei" ist ein Laster, keine Tugend: Begriffsklärungen sollten so kurz wie möglich und so ausführlich wie nötig sein (der Nachweis, dass man viele Begriffe kennt, ist nicht notwendig).

2. Jedem Kapitel eine Struktur geben

Ich leihe mir ein Motto der Sparkassen-Werbung: *Wenn's um Kapitel geht – Struktur deutlich machen.* Es gibt bewährte Strukturen, die helfen, Gedanken zu ordnen, Verbindungen und Zusammenhänge deutlich zu machen:

Kapitel-Anfang
- Was wurde bisher behandelt, gezeigt oder erreicht?
- Worum geht es nun?
- Welchen Bezug zur Fragestellung hat das Kapitel?
- Welche Bedeutung hat das Kapitel für die gesamte Arbeit?
- Welche Methode der Darstellung wird gewählt?
- Wie ist das Kapitel aufgebaut?

Kapitel-Ende
- Was wurde mit welchem Ergebnis gezeigt? (Zusammenfassung)
- Wie geht es weiter?

Diese Strukturelemente sind kein Zwangskorsett. Wird am Ende eines Kapitels skizziert, wie es im nächsten Kapitel weitergeht, muss im folgenden Kapitel nicht mehr den Bezug zum vorhergehenden hergestellt werden. Es ist auch nicht zwingend, eine Vorschau über den Aufbau des Kapitels zu geben. Und bei einer Hausarbeit von zwölf Seiten genügt eine Zusammenfassung am Schluss der Arbeit. Auf den Übungseffekt kommt es in erster Linie an und darauf, Klarheit in einen Text zu bringen.

Wer nach einiger Übung mit diesen Strukturen umgehen kann, sollte freundlich zu den Leserinnen und Lesern sein, die sich möglichst rasch einen Eindruck verschaffen wollen, was sie von einem Text erwarten können.

3. Belegen, zitieren und sich nicht verlieren

> „Niemand, der sich an den Schreibtisch setzt, schüttelt, was er niederschreibt, aus dem Ärmel. Wir fangen nicht am Nullpunkt an, sondern stützen uns auf die, die vor uns da waren. Wir könnten unsere Arbeit nicht tun, wenn wir uns nicht ihre Methoden, ihre Befunde und ihre Ideen zunutze machten."[30]

Ein Zitat. Weil es länger als drei Zeilen ist, habe ich es optisch abgesetzt. Ist ein Zitat noch länger, sollte es eingeführt werden. Zum Beispiel so: Ein Zitat im Zitat wird in einfache Anführungszeichen

---

[30] Howard S. Becker: Die Kunst des professionellen Schreibens. Frankfurt am Main, New York 1994, S. 185.

gesetzt. Das ist eine von vielen Regeln über korrektes Zitieren. Otto Kruse betont zu Recht, dass es mit Regeln allein nicht getan ist:

> „Selbst Studierende, die ihre Diplomarbeit schreiben, haben oft noch elementare Probleme mit dem Zitieren. Das hat seinen Grund nicht nur darin, daß diese Fähigkeit unzureichend gelehrt wird, sondern auch darin, daß es keine ganz eindeutigen Regeln gibt. Die Regeln unterscheiden sich von Fach zu Fach und von Diskurs zu Diskurs. *Es ist deshalb wichtig, den Sinn des Zitierens zu verstehen und nicht einfach Regeln zu lernen.*"[31]

Zitate und Verweise haben vor allem die Funktion, Aussagen und Argumente zu *belegen*: Zitieren heißt: Diese Ergebnisse wörtlich oder sinngemäß (in eigenen Worten) wiedergeben. *Verweisen* meint: auf Literatur zu verweisen, auf die sich die eigenen Überlegungen stützen. Dieser Weg wird dann gewählt, wenn eine ausführliche Begründung im Rahmen der Arbeit nicht geleistet werden kann bzw. für das Ziel der Arbeit nicht erforderlich ist.

Für die Auseinandersetzung mit dem Werk einer Autorin oder mit einer Theorie dienen Zitate dem Verständnis und der Nachprüfbarkeit der Argumentation. Mit Zitaten kann zudem ein Sachverhalt anschaulich oder pointiert zum Ausdruck gebracht werden. Zitate und Verweise verfehlen ihren Sinn, wenn sie beweisen sollen, dass der Autor oder die Autorin viel gelesen hat – etwa nach folgendem Muster:

> Das aber ist ein Ding (zum *Ding an sich* vgl. KANT: KRITIK DER REINEN VERNUNFT) der Unmöglichkeit in dieser Welt (vgl. ARISTOTELES: META-PHYSIK) der Postmoderne (vgl. FRANCK 1999, 2000, 2001, 2002). Darum sage ich hier nichts (s. a. SATRE: L' ETRE ET LE NEANT) und mir bleibt nur zu schweigen (vgl. WITTGENSTEIN: TRACTATUS): Entschuldigen Sie, vielleicht ein anderes (zum Begriff des *anderen* vgl. LACAN: ECRITS) Mal.

Ein ausuferndes Belegwesen und Zitatenhuberei sind nicht zweckdienlich, behindern vielmehr die Entwicklung eigener Gedanken, das Verfolgen eines eigenen Ziels, die Arbeit an der eigenen Fragestellung. Zitate sind kein Arbeitsersatz. Vielen Studierenden fällt es schwer, sich von den Texten zu lösen, die sie gelesen haben, einen Sachverhalt in eigenen Worten auszudrücken. Sie reihen Zitat an Zitat und formulieren nur Verbindungssätze. Das Ergebnis ist ein Zitate-Patchwork – keine eigenständige Arbeit. Für eine Hausarbeit muss Literatur verarbeitet werden. Die Literatur ist Mittel zum Zweck: ein Thema behandeln, ein Problem beleuchten, einer Frage nachgehen usw. Eine Zitat-Reihung ist oft Ausdruck dafür, dass die Autorin oder der Autor das Thema noch nicht im Griff hat.

---

[31] Otto Kruse: Keine Angst vor dem leeren Blatt. 4. Aufl. Frankfurt am Main, New York 1995, S. 84 – Herv. N. F.

Zitate sollten
- *zweckmäßig* sein: Ein Zitat bringt das zum Ausdruck, was man ausdrücken möchte. Enthält ein Zitat Aspekte, die nicht in den Zusammenhang passen, lenken sie ab und erschweren es, einer Argumentation zu folgen;
- *nicht peinlich* sein: „Die Erde ist keine Scheibe." „Das Fernsehen ist ein Massenmedium". Beide Aussagen sind Allgemeingut geworden und werden deshalb nicht mehr belegt. Das gilt auch für die Tatsache, dass fast alles *komplex* und das Leben *kompliziert* ist. Nicht zitiert wird, was Teil der Allgemeinbildung, was in der Erziehungs- oder Betriebswirtschaft selbstverständlich und was trivial ist.

Unseriöse Quellen werden ebenfalls nicht zitiert. Man belegt Aussagen nicht mit Zitaten aus der Regenbogenpresse, aus Boulevardzeitungen und ähnlichen Medien. Die Ausnahme von der Regel: Die Regenbogenpresse ist Thema der Arbeit (zum Beispiel einer Arbeit über „Frauenfeindlichkeit in Frauenzeitschriften" oder „Die Personalisierung gesellschaftlicher Verhältnisse in Boulevardzeitungen"). In diesem Fall sind *Gala*, *Tina* oder die *Bildzeitung* Primärquellen.

4. Eine Meinung haben

Wer eine Hausarbeit schreibt, sollte nicht in die Rolle eines Knechts oder einer Magd schlüpfen und Zitat um Zitat von Herren der Wissenschaft aneinander reihen. Sofern nicht ausdrücklich pures Referieren verlangt wird, ist die eigene Meinung gefragt – nicht beliebiges Meinen, sondern
- eine eigene Fragestellung,
- ein begründetes Erkenntnisinteresse (in der Einleitung),
- schlüssige Schlussfolgerungen (im Schlussteil),
- Bewertungen der Argumente und Schlussfolgerungen eines Autors oder einer Autorin.

Beurteilen und bewerten kann heißen: kritisieren, dass ein Autor für seine Thesen keine Belege anführt oder eine Autorin die von ihr verwandten Begriffe nicht unmissverständlich definiert. Kritik ist erlaubt und erwünscht. Wissenschaft ist kritisch. Überheblichkeit ist keine wissenschaftliche Tugend. Deshalb sollte nicht mit leichter Hand eine Theorie in Bausch und Bogen verrissen, oder gönnerhaft ausgewiesenen Wissenschaftlerinnen und Wissenschaftlern bescheinigt werden, dass sie „zu Recht feststellt" oder er sich „grundlegend irrt".

Ein *eigenes* Urteil ist Teil und Ziel des wissenschaftlichen Arbeitens. „Was-habe-ich-gelernt"-Bekenntnisse sind an der Hochschule unangebracht. Otto Kruse empfiehlt solche Texte, „um wissenschaftlich begründete Kritik zu lernen". Er macht folgenden Vorschlag für eine „Schlussbemerkung" in einer Hausarbeit über „Ärgerentwicklung in der frühen Kindheit":

> „Neu war für mich, daß Ärger bereits so früh in der Entwicklung auftritt und offensichtlich eine starke biologische Wurzel hat. Plausibel scheint mir, daß Ärger eine wichtige Entwicklungsfunktion hat, indem er schon dem kleinen Kind Möglichkeiten an die Hand gibt, sich gegen Eltern und ältere Menschen durchzusetzen. Wenn schon kleine Kinder ein so hohes Niveau an Ärger-Potential haben, dann wird die Frage nach der sozialen Kontrolle oder der kulturellen Einbindung des Ärgers wichtig. Darüber habe ich kaum Informationen in der Literatur gefunden. Bisher war ich der Meinung, daß Ärger etwas ist, das eine sozial eher negative, schädliche Wirkung hat. Die Beschäftigung mit der Literatur hat mich davon überzeugt, daß Ärger auch eine positive Funktion hat. Unklar ist mir allerdings, wie eine Sozialisation auszusehen hat, die verhindern kann, daß Ärger in destruktive Aggressivität übergeht."[32]

Wir erfahren, dass der Verfasser oder die Verfasserin nach der Beschäftigung mit dem Thema schlauer ist als vorher. Das ist banal. Und wen interessiert es? Auf Begründungen wird in dem Text verzichtet: Wieso wird beispielsweise „wenn schon kleine Kinder ein so hohes Niveau an Ärger-Potential haben", die Frage „nach der sozialen Kontrolle oder der kulturellen Einbindung des Ärgers wichtig"? Und: Was heißt „soziale Kontrolle"? Für wen hat Ärger „eine sozial eher negative, schädliche Wirkung"? Welche „positive Funktion" kann Ärger haben?

Kruse gibt ein Beispiel für unverbindliches Meinen – nicht für einen Text, in dem begründet eine Auffassung vertreten wird. Die von ihm empfohlene Selbstoffenbarung passt in ein Tagebuch; sie gehört nicht in eine Hausarbeit. Als Maxime formuliert: Habe eine eigene Meinung, aber formuliere sie nicht im Stil eines Besinnungsaufsatzes ohne Argumente.

5. Wichtiges in den Text – Unwichtiges in den Papierkorb

In einer Haus- und in einer Abschlussarbeit sollte zu lesen sein, was für die Erklärung eines Gegenstands wichtig und für das Verständnis eines Sachverhalts notwendig ist. Das reicht. Mehr ist nicht erfor-

---

[32] Otto Kruse: Keine Angst vor dem leeren Blatt. 4. Aufl. Frankfurt am Main, New York 1995, S. 84 – Herv. N. F. S. 91.f.

derlich und meist auch nicht sinnvoll. Nebensächlichkeiten gehören nicht in eine Arbeit – auch nicht in Anmerkungen. Adolf Harnack riet vor rund hundert Jahren, Anmerkungen als „Schatzhaus" zu verstehen und nicht als „Rumpelkammer":

- „Schreibe keine Anmerkung, weil du in der Darstellung etwas vergessen hast; schreibe überhaupt die Anmerkungen nicht nachträglich."
- „Schreibe nichts in die Anmerkung, was den Text in Frage stellt, und auch nichts hinein, was wichtiger ist als der Text."
- „Betrachte die Anmerkungen nicht als Katakomben, in denen du deine Voruntersuchungen beisetzest, sondern entschließe dich zur Feuerbestattung."[33]

Anmerkungen können ein „Schatzhaus" sein, wenn sie sinnvoll genutzt werden. Fußnoten sind der richtige Ort für

- den Beleg von Zitaten,
- Hinweise auf weiterführende Literatur,
- die Übersetzung einer Textstelle, die in der Originalsprache zitiert wurde,
- Informationen, die zwar nicht direkt zum Thema gehören, aber für die Leserinnen und Leser nützlich sein können.

Wer imponieren möchte, sollte dies durch eine präzise Argumentation tun. Viele Anmerkungen demonstrieren in der Regel nicht „Wissenschaftlichkeit", sondern die Unfähigkeit, sich auf das Wesentliche zu konzentrieren.[34]

3.5 Schluss

Eine Einleitung soll zum Lesen einladen. Der Schluss soll die Arbeit abrunden. Für diesen Zweck gibt es keine verbindliche Form. Man kann

---

[33] Zit. n. Georg Bangen: Die schriftliche Form germanistischer Arbeiten. 9. Aufl. Stuttgart 1990, S. 24f.
[34] Der Schlüssel zum Verständnis der Tatsache, dass viele Texte mit Fußnoten gespickt sind, liegt im Bedürfnis nach Anerkennung: Die Fußnote „ist für den Wissenschaftler das, was für den Ritter das Wappen war; sie weist ihn als Wissenschaftler aus, verleiht ihm Glaubwürdigkeit und die Berechtigung am Turnier teilzunehmen. Zugleich ist sie auch seine Waffe: Mit ihr mehrt er nicht nur seinen eignen Ruhm, sondern mindert auch den seiner Rivalen. Dabei erweist sie sich als Mehrzweckwaffe ... Einige benutzen sie als Dolch, den man dem Gegner in den Rücken jagen kann; andere als Keule, um ihn niederzuschlagen; wieder andere als Florett, um elegante Duelle auszutragen." Kontroversen, die in Fußnoten ausgetragen werden, gleichen „den Kämpfen, für deren Austragung die Streithähne kurz die Bar verlassen, um sich auf der Straße zu prügeln. In der Fußnote darf deshalb der Autor die Maske der Respektabilität fallen lassen, die er im Haupttext trägt, und sein wahres Gesicht enthüllen." Dietrich Schwanitz: Bildung. München 2002, S. 461f.

- eine nüchterne Zusammenfassung schreiben,
- das Ergebnis der Arbeit bilanzieren: Was wurde mit welchem Ertrag gezeigt?
- die Zusammenfassung um eine Bewertung der Ergebnisse oder einen Ausblick ergänzen.

Es kann sinnvoll sein,
- die eingangs aufgeworfene(n) Frage(n) zusammenfassend zu beantworten,
- auf ungeklärte Probleme zu verweisen,
- das behandelte Problem thesenartig in einen größeren Zusammenhang einzuordnen,
- persönliche Schlussfolgerungen zu ziehen.

Man sollte in einer Hausarbeit auf ein Schlusskapitel verzichten, wenn dieses Kapitel nicht mehr leistet, als auf zwei Seiten gerafft das zu wiederholen, was auf den zwanzig Seiten zuvor steht.

Der Schluss ist nicht der Ort für wilde Spekulationen, sondern der Teil einer Arbeit, dem besondere Aufmerksamkeit geschenkt werden sollte.

Dem Autor der Hausarbeit über den Asylkompromiss ist beim Schluss (siehe Seite 155) die Puste ausgegangen. Der Autor ist über den Asylkompromiss entsetzt. Das ist sein gutes Recht; aber keine Entschuldigung für schlechten Stil – bereits im ersten Satz: In der Wissenschaft *muss* gar nichts, nur sorgfältig argumentiert und formuliert werden. Die Muss-Häufungen in dem Text entsprechen dem Stil eines politischen Flugblatts (*Es muss endlich Schluss gemacht sein mit den Kürzungen im Bildungsbereich!*). In einer Hausarbeit ist angemessen:
- Ich habe gezeigt, dass der Asylkompromiss kein Kompromiss ist.
- Aus meiner Sicht ist der Asylkompromiss kein Kompromiss.
- Der Asylkompromiss ist kein Kompromiss.

Im Text häufen sich Floskeln – zum Beispiel: „*Offensichtlich* wurde konkrete Auseinandersetzung mit menschlichen Schicksalen vernachlässigt. Stattdessen konzentrierte man sich *eher* auf den *Wähler als Mensch* oder auf politische Interessen." *Offensichtlich* ist nur, dass der Abend auf den Tag folgt. Und was der *Wähler als Mensch* heißen soll, darüber können wir nur rätseln. Von gleicher Güte sind die Formulierungen *selbstverständlich*, *letztendlich* und *darf schließlich nicht vergessen werden*:

„Letztendlich bleibt bei der Asylfrage nur die Antwort durch die Bekämpfung der Fluchtursachen statt ihrer Folgen. Eine solche Politik müßte

V. Fazit

Nach abschließender Betrachtung muß zunächst der Kompromißcharakter des „Asylkompromisses" bestritten werden. In den Verhandlungen zum Gesetz wurden teilweise SPD-Positionen aufgenommen. Über den Grad der Durchsetzung und die Art der Forderungen läßt sich streiten (was auch bis heute noch geschieht). Die Realisierung des neuen Asylrechts zeigt jedoch deutlich, daß die letztendlich im Gesetz berücksichtigen Forderungen nicht zur Entfaltung kamen. Die ursprünglich erklärte Absicht, die Gewährung politischen Asyls auf die wirklich betroffenen zu beschränken, schien schon im Gesetzestext zweifelhaft, muß bei Betrachtung der Realisierung jedoch als völlig gescheitert angesehen werden.[27]

Für die Einrichtung einer fairen Drittstaatenregelung fehlt weiterhin die wichtigste Komponente im heutigen Asylrecht: Die Angleichung und Harmonisierung auf europäischer Ebene. Dazu müßte das Prinzip der Einzelfallüberprüfung durch eine fachlich kompetente und dann der Überprüfung einer negativen Entscheidung durch eine unabhängige Stelle standardisiert werden. Nur mit der Erstellung einer gesamteuropäischen Konzeption könnte einerseits für die Betroffenen eine sichere Drittstaatenregelung und andererseits eine Politik des „burden sharing" (Teilung der Lasten) geschaffen werden. In der bestehenden Form kann sie keine Sicherung des Grundrechts auf Asyl garantieren. Die zahlreichen Verletzungen des Völkerrechts und der Genfer Flüchtlingskonvention, die schon aus dem Gesetzestext eindeutig hervorgehen, konnten hier gar nicht erwähnt werden.

Der „Sprung" von einem relativ liberalen Asylrecht zu einem der restriktivsten in Europa wird bei Analyse der Entstehungsbedingungen erklärbar, bleibt jedoch nicht zu rechtfertigen. Die Realisierung des neuen Rechts setzte Traditionen fort, die sich schon durch die Entstehungsgeschichte durchzogen und auch im Gesetzestext selbst Berücksichtigung fanden. Hierzu gehören z.B. die Kürzungen der Sozialleistungen, bei denen teilweise sogar entstehende Mehrkosten (siehe Sachleistungsprinzip) in Kauf genommen wurden um sie als reine Abschreckungsmaßnahme zu benutzen. Die vielen sozialstaatsrechtlichen Verletzungen wären hier noch zu erwähnen. Hier waren aus den Erfahrungen der Vergangenheit keine Konsequenzen gezogen worden. Offensichtlich wurde konkrete Auseinandersetzung mit menschlichen Schicksalen vernachlässigt. Statt dessen konzentrierte man sich eher auf den Wähler als Mensch oder auf politische Interessen. So wurden Gesetzesteile verabschiedet, die äußerlich den Schein des Kompromisses aufrechterhalten sollten und sich durch unsorgfältige Formulierung nur nachteilig für die Betroffenen auswirken konnten.

Letztendlich bleibt bei der Asylfrage nur die Antwort durch die Bekämpfung der Fluchtursachen statt ihrer Folgen. Eine solche Politik müßte selbstverständlich auf globaler Ebene betrieben werden. Dabei darf schließlich nicht vergessen werden, daß die meisten betroffenen Länder keineswegs nur durch eigenes Verschulden in politische und wirtschaftliche Probleme geraten sind. Zahlreiche Beispiele finden sich nicht nur für das Beispiel Deutschland bei Betrachtung der Geschichte, gegenwärtigen Außenpolitik und Handelsbeziehungen zu anderen Staaten. Ebensowenig läßt sich die Erwirtschaftung eines gewissen Wohlstandes als rein nationales Phänomen erklären und daraus ein Alleinanspruch ableiten. Ein schwerwiegendes Problem hierbei ist sicherlich die vor allem in Deutschland verbreitete Tendenz, sich durch fremde Kulturen zunächst bedroht zu fühlen. Dies ist bedingt durch fehlende Information, mangelndem Interesse, aber immer auch noch rassistische Denkweisen. Der „Asylkompromiß" wird wohl kaum zur verstärkten interkulturellen Kommunikation in Deutschland beitragen. Es läuft auf die generelle Fragestellung hinaus, ob man bereit ist, auf individueller Ebene traditionelle Denkweisen aufzugeben, auf politischer Ebene Verantwortung zu übernehmen, und vorhandenen Reichtum zu teilen oder ob man das Unmögliche versuchen und sich gegenüber anderen Ländern abschotten möchte. Eine Antwort im Sinne der zweiten „Möglichkeit" wäre für beide Seiten tragisch.

---

[27] Vgl. Bade, Klaus J. a.a.O., S. 127ff

selbstverständlich auf globaler Ebene betrieben werden. Dabei darf schließlich nicht vergessen werden, daß die meisten betroffenen Länder keineswegs nur durch eigenes Verschulden in politische und wirtschaftliche Probleme geraten sind. Zahlreiche Beispiele finden sich nicht nur für das Beispiel Deutschland bei Betrachtung ..."

Die Formulierung *letztendlich* ist (wie *ihrer Folgen* und *eine solche Politik* bzw. *dabei*) ein Arbeitsersatz: Gedanken werden nicht formuliert, sondern nur signalisiert. Worauf bezieht sich zum Beispiel *ihrer Folgen?* Wofür finden sich *zahlreiche Beispiele* (*Beispiele für das Beispiel Deutschland* ist ein gutes Beispiel für den nachlässigen Umgang mir der Sprache)? Mein Übersetzungsvorschlag für den ersten Satz: Die grundlegende Frage lautet: Bekämpft Politik die Flucht*ursachen* oder beschränkt sie sich darauf, mit den Folgen der Tatsache umzugehen, dass die Lebensverhältnisse in vielen Staaten die Menschen zwingen, ihr Land zu verlassen.

Der Schluss kann Schwächen im Hauptteil nicht ausbügeln. Aber was zuletzt gelesen wird, prägt sich meist nachhaltig ein. Lax formuliert: Das Gute nicht zuletzt, aber zuletzt immer etwas Gutes.

3.6 Literaturverzeichnis

Ein Literaturverzeichnis enthält die Literatur, die in einer Arbeit erwähnt wurde. Nicht mehr und nicht weniger. Nicht weniger: Im Literaturverzeichnis werden alle Veröffentlichungen aufgeführt, aus denen wörtlich oder sinngemäß zitiert wurde und auf die verwiesen wurde. Nicht mehr: Wer mehr Literatur anführt, um den Eindruck zu erwecken, besonders belesen zu sein, täuscht die Leserin bzw. den Prüfer. Das kann unangenehme Folgen haben.

Die Anlage eines Literaturverzeichnisses folgt bestimmten Konventionen. Mehr dazu im nächsten Kapitel.

3.7 Anhang

Daten und Fakten, die für das Verständnis eines Textes notwendig sind bzw. die Aussagen belegen, können in einem Anhang untergebracht werden. Diese Möglichkeit sollte man nutzen, wenn die Daten, Fakten usw. so umfangreich sind, dass sie die Lektüre des Hauptteils erschweren würden. Eine solche Auslagerung ist jedoch nur dann sinnvoll, wenn sie das Lesen auch tatsächlich erleichtert. Müssen die Leserinnen und Leser häufig im Anhang blättern, ist das keine Erleichterung. Deshalb sollten die Daten und Fakten, die im

Anhang stehen, im laufenden Text so zusammengefasst werden, dass die Leserinnen und Leser nur gelegentlich im Anhang nachschlagen müssen.

4 Wissen, was zu tun ist

Das Schreiben einer Hausarbeit ist etwas anders als Domino spielen. Viele schriftliche Arbeiten haben aus folgendem Grunde „weder Hand noch Fuß": Die VerfasserInnen vertiefen sich umgehend in die Literatur, nachdem sie ein Thema übernommen haben – nach der Devise: „Mal sehen, was ich daraus machen kann". Bei solch einem Vorgehen fehlen Kriterien, was warum wichtig ist und was nicht. Deshalb wird die Arbeit zu einem zeitaufwendigen Prozess von Versuch und Irrtum. Für das Schreiben einer Hausarbeit braucht man einen Plan. Planung hilft, Umwege zu vermeiden. In der Abbildung zeige ich, welche Schritte zu planen sind.

Diese Schrittfolge bezieht sich auf umfangreiche wissenschaftliche Arbeiten. Für Hausarbeiten im Grundstudium kann sie auf drei Schritte verdichtet werden: Es kommt darauf an,
1. sich über ein Thema sachkundig zu machen,
2. das erarbeitete Wissen zu strukturieren und
3. in eine angemessene schriftliche Form zu bringen.

Ich erläutere, was bei jedem der fünf Arbeitsschritte zu beachten ist, um auch für umfangreichere Arbeiten fit zu

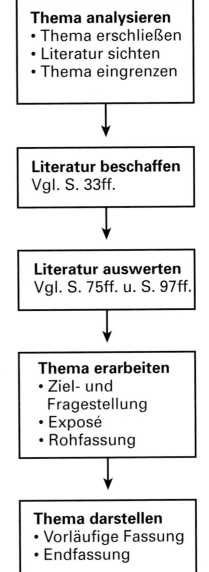

Abbildung 1:
Die Arbeitsschritte von der Themenwahl bis zur Endfassung

machen. Wer seine erste oder zweite Hausarbeit schreibt, kann manchen (Teil-)Schritt überspringen.

Die einzelnen Arbeitsschritte sind miteinander verknüpft. Zum Beispiel ist es gelegentlich notwendig, einen Schritt zurückgehen, um nach vorne zu gelangen. Nach meiner Erfahrung kommt man am besten mit der Maxime zurecht: so viel Planung wie möglich, so viel Flexibilität wie nötig.

Wer die Freiheit hat, selbst über das Thema einer Haus- oder Abschlussarbeit zu entscheiden, sollte diese Freiheit nutzen und ein Thema wählen,
- das interessiert, denn Interesse setzt Energien frei;
- dessen Bearbeitung für das weitere Studium nützlich ist – wobei die Methoden und Erfahrungen, die man bei der Beschäftigung mit dem Thema anwenden bzw. machen kann, wichtiger sein können als das Thema selbst;
- dessen Bearbeitung es ermöglicht, Bezüge herzustellen zu Themen, mit denen man sich bereits beschäftigt hat bzw. gerade auseinandersetzt;
- das angemessen ist (mehr dazu auf S. 160f.).

4.1 Ein Thema analysieren

Das Erfolgsrezept für das Schreiben einer Arbeit lautet: Der Verfasser, die Verfasserin muss den Arbeitsprozess steuern – statt von der Literatur gesteuert zu werden. Die wichtigste Zutat für dieses Rezept ist die Themenanalyse. Dieser erste Arbeitsschritt besteht aus drei Teilschritten.

1. Das Thema erschließen

Womit beginnt die Analyse eines Themas? Mit eigenen Überlegungen:
- Was weiß ich über das Thema (was möchte ich wissen)?
- Was finde ich an dem Thema interessant oder spannend?
- Welche Fragen und Probleme sehe ich, möchte ich beantworten bzw. klären?

Ich empfehle, eine Stunde zu investieren, um eigenes Vorwissen, Fragen und die eigene (vorläufige) Meinung zum Thema zu notieren. Diese Notizen sind eine nützliche Stütze und Bezugsgröße für den folgenden Schritt, den ersten Durchgang durch die Literatur.

Ein nützliches Frageinstrument sind die „W-Fragen":

Frage	zielt auf	Beispiele
Was	Gegenstandsbestimmung	Was versteht die Autorin unter *Elite*? Was heißt *Globalisierung*?
Warum, wozu	Ursache, Grund, Zweck, Ziel	Warum ist der Frauenanteil an C4-Professuren so gering?
Wie	Art und Weise	Wie hat sich das Rentensystem in den letzten zwei Jahrzehnten entwickelt?
Wer	Person soziale Gruppen	Wer hat die geringsten Bildungschancen? Welche literarischen Vorbilder hatte Heinrich Mann?
Wo	Ort Geltungsbereich	Wo häuft sich Gewalt in der Schule? Für welche Lernvorgänge trifft die Adoleszenz-Maximum-Hypothese zu?
Wann	Zeit	Wann wurden Büchners Werke in den Lehrplan aufgenommen?

Nehmen wir an, das (sehr allgemein formulierte) Thema einer Hausarbeit in Erziehungswissenschaft lautet *Gewalt in der Schule*. Mit den W-Fragen kann man erste Vorstellungen davon entwickeln, worum es bei dem Thema gehen könnte, was interessant sein könnte und welche Informationen man braucht. Meine Fragen:

- Wer übt Gewalt in der Schule aus?
- Wer sind die Opfer von Gewalt?
- Was wird unter Gewalt verstanden?
- Wie wird Gewalt ausgeübt?
- Warum wird Gewalt ausgeübt?
- Welche Ursachen hat die Gewalt?
- Seit wann tritt Gewalt in der Schule gehäuft auf?
- Seit wann findet Gewalt in der Schule öffentliche Aufmerksamkeit?
- Wie wird über Gewalt in der Schule diskutiert?
- Was wird gegen Gewalt in der Schule unternommen?
- Wo wird Gewalt in der Schule ausgeübt?

2. Die Literatur sichten

Diese Arbeitsphase dient dazu, sich einen Überblick über das Thema zu verschaffen. Den Überblick versperrt man sich, wenn man in die Tiefe geht: Die Literatursichtung geht in die Breite, um einen Überblick auf das Thema zu bekommen. Deshalb sind weder „Klassiker" oder ältere Standardwerke in dieser Phase geeignete Texte, sondern Handbuchartikel, Sammelbesprechungen oder aktuelle Zeitschriftenaufsätze, in denen der Stand der Forschung bzw. Diskussion referiert wird.

Der Umfang der Literatursichtung hängt von der Art der Arbeit ab. Ist für eine Hausarbeit die Literatur vorgegeben und das Thema präzise formuliert, kommt man mit einem Text aus, in dem der Gegenstand in die wissenschaftliche Diskussion eingeordnet wird. Anders formuliert: Eine *Hausarbeit* ist in der Regel ein Teil eines Seminar-Puzzle. Zusammen mit anderen Hausarbeiten ergibt sie ein Bild vom Thema des Seminars. Man liest und schreibt souveräner, und die Arbeit fällt leichter, wenn man an seinem „Puzzle"-Teil mit einer Vorstellung vom gesamten Bild arbeitet.

Ist das Thema vage formuliert und die Literatur nicht verbindlich vorgegeben, muss mehr Energie in die Literatursichtung investiert werden, um eine Vorstellung entwickeln zu können, wie man sinnvoll einen Schwerpunkt setzen und das Thema eingrenzen kann.

Bei einer *Abschlussarbeit* zielt die Literatursichtung auf einen Überblick über den Stand der Forschung, um bestimmen zu können, welchen Beitrag die eigene Arbeit leisten kann.

3. Das Thema eingrenzen

Hat ein Thema keine fest umrissenen Grenzen, ufert die Arbeit aus. Hat ein Thema keinen Schwerpunkt, misslingt die Arbeit, weil alles angesprochen und – deshalb – nichts gesagt wird. Allgemeiner: Ein Thema darf nicht so weit gesteckt sein, dass es nur oberflächlich behandelt werden kann. Mit einem überschaubaren Thema steht man auf sicherem Grund. Ein überschaubares Thema erhöht die Chance, eine „runde" Arbeit zu schreiben. Mit einem italienischen Sprichwort formuliert: „Mit einem Tropfen Honig fängt man mehr Fliegen als mit einem Fass Essig".

Im Grundstudium sollte man sich besonders vor Sachbuch-Themen hüten. Das sind Themen, über die bereits so umfangreiches Wissen vorliegt, dass man zum einen sehr viel lesen und zum anderen hundert Seiten und mehr schreiben müsste, um den Gegenstand erschöpfend zu behandeln. „Nachhaltigkeit", zum Beispiel, ist kein Thema für eine Hausarbeit, sondern für ein Sachbuch. Ein – schon sehr anspruchsvolles – Thema für eine Hausarbeit könnte lauten: „Die Nachhaltigkeitspolitik der Bundesregierung". Anspruchsvoll ist das Thema deshalb, weil ermittelt werden müsste, ab wann und vom wem *Nachhaltigkeit* in die politische Diskussion eingebracht wurde, ob und wie in den vergangenen Legislaturperioden das Kon-

zept der *Nachhaltigkeit* in der Regierungspolitik aufgegriffen wurde. Eingrenzungen sind daher, jedenfalls im Grundstudium, ratsam – zum Beispiel auf einen bestimmten Zeitraum („Die Nachhaltigkeitspolitik der rot-grünen Koalition").
Bei *Abschlussarbeiten* sollte man drei Thementypen meiden:
- Hochstapler-Themen: Das sind Themen, die nur auf der Grundlage intensiver Forschung ernsthaft behandelt werden können.
- Jahrhundert-Themen der Wissenschaft: Mit dem Grund des Seins, den Wurzeln des Bösen (oder Guten), dem Ursprung des Universums sollte man sich erst dann wissenschaftlich auseinandersetzen, wenn man einige Jahre Zeit hat und für diese Forschung gut bezahlt wird (oder zumindest ein angemessenes Stipendium bekommt).
- Mode-Themen: Man riskiert bei Themen, über die viel veröffentlicht wird, in der Flut – teils überflüssiger – Literatur unterzugehen und deshalb nur an der Oberfläche des Themas zu bleiben, statt einen eigenen Akzent zu setzen.

Umberto Eco hat vier nützliche Regeln für die Themenwahl bei einer Abschlussarbeit aufgestellt, die sich auf Hausarbeiten übertragen lassen:
1. „Das Thema soll den Interessen des Kandidaten entsprechen".
2. „Die Quellen, die herangezogen werden müssen, sollen für den Kandidaten auffindbar sein".
3. „Der Kandidat soll mit den Quellen, die herangezogen werden müssen, umgehen können".
4. „Die methodischen Ansprüche des Forschungsvorhabens müssen dem Erfahrungsbereich des Kandidaten entsprechen."

Kurz: Wer eine „Abschlussarbeit schreiben will", soll eine schreiben, „die er schreiben *kann*." Manche Arbeit misslingt „auf eine dramatische Weise", weil diese „offensichtlichen Kriterien" nicht berücksichtigt wurden.[35]

Um eine Haus- oder Abschlussarbeit zu schreiben, die man schreiben kann, müssen Grenzen abgesteckt werden. Wie kann ein Thema eingegrenzt werden? Unter mindestens zehn Gesichtspunkten:

1. zeitlich: von ... bis, im ... Jahrhundert, in der Weimarer Republik, in der Ära xy;
2. geographisch: in Südeuropa, in Süddeutschland, in Berlin;

---

[35] Umberto Eco: Wie man eine wissenschaftliche Abschlußarbeit schreibt. Heidelberg 1993, S. 14f. – Herv. im Text.

3. nach Institutionen: in Einrichtungen der Erwachsenenbildung, in Kommunalverwaltungen, in Amtsgerichten;
4. nach Personengruppen: Frauen, Männer, Kinder, Strafgefangene, Führungskräfte;
5. nach Quellen: das Internet als Mittel des Protestes, Alltag im Amateurfilm;
6. nach Personen: das Motiv der Auferstehung in den Werken von ..., Kulturkritik der Jahrhundertwende in den Schriften von ..., Comics als Kunstform – Die Arbeiten von ...;
7. nach Disziplingesichtspunkten: moralphilosophische Anmerkungen zur Gentechnik; eine bildungssoziologische, pädagogische, linguistische Analyse des Deutschunterrichts;
8. nach Theorieansätzen, Erklärungskonzepten: eine systemtheoretische Betrachtung, ein statistischer Vergleich, eine qualitative Untersuchung;
9. nach Vertreterinnen und Vertretern eines Theorie- bzw. Erklärungsansatzes: eine Analyse in Anlehnung an Luhmann;
10. nach ausgewählten Aspekten: der Strafvollzug als bürokratisches System, die Kirche als Männerwelt.

Häufig sind Kombinationen solcher Eingrenzungen erforderlich:
- Die Kommunalpolitik der *SPD* in den *Nachkriegsjahren*.
- Der Einfluss der *Agrarlobby* auf die *bayerische* Landwirtschaftspolitik in den *achtziger Jahren*.
- *Frauen* als Zielgruppe der *TV*-Werbung *in den siebziger Jahren*.
- Politischer Protest in der *amerikanischen Popmusik*. Die Songs von *Woody Guthrie*

Ein Thema lässt sich dann sinnvoll eingrenzen, wenn geklärt ist, was warum nicht behandelt wird. Sich darüber Rechenschaft abzulegen, ist aus zwei Gründen notwendig:
1. In der Einleitung sollte erläutert werden, warum welche Schwerpunkte gesetzt wurden, und worauf warum nicht eingegangen wird.
2. In einer Hausarbeit sollte – und in der Abschlussarbeit muss – darauf hingewiesen werden, welche Zusammenhänge bestehen zwischen dem Themen-Ausschnitt, der behandelt wird, und dem Themen-Ganzen. Der Ort für diese Einordnung ist die Einleitung oder der Schluss.

4.2 Literatur beschaffen

Nun müssen Informationen beschafft und ausgewertet werden. Das ist (fast) kein Problem, wenn die Literatur vorgegeben ist. Soll oder

muss eigenständig Literatur ermittelt werden, kann das auf zwei Wegen erfolgen.
1. Wird ein umfassender Literaturüberblick verlangt, zum Beispiel bei der Abschlussarbeit, muss systematisch *bibliographiert* werden. Mehr dazu im Beitrag von Stefan Cramme und Christian Ritzi (S. 33ff.).
2. Ist ein umfassender Literaturüberblick nicht erforderlich, kommt man mit dem *Schneeball-Verfahren* schnell voran: Man beginnt mit einer zuverlässigen Quelle, zum Beispiel einem Wörterbuch. Im Literaturverzeichnis sind weitere Veröffentlichungen zum Thema zu finden – und in jeder dieser Veröffentlichungen weitere relevante Titel. Die Zahl der so ermittelten Literatur vergrößert sich wie ein rollender Schneeball. Dieses Vorgehen hat allerdings zwei Nachteile:
- Es ist nicht sicher, dass man auf alle wichtigen Veröffentlichungen stößt, denn es gibt in der Wissenschaft „Zitierkartelle": WissenschaftlerInnen zitieren einander ausgiebig und berücksichtigen die AutorInnen nicht, die dem „Kartell" nicht angehören bzw. einen anderen wissenschaftlichen Ansatz verfolgen.
- Man findet nur Literatur, die älter ist als die Quelle, von der aus man startet. Diese Grenze des Schneeball-Verfahrens lässt sich ausdehnen, indem man die Suche mit einem aktuellen Zeitschriftenaufsatz oder der neuesten Buchveröffentlichung zum Thema beginnt. Es ist keine Schande, die Dozentin oder den Dozenten nach der neuesten Literatur zu fragen, denn Neuerscheinungen sind häufig in der Bibliothek noch nicht angeschafft oder katalogisiert.

Beim Suchen nach Literatur darf man sich nicht verlieren. Vor allem das World Wide Web wird leicht zum Ort, an dem man sich in der Literatursuche „verirren" kann. Immer mehr, immer weiter entfernt liegende und immer exotischere Quellen lassen sich ermitteln. Die Literaturrecherche darf nicht zur Flucht werden – vor der Notwendigkeit, sich durch die Literatur zu beißen, sich eigene Gedanken zu machen und mit dem Schreiben zu beginnen. Vor allem im Grundstudium rate ich zu Pragmatismus: Die Suche nach Literatur sollte nicht mehr als ein Fünftel der Zeit beanspruchen, die für eine Arbeit zur Verfügung steht. Wer unsicher ist, ob die Literaturbasis breit genug ist, sollte die Betreuerin oder den Betreuer der Arbeit fragen.

Der Erfolg der Literatur-Recherche hängt in hohem Maße von der Themenanalyse ab: Man sollte möglichst präzise wissen, was man sucht, und das Thema, zu dem man Literatur sucht, mit Schlag- bzw. Stichworten umschreiben können.

Schließlich sollte man wissen, welche Art von Literatur man sucht, denn Text ist nicht gleich Text. Wenn es darum geht, wissenschaftliche Standards zu erfüllen, ist die Unterscheidung zwischen Primär- und Sekundärliteratur wichtig. Zwei Beispiele: Nehmen wir an, Student A will eine Arbeit über Freuds *Traumdeutung* schreiben und Studentin B eine Arbeit über den Begriff der Bildung bei Heinz-Joachim Heydorn. Dann sind die Veröffentlichungen von Freud bzw. Heydorn Gegenstand der Arbeit – Primärliteratur. Aufsätze und Bücher über Freud bzw. Heydorn sind Hilfsmittel – Sekundärliteratur.

Diese Unterscheidung ist aus zwei Gründen wichtig:

1. Freud oder Heydorn dürfen nicht aus zweiter Hand zitiert werden. Sekundärliteratur kann herangezogen werden, um Freud oder Heydorn besser zu verstehen. Sie ist aber keine Quelle. Quellen müssen zuverlässig sein. Das heißt:

   a) Vorsicht bei Textsammlungen. Eine Textsammlung ist eine Auswahl durch andere. Ob diese Auswahl vollständig und zuverlässig ist, muss überprüft werden. In Abschlussarbeiten sind Quellen stets im Original zu zitieren.

   b) Übersetzungen sind keine Quellen aus erster Hand, sondern ein Hilfsmittel, um in „beschränktem Umfang etwas zu erreichen, was einem sonst nicht zugänglich wäre."[36] Wer eine Abschlussarbeit über einen italienischen Philosophen oder eine amerikanische Soziologin schreiben will, sollte klären, ob erwartet wird, dass deren Arbeiten im Original rezipiert werden. Für die Arbeiten von italienischen Schriftstellerinnen und britischen Schriftstellern ist das selbstverständlich.

2. Student A will über Freuds *Traumdeutung* und Studentin B über Heydorns Bildungsbegriff schreiben. Zu einem bestimmten Zeitpunkt stellen sie fest, dass sie sich in die Literatur *über* Freud bzw. Heydorn hineingegraben haben. Dann haben sie zwei Möglichkeiten: Sie kehren zur Arbeit an der Quelle zurück. Oder sie ändern das Thema und schreiben über die Rezeption von Freuds *Traumdeutung* bzw. Heydorns Bildungsbegriff. Entscheiden sie sich für die zweite Möglichkeit, stehen sie – jedenfalls bei einer Abschlussarbeit – vor einer neuen Anforderung. Freud und Heydorn sind zwar nicht mehr der Gegenstand, aber sie müssen trotzdem Freuds bzw. Heydorns Veröffentlichungen sorgfältig lesen,

---

[36] Umberto Eco: Wie man eine wissenschaftliche Abschlußarbeit schreibt. Heidelberg 1993, S. 70.

denn eine Arbeit über die Rezeption eines Autors oder einer Autorin verlangt umfassendes Wissen über deren Werke. Kurz: Student A und Studentin B haben mehr Arbeit, wenn sie sich für die zweite Möglichkeit entscheiden.

„Die Kunst ist lang, und kurz ist unser Leben", klagt Wagner im *Faust*.[37] Die richtige Literatur zu finden, ist Handwerk. Allen, die
- wissen, was sie suchen,
- sich mit dem notwendigen Handwerkszeug vertraut machen und
- daran denken, dass BibliothekarInnen auch dafür da sind, Studierenden zu helfen,

bleibt genügend Zeit zum Lesen, Schreiben – und Leben.

4.3 Literatur auswerten

Königs- oder Königinnenwege gibt es im Studium nicht. War die Literatursuche erfolgreich, folgt die Qual der Wahl: Was zuerst lesen? Mit einem Grundlagentext beginnen oder selektiv lesen? Wer genau weiß, welche Informationen wofür gebraucht werden, kann die Literatur selektiv auswerten. Ist ein Thema neu, sollte mit einem Text begonnen werden, der einen Themenüberblick vermittelt. Mit einem solchen Grundlagentext schafft man die Voraussetzung, um unterschiedliche Positionen zum Thema einordnen und tiefer in die Materie einsteigen zu können. Das Risiko auf diesem Weg: Im Grundlagentext wird unter Umständen nur eine Problemsicht akzentuiert. Wer kritisch liest, kann dieses Risiko eingehen.

Nach dem Studium des Grundlagentextes gibt es wiederum zwei Möglichkeiten:
1. einen ähnlich umfassenden Text lesen, in dem das Thema unter einem anderen Blickwinkel betrachtet wird;
2. zu Texten greifen, in denen einzelne Aspekte vertieft bzw. ergänzt werden.

Welcher Weg der bessere ist, lässt sich nicht verbindlich festlegen. Ich empfehle, erst dann selektiv zu lesen, wenn man sicher ist: Ich überblicke das Thema.

Während der Lektüre sollten wichtige Informationen, Quellenhinweise, Gedankensplitter usw. schriftlich festgehalten werden.

---

[37] Johann Wolfgang von Goethe: Gedenkausgabe der Werke, Briefe und Gespräche. Bd.5. Zürich, Stuttgart 1998, S. 161.

Vergessen ist menschlich. Deshalb ist Misstrauen gegenüber dem eigenen Gedächtnis während des Studiums „Pflicht". Notizen machen die eigene Arbeit greifbarer und können psychisch entlasten, weil sichtbar wird, dass man etwas gearbeitet hat und diese Arbeit zu einem (Zwischen-)Ergebnis führte.[38]

Wer parallel zur Lektüre eigene Gedanken notiert, schafft leichter den Sprung von der Literatur- zur Themen-Erarbeitung. Vielen Studierenden fällt dieser Absprung schwer; sie verhalten sich wie Eichhörnchen: Sie lesen auf Vorrat – in der Hoffnung, dass sich die Lektüre am Ende lohnt. Doch während ein Eichhörnchen die gesammelten Früchte genüsslich verzehren kann, sind bei einer schriftlichen Arbeit die Lesefrüchte nur Mittel zum Zweck: über ein Thema zu schreiben. Der Absprung vom Lesen zum Schreiben fällt leichter, wenn man parallel zur Lektüre festhält, was diese Überlegung oder jenes Argument für das Thema bedeuten kann. Notiert werden sollten auch eigene Überlegungen, weil man nicht nur vergisst, was man gelesen hat, sondern auch eigene Gedanken. Zweitens bekommt man den Kopf frei für neue Gedanken.

Zu einem bestimmten Zeitpunkt muss die Lektürephase abgeschlossen werden. Doch man wird im nächsten Arbeitsschritt nicht ohne Literatur auskommen, sondern in diesem Buch oder jenem Aufsatz noch einmal nachlesen, zu einem bestimmten Aspekt, dessen Bedeutung erst beim Schreiben bewusst wird, weitere Literatur heranziehen. Die Grenzen zwischen dem dritten und vierten Schritt sind demnach fließend.

4.4 Das Thema erarbeiten

Wer nichts wissen will, dem und der fällt auch nichts ein – und das Schreiben schwer. Wer keine Fragen hat, wird auch keine Antworten finden – und im „Stoff" ertrinken. Deshalb ist eine präzise Fragestellung wichtig. Und man sollte wissen, welches Ziel man erreichen will. Denn ans Ziel kommt nur, wer ein Ziel hat.

---

[38] Ein PC ist eine nützliche Hilfe, um Gelesenes festzuhalten Der Vorteil, gespeicherte Zitate und Notizen zu einem späteren Zeitpunkt ohne großen Aufwand in das Manuskript einfügen zu können, ist mit einem Nachteil verbunden: Die Verführung ist groß, alles, was zum Thema auf der Festplatte ruht, auch in die Arbeit zu nehmen. So entstehen oft lange und langweilige Texte. Wer sich handschriftliche Notizen macht, überlegt eher, was „ins Reine" geschrieben werden soll. Arbeiten, die durch diesen Filterprozess „gereinigt" wurden, sind meist „nahrhafter", weil frei von überflüssigen Quellstoffen.

1. Die Fragestellung klären

Ich verdeutliche mit einem einfachen Beispiel die Bedeutung von Fragestellungen: Mein Thema ist „Die Birne". Ich kann fragen:
- Wieviel Kalorien hat eine Birne?
- Wann wurden Birnen erstmals systematisch angebaut?
- Wie ist die Nachfrage nach deutschen Birnen?
- Warum stand ein *Birn*baum im Garten des Herrn von Ribeck auf Ribeck im Havelland?
- Wie können Birnen zubereitet werden?
- Können Äpfel und Birnen gekreuzt werden?
- Was wiegt eine Birne im Durchschnitt?

Ich kann viel mit einer Birne machen. Und ich kann ganz unterschiedliche Fragen an das Thema „Birne" stellen – und dementsprechend zu sehr unterschiedlichen Antworten kommen. Deshalb muss ich mich entscheiden, was ich über die Birne wissen will. Allgemeiner: Das Thema einer Hausarbeit wird dadurch zum Thema, dass in der Arbeit eine Frage behandelt wird. Der Zeitpunkt für die Formulierung einer Fragestellung lässt sich nicht definitiv bestimmen. In der Regel wird sie im Prozess der Literatur-Erarbeitung entwickelt. Daher gehe ich an dieser Stelle noch einmal zurück zum dritten Arbeitsschritt.

Zu einer Fragestellung kommt man mit der Hilfe von Fragen. Auf der Seite 159 habe ich die W-Fragen als Frage-Hilfe vorgestellt. Diese Hilfe lässt sich ausbauen: Mit der Kombination von W-Fragen und problemstrukturierenden Begriffen (vgl. S. 168) kann man in der Auseinandersetzung mit der Literatur fragend die *eigene* Fragestellung entwickeln. Eine aktive Fragehaltung ist ein zentrales Merkmal wissenschaftlichen Arbeitens und Voraussetzung, um Haus- oder Abschlussarbeiten eine Richtung zu geben.

Einige Beispiele für die Kombination von W-Fragen mit problemstrukturierenden Begriffen:
- *Warum* wurde diese *Fragestellung* in der Erziehungswissenschaft wichtig?
- *Welche Prämissen* liegen dem Ansatz zugrunde?
- *Wann* wurde das *Problem* (der Gewalt in Medien) erstmals formuliert?
- *Wer* sind die *Adressatinnen* und *Adressaten* dieser arbeitsmarktpolitischen Maßnahme?
- *Welches* (pädagogische) *Problem* soll mit diesen Vorschlägen gelöst werden?
- *Wie* kann dieses (volkswirtschaftliche, politische) *Ziel* erreicht werden?

Häufig ist es erforderlich, problemstrukturierende Begriffe zu verbinden:
- *Struktur* und *Funktion* der Hochschulen,
- *Ursache* und *Wirkung* der Auflösung klassischer Familienstrukturen,
- *Möglichkeiten* und *Grenzen* der Frauenförderung.

Problemstrukturierende Begriffe

Adressat	Gefahren	Phase
Aktualität	Geltungsbereich	Position
Analyse	Geschichte	Praxis
Anfänge	Gründe	Prinzip
Anlaß	Grundfragen	Probleme
Ansätze	Grundlagen	Programm
Ansatzpunkt	Grundstruktur	
Anwendung		Quellen
Aspekt	Hauptströmungen	Querverbindungen
Ausgangspunkt	Hintergrund	
Ausmaß	Hypothese	Relevanz
		Richtlinien
Basis	Inhalte	Richtungen
Bedeutung	Intentionen	
Bedingungen	Interesse	Schema
Begriff	Ist-Zustand	Schwerpunkt
Begründung		Schwierigkeit
Beispiel	Kategorien	Selbstverständnis
Beziehung	Konkretisierung	Situation
	Konsequenzen	Struktur
Charakteristik	Konzept(ion)	Synthese
	Kriterien	System
Daten	Kritik	Systematisierung
Definition		
Determinanten	Leitgedanke	Techniken
Dimension	Leitlinien	Tendenz
	Lösung	Terminologie
Einsichten		Thema
Elemente	Merkmale	Theorie
Entstehung	Methode	These
Entwicklung	Mittel	
Ergebnis	Modell	Übersicht
Erscheinungen	Motiv	Ursprung
Fakten	Nachteil	Vorgeschichte
Folgen	Notwendigkeit	Vorteil
Folgerungen		
Forderungen	Ordnungskriterien	Zukunft
Formen	Organisation	Zusammenhang
Fragen	Perspektiven	Zweck

Ich erläutere die Entwicklung einer Fragestellung an einem Beispiel: Studentin A will eine Hausarbeit über Medien und Politik schreiben. Die Themenanalyse und eine erste Literatursichtung haben ihr deutlich gemacht, dass in diesem Thema viele Themen stecken. Studentin A interessiert, welche Medienpolitik die Parteien in der Bundesrepublik verfolgen. Sie entscheidet sich deshalb, dieser Frage nachzugehen.

Im Prozess der Literaturauswertung stellt sie fest: Die Medienpolitik aller Parteien kann sie im Rahmen einer Hausarbeit nicht – angemessen – behandeln. Da sie keine Diplomarbeit schreiben und nicht hochstapeln will, muss die Frage enger gefasst werden. Studentin A prüft deshalb, ob sie die Medienpolitik
- einer Partei untersucht,
- der Parteien in ausgewählten Feldern (zum Beispiel öffentlich-rechtlicher Rundfunk) analysiert oder
- zweier Parteien unter bestimmten Aspekten vergleicht.

Nehmen wir an, Studentin A entscheidet sich für die erste Möglichkeit und nimmt sich vor, die Medienpolitik der Grünen zu analysieren. Ihre Fragestellung: Wie wollen die Grünen die Presse- und Meinungsfreiheit gewährleisten?

Vielleicht wird Studentin A während der weiteren Arbeit feststellen, dass diese Frage noch konkretisiert werden muss (dass zum Beispiel zwischen programmatischen Aussagen und politischer Praxis unterschieden werden muss). Das ist
- kein Unglück, sondern die Regel,
- kein Problem, sondern ein Hinweis darauf, dass Studentin A ihr Thema in den Griff bekommt.

Die Frage, warum sich Studentin A für den Zusammenhang von Medien und Politik interessiert, ist die Frage nach dem *Erkenntnisinteresse*. Vielleicht möchte sie prüfen, ob der Einfluss der Parteien auf den öffentlich-rechtlichen Rundfunk mit Artikel 5 des Grundgesetzes zu vereinbaren ist („Jeder hat das Recht, seine Meinung in Wort, Schrift und Bild frei zu äußern und zu verbreiten"). Oder sie will Aufschluss gewinnen über den Einfluss der Medien auf die Politik (ob die Grünen zum Beispiel ihre Politik stärker als früher an der Medienwirkung ausrichten). Wie auch immer: Interesse an einem Thema hilft über Durststrecken beim Lesen und Schreiben hinweg; ohne eine Prise „Leidenschaft zur Sache"[39] ist das Schreiben von Hausarbeiten ein hartes Brot.

Ohne Fragestellung und Erkenntnisinteresse ist es schwer, begründet einen (theoretischen) Bezugsrahmen zu wählen, in den eine Arbeit eingeordnet werden kann. Eine solche Einordnung ist spätestens für die Abschlussarbeit wichtig. Um im Beispiel zu bleiben: Studentin A bezieht sich auf politik- bzw. medienwissenschaftliche Ansätze, die das Problem akzentuieren, dass die Kluft größer wird zwischen der *Darstellung* von Politik (in Medien – vor allem im Leitmedium Fernsehen) und der *Herstellung* von Politik (der Komplexität politischer Entscheidungen). Aus diesem Blickwinkel prüft sie, ob und wie stark die Konzentration öffentlicher Aufmerksamkeit auf die politische Inszenierung, auf spektakuläre Medienereignisse politische Entscheidungen prägt und die (gesellschaftliche) Fähigkeit beeinträchtigt, zwischen politisch Wichtigem und Unwichtigem unterscheiden zu können.

Ich habe bisher den Begriff „Fragestellung" umgangssprachlich verwandt. Eine *wissenschaftliche* Fragestellung wird dann formuliert, wenn ein Problem vorliegt: Was ist unbekannt, unklar oder widersprüchlich an dem Gegenstand, über den eine Arbeit geschrieben werden soll? Was muss getan werden, um dieses Problem zu lösen, diese Wissenslücke zu schließen? Eine wissenschaftliche Fragestellung zielt auf neue Erkenntnisse. Vor einer solchen Herausforderung steht man erst nach acht oder zehn Semestern. In den Arbeiten, die vor dem Studienabschluss geschrieben werden, löst man keine Probleme, sondern *Aufgaben*: Man weist nach, dass man vorhandenes Wissen nach wissenschaftlichen Standards bearbeiten kann. Diese Aufgabe mag Probleme bereiten; sie ist jedoch nicht mit der Anforderung verbunden, die Wissenschaft zu bereichern.

2. Ein Ziel formulieren

„Würdest du mir bitte sagen, wie ich von hier aus am besten weitergehen soll?" fragt *Alice im Wunderland* die Katze. „Das hängt sehr davon ab", lautet die Antwort, „wo du hinwillst."[40] Vor dem Schreiben ist Klarheit über das Ziel einer Arbeit erforderlich. Ich muss wissen, wohin die Reise gehen soll, um mich nicht an Nebensächlichem fest zu beißen, in Einzelheiten zu verlieren, um unsystematisches Lesen zu vermeiden. Ohne Ziel gerät vieles durcheinander. Deshalb sollte man sich klarmachen:
- *Was* will ich wissen? (Fragestellung)
- *Wozu* will ich das wissen? (Ziel).

---

[39] Wolf-Dieter Narr, Joachim Stary: Vorwort. In: Wolf-Dieter Narr, Joachim Stary (Hrsg.): Lust und Last des wissenschaftlichen Schreibens. Frankfurt am Main 1999, S. 11.
[40] Lewis Carroll: Alice im Wunderland. Reinbek 1996, S. 74.

Wer weiß, was eine Arbeit leisten soll, kann zielgerichtet arbeiten. Mit einem klar definierten Ziel hat man eine Orientierung, welche Wege eingeschlagen werden müssen, um voranzukommen. Wer realistische Ziele formuliert, kann am Ziel ankommen.

Kruse hat eine Liste weiter und enger Ziele aufgestellt, aus der ich die ausgewählt habe, die im Rahmen einer Hausarbeit sinnvoll verfolgt werden können.

Weite Ziele:
- einen Beitrag zum Verständnis von ... leisten,
- Wissen über ... zusammentragen,
- Klarheit in eine Kontroverse bringen,
- etwas Neues bekannt machen,
- auf etwas Vergessenes hinweisen.

Enge Ziele:
- einen Sachverhalt erklären,
- eine Behauptung prüfen,
- einen Zusammenhang untersuchen,
- Theorien, Positionen usw. vergleichen,
- Argumente für und gegen eine wissenschaftliche Position diskutieren,
- einen Sachverhalt analysieren,
- ein Werk interpretieren,
- ein Themenfeld systematisieren.[41]

Wissen zusammentragen zum Beispiel über Medien und Politik oder die Medienpolitik der Grünen, ist ein weites Ziel, weil noch unbestimmt ist, ob zu diesem Zweck Fakten dokumentiert, wissenschaftliche Erklärungen interpretiert oder Zusammenhänge analysiert werden sollen. Deshalb sollte dieses Ziel um greifbare engere Ziele ergänzt werden – zum Beispiel:
- den *Zusammenhang untersuchen* von Parteienmacht und politischem Einfluss auf den öffentlich-rechtlichen Rundfunk oder
- unterschiedliche *Auffassungen vergleichen* über die Bedeutung von Medien für die Legitimation politischer Entscheidungen.

3. Exposé: Den roten Faden skizzieren

Die Fragestellung und das Ziel sind das Grundgerüst für ein Exposé: einen Reisführer zum Endpunkt Hausarbeit. Für eine Abschlussar-

---
[41] Otto Kruse: Keine Angst vor dem leeren Blatt. 4. Aufl. Frankfurt am Main, New York 1995, S. 176.

beit ist ein Exposé unverzichtbar. Ich gehe daher zunächst auf das Exposé für eine Diplomarbeit oder Dissertation ein und zeige dann, was es heißt, eine Hausarbeit nach Plan zu schreiben. Umberto Eco beschreibt sehr anschaulich die Bedeutung eines solchen Plans:

> „Stellt euch vor, ihr hättet eine Reise im Auto vor, sie sollte tausend Kilometer lang sein und ihr hättet für sie eine Woche zur Verfügung. Auch wenn ihr Ferien habt, fahrt ihr nicht blindlings in die erstbeste Richtung los. Ihr überlegt euch vorher, was ihr überhaupt machen wollt. Ihr faßt etwa eine Fahrt von Mailand nach Neapel ins Auge (auf der Autostrada del Sole) mit dem einen oder anderen Abstecher, etwa nach Florenz, Siena, Arezzo, einem etwas längeren Aufenthalt in Rom und einer Besichtigung von Montecassino. Wenn ihr dann im Verlauf der Reise merkt, daß Siena mehr Zeit gekostet hat als vorgesehen oder daß zusammen mit Siena auch San Giminiano einen Besuch wert war, laßt ihr vielleicht Montecassino ausfallen. Ja es könnte euch, einmal in Arezzo, sogar einfallen, Richtung Osten zu fahren und Urbino, Perugia, Assisi, Gubbio anzuschauen. Das heißt, ihr habt – aus sehr vernünftigen Gründen – auf halber Strecke eure Reiseroute geändert. Aber es war *diese* Route, die ihr geändert habt, nicht *irgendeine*."[42]

Ich bleibe im Bild: Eine Fernreise, zum Beispiel nach Peru, kann auch ohne feste Reiseroute sehr schön werden. Hat man nur vier Wochen Zeit, kommt man ohne Planung vielleicht nicht zum Titicacasee oder nach Cusco, einer der schönsten Städte des Landes. Die Abschlussarbeit oder Dissertation kann mit einer Fernreise verglichen werden. Für diese Arbeiten ist aus zwei Gründen ein Plan (Exposé bzw. Disposition) Pflicht.

1. Für eine Abschlussarbeit muss eine Betreuerin oder einen Betreuer gewonnen werden. Und gewinnen heißt vor allem: vom Sinn und der Machbarkeit der Arbeit überzeugen. Ein Exposé ist eine unverzichtbare Grundlage, um sich zielorientiert über die geplante Arbeit zu verständigen.
2. Wer sich auf eine Forschungsreise begibt, die zwischen sechs Monaten und mehreren Jahre dauern kann, sollte wissen, was sie oder er tut bzw. besser lässt. Ein Exposé lässt Schwächen, Lücken oder Widersprüche erkennen – hilft also, Irrwege zu vermeiden.

Das Exposé einer Abschlussarbeit oder Dissertation ist eine Kurzbeschreibung der geplanten Arbeit. In dieser Beschreibung wird Auskunft gegeben über:

---

[42] Umberto Eco: Wie man eine wissenschaftliche Abschlußarbeit schreibt. 6. Aufl. Heidelberg 1993, S. 140f. – Herv. im Text.

- das **Problem**: Welches theoretische, praktische, soziale, juristische usw. Problem ist Ausgangspunkt der Arbeit?
- den **Forschungsstand**: Welche Erkenntnisse liegen vor? Was ist bislang noch nicht behandelt, geklärt oder widersprüchlich? Welchen Bezug zur vorliegenden Forschung hat die eigene Arbeit?
- die **Fragestellung**: Auf welche Frage soll in der Arbeit eine Antwort gegeben werden?
- die **Hypothese** bzw. das Ziel: Was soll erreicht, bewiesen oder widerlegt werden?
- den **Theoriebezug**: Auf welche Erklärungsansätze bzw. Theorien wird Bezug genommen?
- die **Methode**: Wie soll das Problem gelöst, die Frage beantwortet, wie sollen die Quellen ausgewertet werden?
- das **Material**: Welche Quellen (Daten) liegen vor, welche müssen ermittelt werden? Welche Quellen sollen herangezogen werden?
- die vorläufige **Gliederung**: Welche Aspekte sollen in welcher Reihenfolge behandelt werden?
- den **Zeitplan**: Wieviel Zeit wird für die wichtigsten Arbeitsschritte benötigt? Bis wann soll die Arbeit abgeschlossen werden?

Bei Forschungs- oder Stipendienanträgen kommt ein Überblick über die benötigten Mittel (Sach-, Reise- und Personalkosten) hinzu.

Ein solches Exposé hat einen Umfang von fünf bis zwanzig und manchmal mehr Seiten. Ich empfehle, für *jede* Hausarbeit ein Exposé zu schreiben, den roten Faden zu skizzieren, der die Arbeit zusammenhalten soll. Das ist ein gutes Training und keine Zusatzarbeit, denn ein Exposé erspart unnötige Arbeit. Im Grundstudium braucht man für ein Exposé höchstens zwei Seiten: Man formuliert einen Arbeitstitel, der die Fragestellung zum Ausdruck bringt, macht eine vorläufige Gliederung und schreibt eine vorläufige Einleitung, die in wenigen Sätzen Auskunft gibt über:
- das Problem, mit dem man sich auseinandersetzt,
- die Frage, der man nachgeht,
- das Ziel der Arbeit,
- den Aufbau der Arbeit und – wenn erforderlich – die Quellen, die herangezogen werden.

Vor der ersten Fassung eine Kurzbeschreibung der Arbeit zu verfassen, mit einer Einleitung zu beginnen, die gewöhnlich zum Schluss zu Papier gebracht wird – heißt das nicht, das Pferd vom Schwanz aufzäumen? Nein: Solange man nicht die (vorläufige) Glie-

derung und die (vorläufige) Einleitung schreiben kann, solange kann man nicht sicher sein, die *eigene* Arbeit zu schreiben.
Die Gliederung verändert sich im Verlauf der Arbeit. Die endgültige Einleitung unterscheidet sich von der ersten. Entscheidend ist: Man
- verändert die *eigene* Gliederung und Einleitung,
- hat eine Arbeitsgrundlage, einen Ausgangs- und Bezugspunkt, der verhindert, in der Literatur unterzugehen oder von neuen Informationen bzw. Erkenntnissen so irritiert zu werden, dass es nicht mehr gelingt, das Material zu strukturieren.

4. Rohfassung

Das Exposé ist eine Anleitung für den ersten Entwurf: Die zusammengetragenen Informationen, das erarbeitete Wissen und die eigenen Überlegungen werden den einzelnen Gliederungspunkten zugeordnet, Bezüge, Zusammenhänge und Argumentationsabfolgen überdacht und geprüft, ob
- wichtige Gesichtspunkte übersehen wurden,
- Abweichungen von den ursprünglichen Überlegungen sinnvoll und begründet oder einfach „passiert" sind,
- noch Lücken durch gezieltes Lesen geschlossen werden müssen.

Sind diese Vorbereitungen abgeschlossen, wird der erste Entwurf geschrieben: die Rohfassung. Der erste Entwurf ist nicht der letzte. *Rohfassung* ist wörtlich zu verstehen. Die Endfassung wird abgegeben. Den ersten Entwurf schreibt man für sich. Mit der Rohfassung vergewissert man sich schreibend:
- Was will ich sagen?
- Ist der roten Faden erkennbar?
- Kann ich die wesentlichen Argumente zusammenhängend darstellen?

Ich empfehle,
- „roh" zu formulieren und sich nicht mit einzelnen Formulierungen herumzuschlagen;
- in *eigenen* Worten zu schreiben und nicht zu versuchen, einen Stil zu kopieren. Das bringt nicht voran, sondern in – unnötige – Schwierigkeiten;
- sich vorzustellen, Studentinnen und Studenten, die mit der Materie nicht vertraut sind, sollen den Text lesen. So gewinnt man einen Anhaltspunkt für das „richtige Niveau".

Beim Schreiben der Rohfassung kommt es darauf an, die Balance zu halten zwischen Planung und Spontaneität. Das erfordert einen

Mittelweg zwischen zwei Extremen:
1. Bevor ein Satz zu Papier gebracht wird, muss die Arbeit erst im Kopf von Anfang bis Ende durchdacht sein.
2. Die besten Ideen kommen beim Schreiben.

Zu 1: Schreiben ist mehr als die Ausführung des Denkens. Die Übersetzung von Gedanken in einen Text kann zu neuen Erkenntnissen und anderen Gedanken führen. Dafür sollten man sich beim Schreiben Raum lassen. Stellt man zum Beispiel fest, dass es nicht gelingt, zwei Überlegungen sprachlich zu verbinden, dann muss das kein Formulierungsproblem sein. Man kann auch schreibend darauf gestoßen sein, dass es an dieser oder jener Stelle „hakt".

Zu 2: Die zweite Haltung endet oft in einer Sackgasse: Eine oder zwei Seiten gehen leicht von der Hand, doch dann führt kein Weg mehr weiter, weil keine Verbindung zur Literatur oder anderen Aspekten des Themas hergestellt werden kann.

Beide Haltungen blockieren. Die Balance zwischen Planung und Spontaneität gelingt dann, wenn man beim Schreiben einerseits der vorläufigen Gliederung folgt und andererseits Raum lässt für Überlegungen, die zunächst nicht ins Konzept passen. Ein Rohmanuskript darf Brüche enthalten. Mit einer Rohfassung schafft man sich eine gute Grundlage zum Weiterdenken. Gut ist diese Grundlage vor allem deshalb, weil mit ihr das Thema überschaubar wird. Das erleichtert die Weiterarbeit. Um diese Erleichterung bringen sich alle, die versuchen, diese Stufe zu überspringen. Man kann und soll unzufrieden sein mit der Rohfassung – und den Vorzug sehen, dass man sich mit dem *eigenen* Text auseinandersetzt: Das ist ein großes Schritt zum Ziel.

Vielen Studierenden fällt es schwer, eigene Überlegungen mit dem zu verbinden, was sie gelesen haben. Ein Student formulierte diese Schwierigkeit folgendermaßen:

> „Was ich sagen könnte, das weiß ich, aber das zu schreiben wäre nicht wissenschaftlich. Was in den wissenschaftlichen Veröffentlichungen steht, könnte ich auch sagen, aber das zu schreiben wäre einfach eine Verdoppelung, denn es ist schon geschrieben."[43]

Man wiederholt nicht einfach, was bereits veröffentlicht wurde, wenn man *eigene* Überlegungen angestellt, eine Fragestellung und ein Ziel formuliert hat. Und man schreibt nicht unwissenschaftlich,

---
[43] Zit. n. Otto Kruse: Keine Angst vor dem leeren Blatt. 4. Aufl. Frankfurt am Main, New York 1995, S. 83.

wenn man *eigene* Überlegungen auf die Erkenntnisse anderer stützt. Auf eine „kluge Nutzung" der Literatur kommt es an, schreibt Becker. Er hat dafür eine treffende Analogie gefunden:

> „Stellen Sie sich vor, Sie führen eine Schreinerarbeit aus, zimmern vielleicht einen Tisch. Sie haben ihn im Entwurf gezeichnet und in Teilen auch schon zugesägt. Günstigerweise brauchen Sie nicht alle Teile selbst zu fertigen. Einige weisen Standardgrößen und -formen auf und sind in jedem Holzgeschäft zu haben. Andere sind bereits von anderen Schreinern konzipiert und gefertigt worden – z.B. Schubladenknäufe und gedrechselte Tischbeine. Sie müssen sie nur noch in die von Ihnen dafür vorgesehenen Leerstellen einpassen."[44]

Man braucht fürs Schreiben ebenso Übung wie fürs Schreinern. Niemand erwartet von einer Hausarbeit neue Erkenntnisse. Studierende sollen nachweisen, dass sie ein Thema mit Hilfe der Literatur bearbeiten können. Dieser Nachweis gelingt, und das Dilemma, das der Student formulierte, wird aufgelöst, wenn man selbst denkt und das eigene Nachdenken auf das bezieht, „was in den wissenschaftlichen Veröffentlichungen steht".

Das *und* ist wichtig und die Alternative zum Entweder-Oder des Studenten: Eigene Gedanken *und* wissenschaftliche Literatur ergeben die richtige Mischung. Wenn man
- eigene Fragen entwickelt
- weiß, wo Antworten zu finden sind,
- die Literatur nutzt, um Antworten zu geben
- dann beweist man: Ich kann wissenschaftlich arbeiten.

4.5 Das Thema darstellen und in Form bringen

Die Rohfassung ist ein großer Schritt nach vorn: das Thema wurde *erarbeitet*. In der letzten Etappe vor dem Ziel muss es so *aufbereitet* werden, dass es für andere verständlich und nachvollziehbar wird. Viele machen vor dem Ziel schlapp und bringen sich um einen krönenden Abschluss. Was ist notwendig, um erfolgreich ans Ziel zu kommen?

1. Die vorläufige Fassung

Die Rohfassung ist eine Selbstvergewisserung: So stellt sich mir die Sache dar. Was man zu Papier gebracht hat, erschien zum Zeitpunkt des Schreibens wichtig und schlüssig. Nun geht es darum, das Pro-

---

[44] Howard S. Becker: Die Kunst des professionellen Schreibens. Frankfurt am Main, New York 1994, S. 188.

dukt mit kritischer Distanz zu prüfen: Ist wirklich alles wichtig und schlüssig? Ist der Text für andere verständlich, die sich nicht intensiv mit dem Thema beschäftigt haben? Auf vier Aspekte ist besonders zu achten:
1. Ist ein *roter Faden* ersichtlich, die Arbeit schlüssig gegliedert und folgerichtig aufgebaut?
2. Sind die wichtigsten *Begriffe* ausreichend *erläutert*?
3. *Was kann gestrichen werden?* Wenn man ein Thema erarbeitet, ist vieles für das Verständnis der Sache wichtig – aber nicht unbedingt für die Arbeit relevant. In einer Hausarbeit wird *aufbereitet*, was man gelesen hat – nicht alles zu Papier gebracht, was man über das Thema weiß. Deshalb wird gestrichen, was nicht zum Verständnis des Gegenstandes beiträgt, was die Argumentationslinie verdeckt statt verdeutlicht. Auch wenn es schwer fällt, sich von Formulierungen zu trennen, um die man hart gerungen habt: Die meisten Arbeiten gewinnen, wenn sie gekürzt werden. Weniger ist oft mehr. Und „was gestrichen ist, kann nicht durchfallen."[45]
4. *Was muss ergänzt werden?* Rohfassungen geraten an einigen Stellen zu lang und an anderen zu kurz. Der eine oder andere Argumentationsschritt wird im Kopf vollzogen, aber nicht zu Papier gebracht. Deshalb ist zu prüfen, ob die Argumentation Schritt für Schritt entwickelt wird, ob sie für die LeserInnen nachvollziehbar ist oder ob zuviel vorausgesetzt wird.

Ist Überflüssiges gestrichen und Fehlendes ergänzt, sind die zentralen Begriffe erläutert und notwendige Umstellungen vorgenommen, hat man den Kern der vorläufigen Fassung. Um daraus eine gelungene Arbeit zu machen, ist sorgfältiges Redigieren notwendig:
- Der Text muss sprachlich überarbeitet werden.
- Die Struktur der einzelnen Kapitel muss vereinheitlicht und um Überleitungen und Teilzusammenfassungen ergänzt werden.
- Einleitung und Schluss müssen den letzten Schliff erhalten.
- Zitate, Quellenangaben usw. müssen überprüft und in eine einheitliche Form gebracht werden.

Diese Feinarbeiten tragen entscheidend zum Gelingen einer Arbeit bei.

---

[45] Kurt Tucholsky: Gesammelte Werke. Bd.8. Reinbek 1993, S. 292.

2. Die Endfassung

Wenn die Überarbeitung abgeschlossen ist, sollte man zum Schluss kommen. Jeder Text kann noch verbessert werden. Deshalb ist die Entscheidung, einen Text als *endgültigen* Text zu betrachten, immer mit Willkür verbunden. Rückt der Abgabetermin für eine Arbeit näher, sollte man sich rechtzeitig zu dieser Willkür durchringen, um genügend Zeit für eine sorgfältige Schlusskorrektur zu haben.

Rechtschreib-, und Grammatikfehler machen keinen guten Eindruck. Eine Häufung solcher Fehler führt dazu, dass nicht der Inhalt einer Arbeit, sondern die Deutschkenntnisse des Autors oder der Autorin in den Vordergrund treten. In einer Arbeit dürfen ungewöhnliche Ideen formuliert werden. Rechtschreibung und Grammatik sind das falsche Feld für Unkonventionelles. Deshalb empfehle ich, die Endfassung mehrmals durchzulesen und sich nicht auf Rechtschreibprogramme zu verlassen. Diese Programme sind unzureichend. Zwar wird für „Quatum" *Quantum* vorgeschlagen, aber Sinnentstellungen entdeckt selbst die beste Rechtschreibkontrolle nicht: Die *Verhältniswal* geht ebenso durch wie die *Malzeit*. Wenn man sich die Welt in den schönsten Farben *ausmahlt*, meldet die *Word*-Rechtschreibkontrolle keinen Fehler. Und wen man in einer Arbeit über Talkshows *Affe* Biolek schreibt, wird *Affe* nicht als Fehler registriert (und für Biolek *Binokel* oder *Boiler* vorgeschlagen).

Ein PC ist eine nützliche Hilfe für die Erstellung der Endfassung. Mehr nicht: Eine perfekte Gestaltung kann inhaltliche Schwächen nicht ausgleichen. Die klare Gliederung und ein Text ohne Rechtschreibfehler sind wichtiger als eine elegante Schrift. Der Blick ins Wörterbuch ist nützlicher als ein professionelles Layout.

Friedrich Rost, Joachim Stary

Schriftliche Arbeiten „in Form" bringen. Zitieren, Belegen, ein Literaturverzeichnis anlegen

Gründlichkeit und Genauigkeit sind zwei Merkmale wissenschaftlichen Arbeitens. Gründlich und genau sollten Ihre Hausarbeiten auch in der Form sein. Das ist keine bloß formale Anforderung. Zum Beispiel müssen Quellen korrekt ausgewiesen werden, damit sie überprüft werden können. Die Form hat also eine Funktion. Daneben gibt es bestimmte Konventionen für wissenschaftliche Texte. Wenn Sie diese Regeln beachten, ersparen Sie sich Probleme – zum Beispiel mit Professorinnen und Professoren, die Ihre Arbeiten bewerten.

Die Richtlinien und Konventionen, die wir Ihnen vorstellen, sind nicht verbindlich – aber sinnvoll. In der einen oder anderen Wissenschaftsdisziplin werden sie unterschiedlich gehandhabt. Das kann sinnvoll sein, da viele Disziplinen ihre Besonderheiten haben. Nicht sinnvoll ist es, wenn jeder Fachbereich eigene Regeln erfindet oder Professorinnen und Professoren ihre Privat-Regeln zur Norm machen. Unsere Empfehlungen orientieren sich überwiegend an den DIN-Normen[1]. Ihnen empfehlen wir, sich an unseren Hinweisen zu orientieren – sich aber nicht mit einem Prüfer anzulegen, wenn er unbedingt „seine" Regeln in Hausarbeiten befolgt sehen will.

---

[1] DIN = Deutsches Institut für Normung e.V., Berlin. Wir beziehen uns auf die Norm DIN 1505, Teil 1: Titelaufnahme von Dokumenten : Titelaufnahme von Schrifttum. Berlin 1984a; Norm DIN 1505, Teil 2: Titelangaben von Dokumenten: Zitierregeln. Berlin 1984b; Norm DIN 1505, Teil 3: Titelangabe von Dokumenten : Verzeichnisse zitierter Dokumente (Literaturverzeichnisse). Berlin 1995a; Teil 4: Titelaufnahmen von audio-visuellen Materialien. Berlin 1995b. – Bei einigen Empfehlungen weichen wir von den DIN-Normen ab, weil sie sich in der Praxis bisher nicht durchgesetzt haben.

1 Exakt zitieren

„Zitieren und sich nicht verlieren" überschreibt Franck seinen Abschnitt über die Funktion von Zitaten (S. 149), in dem er von „Zitatenhuberei" abrät und darauf hinweist, dass Zitate nicht peinlich, sondern zweckmäßig sein sollten (vgl. S. 151).

Im ersten Teil des vorangegangenen Satzes haben wir zitiert, einen Textteil wörtlich wiedergegeben. Im zweiten Teil haben wir paraphrasiert, Franck sinngemäß zusammengefasst. Zitate werden in An- und Abführungszeichen gesetzt, Paraphrasen nicht. Zitate und Paraphrasen sind exakt zu belegen. Wie? Das ist Thema der folgenden Seiten.

Ein Hinweis vorab: Man unterscheidet zwischen Kürzest-, Kurz- und Langzitat. Das *Kurzzitat* (5 bis 40 Wörter) und das *Kürzestzitat* (1 – 4 Wörter)) werden in gleicher Schriftgröße in den Text integriert. Das *Langzitat* (40 bis maximal 200 Wörter) beginnt – meist nach einem Doppelpunkt – auf einer neuen Zeile. Es wird durch eine kleinere Schrift abgesetzt und meist – wie in diesem Buch – eingerückt. Das *Kürzestzitat* dient dazu, auf eine spezifische Terminologie hinzuweisen. Nicht jedes Fachwort muss in Anführungszeichen gesetzt und mit einer Quellenangabe belegt werden. Wenn es sich jedoch um einen neu eingeführten oder in einem anderen Zusammenhang anders verstandenen Terminus handelt oder eine eigenwillige Sprachschöpfung, ist es hilfreich, diese Termini bei ihrem ersten Auftreten zu belegen. Wenn Sie beispielsweise von Luhmann/Schorr die Wendung „Eigendynamik des pädagogischen Establishments" übernehmen, dann ist dies zu belegen: (Luhmann/Schorr 1988, S. 343).

– Zeichensetzung und Rechtschreibung

Die Zeichensetzung und Rechtschreibung des zitierten Textes wird beibehalten. Diese Regel kann es erforderlich machen, dass Sie unverständliche Wörter erläutern müssen (s. S. 182).

– Genaue Seitenangaben

Zitat und Paraphrase erfordern immer die genaue Seiten- bzw. Spaltenangabe. Erstreckt sich ein Zitat in der von Ihnen verwendeten Quelle über einen Seitenwechsel, so ergänzt man die Seitenzahl, auf der das Zitat in der Originalquelle beginnt, mit einem „f." („und die folgende Seite/Spalte"). Werden drei Seiten zusammenfassend paraphrasiert, ergänzt man die Seitenangabe mit „ff." („und die folgenden Seiten/Spalten"). Bei mehr als drei Seiten sollten Sie Anfang und Ende nennen: „S. 123-128" oder „Sp. 456-466".

– Zitat im Zitat

Ein Zitat im Zitat wird in einfache Anführungszeichen (‚Apostrophe') gesetzt und nicht ausgewiesen. Es muss nur die Quelle angegeben werden, aus der Sie zitieren. Ein Beispiel: Sie übernehmen einen Satz von Jürgen Henningsen, in dem Sartre zitiert wird.

Ihr Text: „Das Handeln ist aber nachträglich explizierbar, und in der hinterherkommenden Reflexion sind die Werte zu erkennen, die dieses Handeln, wie Sartre sagt, wie ‚Rebhühner aufscheucht'" (Henningsen 2000, S. 50). Weiter in Ihrem Text.

– Auslassungen

Auslassungen *müssen gekennzeichnet* werden. In der Regel durch drei Punkte.
• So: ... oder
• so (...) oder auch
• so: [...].

Wofür auch immer Sie sich entscheiden: Wichtig ist, dass Sie die gewählte Form in einer Arbeit durchgängig beibehalten. Ein Beispiel.

Vorlage:
> Auslassungen (auch Ellipsen genannt) sind zulässig, wenn dadurch der ursprüngliche Sinn des Zitats nicht verändert wird.

Zitat:
> „Auslassungen ... sind zulässig, wenn der ursprüngliche Sinn des Zitats nicht verändert wird." (Rückriem, Stary, Franck 1977, S. 171)

Werden mehrere Sätze hintereinander zitiert und ein unwichtiger Satz dazwischen ausgelassen, kennzeichnet man den ausgelassenen Text ebenfalls durch drei Punkte.

– Ergänzungen

Erläuterungen werden in Klammern gesetzt und durch den Vermerk „d. Verf." oder Initialen ergänzt. Zwei Beispiele:
„1876 schickte man ihn in ein Alumnat [Internat; F. R.] ..."
„Deshalb wurde er [Fred Müller – J. St.] auch die ‚rechte Hand des Kanzlers' genannt."

Bei Umstellungen und Anpassungen ist ein solcher Zusatz nicht erforderlich:
Gaßdorf meint, „an der kommunikativen Überlegenheit der Frauen in ihrer Gesamtheit (gäbe) es keinen Zweifel" (2000, S. 47).

– Hervorhebungen

Hervorhebungen in der zitierten Quelle werden *beibehalten*.[2] Sie müssen nicht ausgewiesen werden. Heben Sie selbst in einem Zitat etwas hervor, müssen Sie das kennzeichnen:

Vorlage:
Zu den wichtigsten Leistungen der Kommunikation gehört die Sensibilisierung des Systems für Zufälle, für Störungen, für „noise" aller Art.

Eigener Text:
„Zu den wichtigsten Leistungen der Kommunikation gehört die *Sensibilisierung des Systems* für Zufälle, für Störungen, für ‚noise' aller Art" (Luhmann 1991, S. 237; Herv. N.N.).

– Übersetzungen

Wenn Sie einen Text aus dem Englischen zitieren, müssen Sie ihn nicht übersetzen. Texte in anderen Sprachen müssen übersetzt werden.[3] Diese Übersetzungen sind zu kennzeichnen:
• entweder beim ersten Auftreten in einer Anmerkung:
„Dieses und die folgenden Zitate aus dem Dänischen übersetzte ABC (Name)

---

[2] Diese Hervorhebungen sollten die Form des Originals beibehalten: Fett gedruckte Worte der Vorlage macht man nach Möglichkeit auch in der eigenen Arbeit **fett**, kursive *kursiv*, gesperrte g e s p e r r t. Weicht man davon ab und wählt beispielsweise *kursiv* statt fett oder gesperrt, ist – streng genommen – eine Erläuterung erforderlich – z.B.: „[Hervorhebung i. Orig. fett]".

[3] Ausnahme: Wenn Sie eine Sprache studieren, müssen Sie Zitate in dieser Sprache nicht übersetzen.

- oder jeweils beim Quellenbeleg:

    Castelli 1955, S. 256 – Übersetzung: N.N.

Zitiert man aus einem Text, der ins Deutsche übersetzt wurde, ist die Angabe des Übersetzers oder der Übersetzerin nicht erforderlich.

Fehler im Zitat

Enthält ein Zitat einen Tippfehler oder einen sachlichen Fehler, müssen Sie mit einem Ausrufezeichen in eckigen Klammern darauf hinweisen, dass Sie diesen Fehler in der Quelle vorgefunden haben. Gebräuchlich ist das Wörtchen „sic" (so). Zwei Beispiele:

    „Macht das Vorschulkind einen Fehler reagiert die Lernsoftware mit einem unangenehmen Kwietschton[!]."
    „Aus meiner Sicht ist die Revolution von 1798 [sic] für Frankreich und Europa deshalb ..."

Zitate aus zweiter Hand

Quellen müssen zuverlässige Quellen sein. Wer aus „zweiter Hand" zitiert, setzt sich der Gefahr aus, Fehler zu übernehmen. Deshalb sollten Sie – und müssen Sie bei der Abschlussarbeit – mit Originaltexten arbeiten. Zitate aus zweiter Hand werden mit „zit. n." (zitiert nach) ausgewiesen.

Die Paraphrase

Sie lesen folgenden Text:

    „Das Verhältnis der Generationen, also zwischen Kindern und Erwachsenen, genauer: der darin vermutete Unterschied an Reife, Wissen und Erfahrung, galt bisher als entscheidende Voraussetzung des Erziehungsverhältnisses. Aber dieses Verhältnis hat sich so verändert, daß pädagogisch bedeutsame Wechselwirkungen zwischen den Generationen nur noch sehr eingeschränkt stattfinden, dafür die Sozialisationswirkungen der Gleichaltrigengruppe eine kaum noch zu überschätzende Bedeutung bekommen haben." (Hermann Giesecke: Das Ende der Erziehung. Stuttgart 1987, S. 11)

Sie wollen diesen Text sinngemäß wiedergeben. Zum Beispiel so:

    Früher war das Verhältnis zwischen Kindern und Erwachsenen weitestgehend durch den Unterschied an Reife, Wissen und Erfahrung geprägt. Die darauf gründende Wechselwirkung zwischen den Generationen spielt allerdings heute eine geringere Rolle. An Bedeutung gewonnen hat hingegen der Einfluss der Gleichalrigengruppe auf die Sozialisation. (vgl. Giesecke 1987, S. 11)

Eine so starke Anlehnung an eine Quelle muss mit einer Quellenangabe belegt werden. Das *vgl.* („vergleiche") ist der Hinweis auf die Quelle *Giesecke;* der Seite 11 jenes Buches ist der paraphrasierte Gedanke entnommen.

2 Präzise Quellenangaben

Quellenangaben müssen präzise sein. Nur dann kann der Leser die Quelle erschließen und überprüfen. Wie eine Quellenangabe auszusehen hat, hängt vom jeweiligen Publikationsstatus des Werkes ab. Zu unterscheiden sind: Bücher, Aufsätze, Hochschulschriften, „graue" Literatur, Veröffentlichungen im Internet.

Bei allen Quellen sind jeweils zu beachten a) die Bestandteile und Reihenfolge der Angabe und b) die Form, Zeichensetzung und nähere Erläuterungen.

2.1 Bücher

Bestandteile und Reihenfolge der Angaben

1. AutorIn (AutorInnen) bzw. HerausgeberIn (HerausgeberInnen)
2. Sachtitel
3. Nähere Bandangabe bzw. Ausgabebeschreibung
4. Erscheinungsort
5. Verlag
6. Erscheinungsjahr
7. Reihenbezeichnung

Form, Zeichensetzung und nähere Erläuterungen

Die notwendigen Angaben für eine präzise Quellenangabe:
1. *Name,* Vorname(n) oder Vornamensabkürzung (ggf. Semikolon, dann zweiter Name, Vorname(n) usf.) Doppelpunkt
2. *Sachtitel.*

3. *Ausgabebezeichnung.* Damit sind Angaben gemeint wie „1. Halbband" oder „Band 2" oder „3., erweiterte Auflage". Solche Angaben können so abgekürzt werden, dass man ihren Gehalt ohne Abkürzungsverzeichnis versteht: „1. Halbbd.", „Bd. 2", „3., erweit. Aufl."
4. *Erscheinungsort.* Doppelpunkt. Wenn kein Verlagsort angegeben ist, nimmt man ersatzweise den Ort der herausgebenden Körperschaft.[4] Ist keine Ortsangabe zu finden, schreibt man „o.O." (= ohne Ort). Erschließt man den Ort aus anderen Quellen oder z.B. aus dem Vorwort kann man ihn in eckigen Klammern hinzufügen: „o.O. [vermutl. Berlin]". Sind mehr als drei Ortsnamen angegeben, so nennt man nur den ersten und fügt „u.a." hinzu.
5. *Verlagsname* in Kurzform („Rowohlt Taschenbuch Verlag GmbH" = „Rowohlt") Komma
6. *Erscheinungsjahr.* Bei von Ihnen verwendeten Neuauflagen immer die neueste Jahreszahl angeben. Fehlt die Jahreszahl, so schreibt man „o.J." (= ohne Jahresangabe). Ist sie aus anderen Quellen, z.B. mündlichen Auskünften des Verlags bekannt, gibt man an: „o.J. [1999]". Ist das Vorwort vom Dezember 1999, so wird es nicht mehr 1999 erschienen sein. Dann könnte man schreiben: „o.J. [vermutl. 2000]"
7. *Reihenbezeichnung und Bandnummer.* Gegebenenfalls ergänzen Sie in Klammern den Reihentitel einschließlich der Bandnummer in der Reihe.

Beispiele:

> Kaufmann, Jean Claude: Frauenkörper – Männerblicke. Konstanz: UVK, 1996 (édition discours 10)

Es handelt sich um eine deutsche Erstausgabe. Erste Auflagen werden *nicht* angegeben. Der Übersetzer oder die Übersetzerin auch nicht. Reihentitel *können* in Klammern aufgeführt werden.

> Watzlawick, Paul; Beavin, Janet H.; Jackson, Don D.: Menschliche Kommunikation. Formen, Störungen, Paradoxien. 7. Aufl. Bern: Huber, 1985

Bei *mehr als drei* Verfassern oder Herausgeberinnen wird meist nur der erste Verfasser bzw. Herausgeber angegeben, ergänzt um „u.a." oder „et al.". Die Ethik-Richtlinien der Deutschen Forschungsgemeinschaft und anderer wissenschaftlicher Gesellschaften plädieren dafür, alle Personen zu nennen, die an einer Veröffentlichung mitgewirkt haben. Das ist auch in der DIN-Norm 1505 vorgesehen.

---

[4] Körperschaften sind Institutionen wie Forschungsinstitute, Behörden, Vereine usw.

König, Eckard; Volmer, Gerda (Hrsg.): Praxis der Systemischen Organisatonsberatung. Weinheim: Dt. Studien Verl., 1997 (System und Organisation 3)[5]

Herausgeber- oder so genannte Sammelwerke können nicht nur von Menschen zusammengestellt sein, sondern auch von Körperschaften wie Institutionen, Ministerien, wissenschaftlichen Gesellschaften, Vereinen. Sind Herausgeberschaften eindeutig Personen zuzuordnen („im Auftrag des Parteivorstandes herausgegeben von Rita Süßmuth und Heiner Geißler"), so werden diese als Herausgeber „(Hrsg.)" angegeben und die Körperschaft eventuell zusätzlich als Auftraggeberin „Christlich Demokratische Union Deutschlands (Auftraggeb.)". Sind bei einem Sammelwerk keine Personen als Herausgeber angegeben, so tritt die herausgebende Körperschaft allein als Herausgeberin auf.

Arbeitsgruppe Pädagogisches Museum (Hrsg.): Ich bin kein Berliner. Minderheiten in der Schule. o.O. [Berlin], o.J. [1987]

Bücher, Zeitungen, Zeitschriften und Loseblattsammlungen werden auch als *selbstständige Schriften* bezeichnet. Für diese werden in Bibliotheken, so diese Schriften dort angeschafft wurden, Einträge im Bestandskatalog bzw. im *OPAC*, dem elektronischen Bibliothekskatalog, angelegt.

2.2 Aufsätze

Aufsätze gelten als *unselbständige Schriften*, weil für sie in Bibliotheken keine eigenen Kartei- oder OPAC-Einträge aufgenommen werden. Dass ein Aufsatz eine unselbständige Schrift ist, signalisiert bei der Quellenangabe das „In", nach den Angaben über AutorIn(innen) und Aufsatztitel.

Bestandteile und Reihenfolge der Angaben

1. AutorIn (AutorInnen)

---

[5] In DIN 1505 ist vorgesehen, dass hinter jedem Herausgebernamen die Funktionsbezeichnung „(Hrsg.)" steht. Dies hat sich im Wissenschaftsbereich bisher nicht durchgesetzt. Meist wird das „(Hrsg.)" nur hinter den letzten Namen geschrieben. Die DIN-Norm hat den Vorteil, Abstufungen eindeutig kennzeichnen zu können wie etwa im folgenden Beispiel: Lenzen, Dieter (Hrsg.); Rost, Friedrich (Mitarb.): Pädagogische Grundbegriffe. 2 Bde. 6. Aufl. Reinbek: Rowohlt, 2001.

2. Aufsatztitel
3. „In:"
4. Angabe zur selbstständigen Quelle (siehe „Bücher")
5. die Seitenangaben des Aufsatzes als Von-bis-Angabe

Form, Zeichensetzung und nähere Erläuterungen

1. *Name,* Vorname(n) oder Vornamensabkürzung des 1. Aufsatzverfassers (ggf. Semikolon, dann zweiter Name, Vorname(n) usf.) Doppelpunkt
2. zumindest die ersten sinntragenden Worte des Aufsatztitels einschließlich eines Substantivs; *besser:* der komplette Ausatztitel (wenn Untertitel folgt, kommt vor diesem ein frei stehender Doppelpunkt) Punkt
3. es folgt ein „In:", um zu signalisieren, dass es sich um eine unselbstständige Schrift handelt
4. dann folgen die Angaben zur Aufsatzsammlung bzw. Sammelwerksbezeichnung (der erste Erscheinungsort und das Erscheinungsjahr), wie sie oben ausführlicher bei den Büchern erläutert sind, *oder* der Zeitschriftentitel. – *Bei Zeitschriften:* Der Zeitschriftentitel in kursiver Schrift, dann die Jahrgangs- bzw. Bandangabe, gefolgt von dem Erscheinungsjahr und ggf. der Heftnummer und zuletzt
5. die Seiten- bzw. Spaltenangaben als Von-bis-Angabe („S. 361-398", „Sp. [= Spalte] 276-288").

Ein Beispiel:

> Kemp, Wolfgang: Mode und Mehr. Harte, aber ungerechte Worte in Richtung Geisteswissenschaften. In: *Neue Rundschau* 109 (1998), 3, S. 9-18

„109" ist die Jahrgangsangabe, „1998" das Erscheinungsjahr des Zeitschriftenheftes und „3" die Nummer des betreffenden Heftes. Bei Angaben zu Zeitschriftenaufsätzen wird in der Regel kein Erscheinungsort und kein Verlagsname aufgenommen.[6]

Ein weiteres Beispiel:

> Merten, Klaus: Evolution und Kommunikation. In: Merten, Klaus; Schmidt, Siegfried J.; Weischenberg, Siegfried (Hrsg.): *Die Wirklichkeit der Medien.* Opladen: Westdeutscher Vlg., 1994, S. 141-162.

Artikel die in Tages- oder Wochenzeitungen bzw. -zeitschriften erscheinen, werden wie folgt ausgewiesen:

---

[6] Die Ausnahmen: Zeitschriften, die an mehreren Orten in unterschiedlichen Ausgaben produziert werden wie die Zeitschrift „Science" (New York bzw. Paris), und Sonder- oder Beihefte, die nicht regelmäßig erscheinen und eher den Charakter eines Sammelwerkes haben.

Münch, Richard: Akademischer Kapitalismus. *Die Zeit.* Nr. 40 vom 27.9.2007, S. 67f.

Hat eine Zeitung mehrere Ausgaben (zum Beispiel eine Deutschland- und eine Hessenausgabe), sollte gekennzeichnet werden, aus welcher Ausgabe zitiert wird:

Grobe, Karl: Südlich vom Mittelmeer. *Frankfurter Rundschau.* Ausgabe D. Nr. 19 vom 24.1.1976, S. 3.

2.3 Hochschulschriften

Hochschulschriften sind Publikationen, die als Qualifikationsnachweis von Studierenden, Doktoranden oder Habilitanden an einer Hochschule begutachtet und veröffentlicht wurden.

Bestandteile und Reihenfolge der Angaben

1. AutorIn (AutorInnen)
2. Sachtitel
3. Hochschulort
4. Name der Hochschule
5. Fakultät oder Fachbereich
6. Bezeichnung für die Art der Schrift
7. Datum der Abgabe

Form, Zeichensetzung und nähere Erläuterungen

1. Name, Vorname(n). Doppelpunkt
2. Sachtitel (wenn Untertitel folgt, kommt vor diesem ein frei stehender Doppelpunkt). Punkt
3. Hochschulort. Doppelpunkt
4. Name der Hochschule. Komma
5. Bezeichnung für die Art der Schrift. („Diss," oder „Habil.-Schr."). Komma
6. Datum der Abgabe. Punkt.

Beispiele:

Gehrmann, Axel: *Schule in der Transformation : Eine empirisch-vergleichende Untersuchung an vier Gesamtschulen im Berliner Bezirk Treptow (1991-1993) vor dem Hintergrund von 30 Jahren Bildungsforschung in der Bundesrepublik Deutschland.* Berlin: Freie Universität, Fachbereich Erziehungswissenschaft und Psychologie, Diss., 1994 [7 Mikrofiches]

Kolbe, Fritz-Ulrich: *Handlungsstruktur und Reflexivität : Untersuchungen zur Vorbereitungstätigkeit Unterrichtender.* Heidelberg: Univ., Habil.-Schr., 1998.

2.4 Graue Literatur

„Graue Literatur" ist eine Sammelbezeichnung für Schriften, die z.B. im Rahmen von Forschungsprojekten entstehen und/oder auf Tagungen und Kongressen diskutiert und verteilt werden, und (noch) nicht über den Buchhandel zu beziehen sind.

Ein Beispiel:

> Baumert, Jürgen u. a.: *Zur institutionellen Stratifizierung im Hochschulsystem der Bundesrepublik Deutschland.* Berlin: Max-Planck-Institut für Bildungsforschung, 1987 (Forschungsbereich Schule und Unterricht 16)

Die Namen solcher Organisationen sollten ausgeschrieben werden, weil es eine Menge doppelter Akronyme gibt, wodurch Verwechslungsgefahr besteht. Die Bestell-Adresse wird nicht angegeben, weil sie über konventionelle Adressbücher oder Datenbanken zu ermitteln ist.

2.5 Bekannte und standardisierte Dokumente

Für Werke mit bekannter, standardisierter Gliederung wie der Bibel, bei Kant und anderen Philosophen oder bei Gerichtsurteilen und Gesetzestexten kann durch die Angabe der entsprechenden Gliederungseinheiten (also z.B. die eingeführte Abkürzung für den Gesetzestitel, die Angabe von Paragraph, Absatz, Satz usw.) darauf verzichtet werden, die Quellenangabe an eine bestimmte Ausgabe des Dokuments zu binden. Werden allerdings aktualisierte Gesetzestexte oder -kommentare bzw. bei schöngeistigen Werken überarbeitete Textfassungen (z.B. Neuübersetzungen) verwendet, so ist es doch hilfreich, die dazugehörige genaue Literaturangabe im Literaturverzeichnis zu machen.

Beispiele:

> „Wer seine Rute schont, der haßt seinen Sohn ; wer ihn aber liebt hat, der züchtigt ihn bald." (Bibel, Spr. 13, 24)[7]

> „Vgl. Aristoteles De an 427b 21ff." verweist auf eine Textstelle bei Aristoteles in der Schrift „De anima" (= Über die Seele), die auch in fremdsprachigen Ausgaben, so sie denn die klassischen Gliederungeinheiten angeben, gefunden werden kann.

---

[7] Spr. = Sprüche Salomos, ein Kapitel aus dem Alten Testament.

„Gemäß BGB (idF v. 16.7.1977) § 839 Abs. 1 Satz 2 iVm GG (idF v. 21.12.1977) Art. 34 wird darauf verwiesen, dass ..."[8]

2.6 Loseblatt-Sammlungen

Loesblatt-Sammlungen sind Publikationen, die regelmäßig fortgeschrieben werden. Titelangaben zu Gesetzessammlungen, Gesetzeskommentaren und anderen Loseblattsammlungen, deren Aktualität durch einzuordnende Ergänzungslieferungen und auszutauschende Textteile erhalten wird, müssen immer eine Angabe zum Aktualitätsstand erhalten, wobei die Ergänzungslieferung und das Datum eine Rolle spielen. Ein Beispiel:

> Gaul, Dieter; Bartenbach, Kurt: *Arbeitnehmererfinderrecht. Kommentar.* Köln: Schmidt. – Loseblatt-Ausg., Erg.-Lfg. 28 Stand: Oktober 2001

2.7 Audio- und audiovisuelle Materialien

Solche Materialien können in analoger (VHS-Videos) oder digitaler Form (CD-ROM) gespeichert sein. DIN 1505, Teil 4 schlägt folgende Quellenangabe vor:

Bestandteile und Reihenfolge der Angaben

1. Verfasser- und Sachtitelangabe
2. Ausgabebezeichnung
3. Erscheinungsvermerk (Ort, Verlag, Medienproduzent, Jahr
4. Physische Beschreibung
5. Gesamttitelangabe (wenn vorhanden)
6. Ergänzende Angaben (wie Begleitmaterialien)

Beispiel *Foto*:

> Freund, Gisèle: *Die Hände von Joyce.* Paris 1938. – Originalabzug s/w 20 x 30 cm.

Beispiel *Film*:

> Wedel, Dieter [Drehbuch, Regie]; Handke, Günther [Drehbuch, Mitarb.]; Lichtenhahn, Fritz [Darst.]; Hagen, Antje [Darst.]; Rudnick, Franz [Darst.]: *Einmal im Leben. Geschichte eines Eigenheims.* München: Bavaria, 1988. – TV-Spielfilm PAL Farbe 92 min.

---

[8] BGB = Bürgerliches Gesetzbuch; idF = in der Fassung; § = Paragraph; Abs. = Absatz; iVm = in Verbindung mit; GG = Grundgesetz; Art = Artikel.

Beispiel *CD-ROM*:

Survivors of the Shoah Visual History: *Erinnern für Gegenwart und Zukunft. Überlebende des Holocaust berichten.* Sonderedition mind. 64 MB Arbeitsspeicher. Berlin: Cornelsen, 2000 – 1 CD-Rom mit Begleitheft.

Beispiel *Schallplatte*:

Verdi, Guiseppe [Komponist]; Muti, Ricardo [Dir.]; Arroyo, Martina [Sopr.]; Domingo, Placido [Tenor]; Cappuccilli, Piero [Bar.]: *Ein Maskenball = un ballo in maschera* / Verdi; Arroyo; Domingo; Cappuccilli; Cossotto; Grist; Chorus of the Royal Opera House, Covent Garden; New Philharmonia Orchestra; Ricardo Muti. Köln: Electrola, 1975. – 3 Schallpl. in Kassette; 33UpM; 30 cm + Beih.

2.8 Web-Dokumente

Für im World Wide Web publizierte Materialien (Texte, Bilder, Datenbanken, Tondokumente, Videos usw.) gibt es keine verbindlichen Zitationsstandards.

Wir empfehlen folgende Mindestangaben:

1. AutorIn (Nachname, Vorname)
2. genauer Titel des Dokuments
3. Quelle (= Uniform Resource Locator; URL)
4. Datum des Aufrufs der Webseite

Zwei Beispiele:

> Rost, Friedrich: *Die mündliche Prüfung.* URL: http://friedrichrost.de/online-texte/pruefung.htm – Download vom 1.2.2003

> Taeger, Angela: Aktenanalyse in der kriminologisch-geschichtswissenschaftlichen Forschung zum Strafrecht. Polizeiliche Aufzeichnungen über männliche Homosexuelle im Paris des 18. Jahrhunderts. In: *Forum Qualitative Sozialforschung (FQS)* 3(2002), 1. URL: http://qualitative-research.net/fqs-texte/1-02/1-02taeger-d.pdf – Download vom 1.2.2003

3 Deutsch oder amerikanisch? Wie belegen?

Sie wissen, welche Bestandteile ein Quellenbeleg enthält. Wie bzw. wo „verortet" man einen Quellenbeleg in einer wissenschaftlichen

Arbeit? Zwei Hauptformen konkurrieren: das angloamerikanische und das deutsche Zitier- bzw. Belegsystem.

3.1 Die „anglo-amerikanische" Zitierweise

Wie der Name bereits andeutet, ist diese Zitierweise im angloamerikanischen Bereich üblich.

Sie arbeiten mit einem Kurzbeleg im Text und verzichten auf den Literaturnachweis in Anmerkungen (Fuß- oder Endnoten): „(Müller 1988, S. 123)". Im Literaturverzeichnis wird unter „M" die komplette bibliographische Angabe aufgeführt. Aber Achtung: Es passiert leicht, das Literaturangaben im Literaturverzeichnis vergessen werden. Deshalb: Prüfen Sie in der Endredaktion Ihrer Arbeit, ob alle Kurzbelege im Text durch Literaturangaben im Literaturverzeichnis komplettiert sind.

Ein Textbeispiel für eine Arbeit mit der Kurzbelegform „(Autor Jahr)" im Text und einem Literaturverzeichnis

> Diekmann illustriert die Notwendigkeit von empirischer Sozialforschung an folgender empirisch geprüfter Hypothese: „Je höher die Beförderungsrate in einer Organisationseinheit (z.B. einer Abteilung einer Firma), desto größer ist die Zufriedenheit der Arbeitskräfte in dieser Organisationseinheit." (1995, S. 23) Er zeigt anhand einer Untersuchung von Stouffer und dem spieltheoretischen Modell von Boudon, dass der Zusammenhang zwischen Beförderungsrate und Zufriedenheit u-förmig verläuft: Die Aufsteiger sind zufrieden, doch je mehr andere befördert werden, desto unzufriedener werden die Nichtbeförderten (vgl. Diekmann 1995, S. 24).

Im alphabetisch geordneten Literaturverzeichnis steht der vollständige Titel. Zwei Varianten sind üblich:

> Diekmann, Andreas: *Empirische Sozialforschung : Grundlagen, Methoden, Anwendungen*. Reinbek: Rowohlt, 1995

> Diekmann, Andreas (1995): *Empirische Sozialforschung : Grundlagen, Methoden, Anwendungen*. Reinbek: Rowohlt

3.2 Das „deutsche" Anmerkungssystem

Sie arbeiten mit *Anmerkungen* (d.h. mit Fuß- *oder* Endnoten). Nach einem Zitat folgt – wie in diesem Buch – eine Anmerkungsziffer. Diese Ziffer ist bei Fußnoten unten auf der Seite noch einmal zu finden und danach folgt in kleinerer Schrift die bibliographische Angabe einschließlich der Seitenzahl des Zitats und möglichen Erläuterungen zu vorgenommenen Veränderungen. Für diese Hauptform ist eigentlich kein Literaturverzeichnis erforderlich. Allerdings fordern viele Professorinnen und Professoren bzw. Fachbereiche, dass Haus- und Abschlussarbeiten ein Literaturverzeichnis haben. Deshalb erläutern wir hier eingehend die Kurzbelegform.

Die Kurzbelegform: Fußnote und Literaturverzeichnis: In der Fußnote arbeiten Sie mit einem gekürzten Quellenbeleg, die vollständigen Titelzitate bringen Sie im Literaturverzeichnis, so wie es in diesem Buch gehandhabt wird. Deshalb erübrigt sich ein Textbeispiel.

Wenn Sie mit *Endnoten* arbeiten, gilt Gleiches, nur dass die Anmerkungen am Ende eines Kapitels bzw. *vor* dem Literaturverzeichnis auftauchen.[9] Diese Form erfordert aber das Blättern vom Text zur Endnote und dann noch einmal zum Literaturverzeichnis, so dass das Lesen der Arbeit erschwert wird.

4 Das Literaturverzeichnis

Im Literaturverzeichnis wird die Literatur aufgeführt, die Sie zitiert oder als Beleg herangezogen haben. Wie solche Literaturangaben aussehen sollten, ist im Abschnitt 2 beschrieben. Manche (vielfach fachbezogenen) Sonderfälle sind zu beachten. Zum Beispiel:

Präfixe: Bei Namen mit so genannten Präfixen wie „von", „de" oder Verwandtschaftsbezeichnungen wie „Fitz" oder „Mac" stellt sich die Frage, wo diese einsortiert werden sollen. Hierzu gibt die DIN-Norm 1505 leider keine präzise Auskunft. In den „Regeln für die alphabetische Katalogisierung an wissenschaftlichen Bibliotheken" ist vorgesehen, dass Präfixe nach Staatsbürgerschaft unterschiedlich gehandhabt werden, Verwandtschaftsbezeichnungen dagegen immer vorangestellt bleiben.
- Charles de Gaulle: DeGaulle, Charles (weil Franzose)
- Lloyd de Mause: DeMause, Lloyd (weil Amerikaner)
- Hartmut von Hentig: Hentig, Hartmut von (weil Deutscher)
- Rudolf zur Lippe: Lippe, Rudolf zur (weil Deutscher)
- Will McBride Jr.: McBride Jr., Will („Mc" = Verwandtschaftsbezeichnung, ebenso „Junior")

---

[9] Und nicht danach, wie es bei *Winword* geschieht.

- Friedrich de la Motte-Fouqué: Motte-Fouqué, Friedrich de la (weil Deutscher)
- Eugene O'Neil: O'Neill, Eugene („O'" = Verwandschaftsbezeichnung)
- Wernher von Braun: Von Braun, Wernher (weil amerikanischer Staatsbürger)

Antike Personen: Personennamen wie Thomas von Aquin oder Erasmus von Rotterdam werden unter „T" bzw. „E" eingeordnet.

Namenszusätze, Titel, Amts- und Berufsbezeichnungen: Weitere Namenszusätze oder akademischen Titel („Earl", „Her Royal Majesty", „Graf", „Dr.") und Amtsbezeichnungen („Ministerialrat", „Staatssekretär") werden nicht aufgenommen, selbst wenn sie auf dem Titelblatt vorkommen.

Anonymes Werk: Ist kein Personen- oder Körperschaftsname auszumachen, so wird für die Einsortierung der Sachtitel verwendet, wobei bei Sachtiteln bestimmte und unbestimmte Artikel (anders bei Körperschaftsnamen) Beachtung finden. Sachtitel *von anonymen Werken* werden nicht gesondert aufgenommen, sondern an richtiger Stelle zwischen das Namensalphabet einsortiert. „Das Verdauungssystem der Elche" unter „D" und „Macht Liebe in der U-Bahn!" unter „M"

Haben Sie die Literaturangaben ungeordnet in Ihr Verzeichnis eingegeben, so können Sie, sofern Sie die Vornamen hinter die Nachnamen gestellt haben, mithilfe der Sortierfunktion Ihres Textverarbeitungsprogramms die alphabetische Ordnung des Literaturverzeichnisses vornehmen. Feinarbeit ist danach noch erforderlich:
- *Bei mehreren Schriften eines Verfassers* werden die älteren Titel zuerst aufgeführt.
- *Zuerst kommen die allein verfassten* Bücher oder Aufsätze, danach die mit einem Ko-Autor, dann die mit zwei Ko-Autoren usw.
- *Schriften* von demselben Verfasser *aus dem gleichen Jahr.* Diese müssen im Text und im Literaturverzeichnis unterschiedlich gekennzeichnet werden, indem man der Jahreszahl ein kleines „a" bzw. „b" usw. anhängt.

Luhmann, Niklas ...	1981	*vor*
Luhmann, Niklas ...	1985	*vor*
Luhmann, Niklas: ...	1995a	*vor*
Luhmann, Niklas ...	1995b	

Nach Einzelveröffentlichungen oder -herausgaben folgen die Arbeiten mit einem Ko-Autor bzw. Ko-Herausgeber, z.B. die Arbeiten von Luhmann mit Schorr:

Luhmann, Niklas; Schorr, Karl Eberhard (Hrsg.): ... 1986   *vor*
Luhmann, Niklas; Schorr, Karl Eberhard: ... 1988   *vor*
Luhmann, Niklas; Schorr, Karl Eberhard (Hrsg.): ... 1996

Danach folgen die Arbeiten von Luhmann als erstem Autor/Herausgeber und zwei weiteren Personen usf.

   Ein Muster für die Gestaltung eines Literaturverzeichnisses finden auf den Seiten 299ff.

GISBERT KESELING

Schreibblockaden überwinden

Selbst dann, wenn ein Student oder eine Doktorandin inhaltlich gut vorbereitet ist und gelernt hat wissenschaftlich zu arbeiten, kommt es vor, dass es ihnen nicht gelingt, ihre Gedanken zu Papier zu bringen. Alle Voraussetzungen sind eigentlich erfüllt, die Studien sind abgeschlossen und das momentane Wissen müsste ausreichen, um in angemessener Zeit einen guten und lesbaren Text zu produzieren. Aber aus irgendeinem Grunde klappt es nicht.

Wer mit dem wissenschaftlichen Schreiben nicht vertraut ist, neigt in solchen Fällen dazu, an den eigenen Fähigkeiten zu zweifeln oder aufzugeben. Weist man darauf hin, dass auch gestandene Wissenschaftlerinnen, Journalisten oder Schriftsteller manchmal unter diesen Problemen leiden, hilft das wenig.

Dieses Kapitel ist der Versuch einer Anleitung zur Selbsthilfe. Ich greife auf Erfahrungen im Marburger Schreiblabor zurück, in dem wir von 1993 bis 2000 Studierende und Graduierte mit Schreibproblemen betreut haben.

1 Der Ansatz des Marburger Schreiblabors

Anders als andere Laboratorien oder Schreibwerkstätten sahen wir unsere Aufgabe nicht darin, wissenschaftliches Schreiben systematisch zu lehren. Vielmehr wollten wir Studierenden und Graduierten helfen, bei denen anzunehmen war, dass sie im Prinzip wissenschaftlich schreiben konnten, sich dabei aber unter bestimmten Umständen schwer taten.

Ähnlich wie Mike Rose[1] gingen wir von zwei Voraussetzungen aus:
1. Die meisten Schreibstörungen sind auf ineffektive Schreibstrategien zurückzuführen.

---

[1] Mike Rose: Writer's Block. Carbondale 1984. Ders. (Hrsg.): When a Writer Can't Write. New York, London 1985.

2. Die Störungen lassen sich beheben, wenn es gelingt, ineffektive Strategien durch effektivere zu ersetzen.

Um Letzteres zu erreichen, leiteten wir jede Beratung mit einem oder mehreren Erstgesprächen ein. Diese Gespräche dienten dazu, ein Bild vom Schreibverhalten des Klienten zu gewinnen und eine vorläufige Diagnose zu stellen: Der Klient schilderte zunächst seine Schwierigkeiten. Danach baten wir ihn, anhand einer wissenschaftlichen Arbeit oder einem Kapitel so genau wie möglich zu rekonstruieren, wie er vorgegangen war. Wir unterstützten ihn dabei durch Fragen und sorgten auf diese Weise dafür, dass die wichtigsten Komponenten der Textproduktion zur Sprache kamen: die Art der Planung, das Abarbeiten von Plänen beim Formulieren, das Formulieren selbst und die Revisionen. Konnten wir aus diesen Informationen eine hypothetische Diagnose gewinnen, teilten wir sie dem Klienten mit.

Die eigentliche Beratung erfolgte in der Regel in einer Schreibgruppe, die sich einmal pro Woche traf und drei Stunden dauerte. In der ersten Stunde, der „Vorrunde", berichteten die Teilnehmer über ihr momentanes Arbeitsvorhaben. Danach schrieben sie. In der dritten Stunde, der „Nachrunde", wurde über die vorausgehenden Schreibprozesse gesprochen. Die Sitzungen dienten zugleich dazu, die vorläufige Diagnose zu verfeinern bzw. zu modifizieren. Um eine Diagnose abzusichern, waren häufig mehrere Sitzungen erforderlich. Bereits in der ersten Sitzung erhielt jeder Klient eine Schreibaufgabe, die darauf abzielte, sein Schreibverhalten dort zu ändern, wo wir eine der Ursachen seiner Störung vermuteten. Kam er dieser Aufgabe nach, und führte das dazu, dass er besser vorankam, werteten wir das als eine Bestätigung unserer Annahme. Blieben Erfolge aus, ersetzten wir unsere Diagnose durch eine andere, die wir eine Woche später nach dem gleichen Verfahren überprüften.

Klagte zum Beispiel jemand über Schwierigkeiten, einen begonnenen Text fortzusetzen und die Disziplin aufzubringen, wenigstens zwei oder dreimal in der Woche zu schreiben, vermuteten wir schlechte Planung und ein unzureichendes Konzept. Um diese vorläufige Diagnose zu erhärten, baten wir den Teilnehmer in der Vorrunde, schriftlich festzulegen, was er in der anschließenden Schreibstunde und in den nächsten Tagen schreiben wollte. Kam er dieser Aufgabe nach und gelang es ihm, in der Schreibstunde und zu Hause regelmäßig weiterzuschreiben, betrachteten wir das als vorläufige Bestätigung der Diagnose. Gelang ihm das trotz des schriftlichen Exposés nicht, wurde die Diagnose verworfen und geprüft, ob er andere Schwierigkeiten hatte.

Je mehr sich in den folgenden Sitzungen eine Diagnose erhärtete, umso einfacher war es, dem Klienten Gegenstrategien vorzuschlagen oder ihn mit Hilfe bestimmter Schreibaufgaben zur Anwendung solcher Strategien zu überlisten – in der Hoffnung, er würde auf diese Weise sein Schreibverhalten dauerhaft positiv verändern. In etwa 80 Prozent aller Beratungen ließ sich dies erreichen (vgl. Keseling 2004).

Das hört sich einfacher an, als es ist, denn es gibt nicht *die* ineffektiven und *die* effektiven Strategien. Was für den einen Schreiber gut und nützlich ist, ist unter Umständen für einen anderen eher schädlich und viel hängt von der jeweiligen Schreibaufgabe, der Situation und der Textsorte ab.

Dennoch möchte ich Sie auffordern, anhand einer Frageliste *Ihr* Schreibverhalten zu erkunden und damit die Grundlage für eine vorläufige Diagnose zu legen. In diesem ersten Schritt bei der Bearbeitung Ihrer Schreibprobleme geht es um eine Bestandsaufnahme. Die Fragen sind ein Leitfaden für eine innere Entdeckungsreise. Seien Sie Ihr eigener Beobachter: Halten Sie schriftlich fest, was Sie entdecken – wertfrei. Ob ein Verhalten zum Ziel führt oder nicht, ob es Normen entspricht oder widerspricht usw., ist vorläufig uninteressant. Nehmen Sie sich Zeit. Bei einigen Fragen genügt es Zutreffendes zu unterstreichen. Wenn Ihnen mehr dazu einfällt, sollten Sie das notieren. Begnügen Sie sich nicht mit wenigen Stichworten, sondern formulieren Sie alles genau, damit Sie beim späteren Lesen verstehen, was Sie geschrieben haben. Je genauer und ausführlicher Sie das tun, umso größer ist die Chance, dass Sie auf neue Erkenntnisse stoßen. – In einem zweiten Schritt werden Sie dann Ihre Antworten auswerten.

2 Überprüfen Sie Ihr Schreibverhalten

0

0.1 Schildern Sie bitte Ihre momentanen Schwierigkeiten beim Schreiben.

0.2 Sind diese oder ähnliche Schwierigkeiten schon früher aufgetreten? Wenn ja, seit wann?

0.3 Listen Sie bitte die wissenschaftlichen Arbeiten auf, die Sie in den letzten ein bis zwei Jahren geplant, begonnen oder abgeschlossen haben. Notieren Sie in einigen Sätzen, worum es jeweils ging.

0.4 Wählen Sie daraus eine Arbeit aus, über deren Entstehung Sie im Folgenden hauptsächlich schreiben wollen. Beziehen Sie sich in Ihren Beispielen immer zuerst auf diese Arbeit und erst anschließend auf andere Arbeiten. Die im Mittelpunkt stehende Arbeit sollte nach Möglichkeit mindestens zehn und höchstens dreißig Seiten umfassen. Wenn Ihre Arbeiten länger sind, wählen Sie daraus ein Kapitel aus, auf das Sie sich hauptsächlich beziehen wollen.

1

1.1 Was ist für Sie wichtiger oder befriedigender: Das Forschen, Tüfteln, Nachdenken, Lesen von Literatur oder das Schreiben?
a) Forschen, Tüfteln, Nachdenken, Lesen
b) Schreiben
c) Beides ist gleich befriedigend

1.2 Es gibt verschiedene Verfahren, einen Text zu planen. Manche Autoren verwenden darauf viel Zeit, machen z.B. Gliederungen bzw. Konzepte. Andere beginnen dagegen ziemlich früh mit dem Schreiben; ihr Konzept entwickelt sich allmählich während des Schreibens. – Wie gehen Sie vor?
a) ich plane überwiegend vorab
b) ich plane überwiegend während des Schreibens
c) mal so, mal so

1.3 Schreiben Sie im allgemeinen eher flüssig oder eher stockend, mit vielen Pausen?
a) stockend
b) flüssig
c) mal stockend und mal flüssig

1.4 Kommt es vor, dass Ihnen beim Nachdenken über Ihr Konzept Formulierungen einfallen, von denen Sie denken, dass Sie diese vielleicht in Ihrem späteren Text verwenden können?
a) selten oder nie
b) oft
c) manchmal?

1.5 Notieren Sie diese Einfälle dann?
a) nie oder selten
b) oft
c) manchmal

1.6 Kommt es vor, dass Sie sich beim Notieren solcher Einfälle entschließen, sofort einen zusammenhängenden Text zu schrei-

ben, z.B. ein ganzes Kapitel oder den Anfang Ihres geplanten Textes, obwohl Ihr Konzept noch nicht steht?
a) selten oder nie
b) oft
c) manchmal

1.7 Fallen Ihnen auch zur „Unzeit", z.B. bei manuellen Arbeiten oder nachts im Bett solche Formulierungen ein?
a) selten oder nie
b) oft
c) manchmal

1.8 Haben Sie manchmal das Gefühl, zu früh mit dem Schreiben angefangen zu haben?
a) nein
b) ja

1.9 Fangen Sie beim Schreiben normalerweise vorn an und hören am Schluss auf, oder kommt es auch vor, dass Sie z.B. mit einem mittleren Kapitel oder Abschnitt anfangen?
a) Ersteres
b) Letzteres
c) mal Ersteres, mal Letzteres

1.10 Kommt es vor, dass Sie beim Schreiben oder beim späteren Lesen Ihres Textes gedankliche Brüche feststellen?
a) selten oder nie
b) oft
c) manchmal

1.11 Kommt es vor, dass Sie beim Schreiben oder beim nachträglichen Durchlesen entdecken, dass Sie sich „verrannt" haben, dass Sie z.B. etwas geschrieben haben, was nicht zum Thema passt?
a) selten oder nie
b) oft
c) manchmal

1.12 Kommt es vor, dass Sie bei Schreibbeginn (eines Textes oder Textteils) noch nicht oder noch nicht genau wissen, was Sie schreiben wollen?
a) selten oder nie
b) oft
c) manchmal

1.13 Kommen Ihnen beim Schreiben ganz neue inhaltliche Ideen?
a) selten oder nie

b) oft
c) manchmal

1.14 Lesen Sie während des Schreibens vorher produzierte Textteile oder schieben Sie diese Lektüre auf den Schluss der Schreibsitzung oder den nächsten Tag hinaus?
a) Ersteres
b) Letzteres
c) mal Ersteres, mal Letzteres

2.

2.1 Für die meisten wissenschaftlichen Arbeiten ist es nötig, sich mit Literatur auseinanderzusetzen und diese gegebenenfalls zu referieren. Wie geht es Ihnen damit?
a) Es fällt mir insgesamt gesehen leicht
b) Es fällt mir meistens schwer
c) Es fällt mir manchmal leicht und manchmal schwer

2.2 Enthalten Ihre Zusammenfassungen viele Zitate?
a) nein
b) ja
c) manchmal

2.3 Schildern Sie so genau wie möglich Ihre Vorgehensweise beim Lesen und Verwerten wissenschaftlicher Literatur, auf die Sie sich in Ihrer eigenen Arbeit voraussichtlich beziehen werden. Exzerpieren Sie z.B. viel, streichen Sie Stellen an, die Sie für wichtig halten? Wie halten Sie es mit Büchern, die Sie weder kaufen noch für längere Zeit ausleihen können? Kopieren Sie wichtige Seiten oder machen Sie sich inhaltliche Notizen?

2.4 Kommt es vor, dass Sie den Schreibprozess für einige Zeit unterbrechen müssen, weil Sie die Textstellen bzw. die entsprechenden Exzerpte, auf die Sie sich beziehen wollen, nicht auf Anhieb finden und deswegen lange suchen müssen?
a) Es kommt selten oder nie vor
b) Es kommt oft vor
c) Es kommt manchmal vor

2.5 Orientieren Sie sich beim Schreiben hauptsächlich an Ihren Exzerpten oder an der Literatur selbst?
a) Überwiegend Letzteres
b) überwiegend Ersteres
c) unterschiedlich

3

3.1 Wenn Sie zu den Autoren gehören, die ihr Konzept oder große Teile Ihres Konzeptes vor Schreibbeginn erarbeiten, wenn Sie also ein Vorabplaner sind, erledigen Sie diese Arbeit dann hauptsächlich im Kopf oder hauptsächlich in schriftlicher Form?
a) im Kopf
b) schriftlich
c) manchmal im Kopf und manchmal schriftlich

3.2 Bitte nur ausfüllen, wenn Sie ein Vorabplaner sind: Fällt Ihnen die Erarbeitung eines Konzepts eher leicht oder eher schwer? Wenn Letzteres der Fall ist, schildern Sie bitte Ihre Schwierigkeiten anhand konkreter Beispiele.

3.3 Ändern Sie Ihr Konzept oder Teile Ihres Konzepts häufig, oder bleibt es in der Regel bei dem ersten Konzept?
a) Letzteres
b) Ersteres
c) unterschiedlich

3.4 Fällt es Ihnen beim Planen einer wissenschaftlichen Arbeit leicht oder schwer, eine Fragestellung zu finden?
a) leicht
b) schwer
c) manchmal leicht, manchmal schwer

3.5 Fällt es Ihnen leicht oder schwer, in Ihrer Arbeit die Fragestellung einzugrenzen?
a) eher leicht
b) eher schwer
c) unterschiedlich

3.6 Haben Sie beim Planen manchmal das Gefühl, dass Sie den Schreibbeginn zu lange hinausgezögert haben?
a) nein
b) ja

4

4.1 Korrigieren Sie während des Schreibens Ihren Text, oder verschieben Sie das auf später?
a) Letzteres
b) Ersteres
c) mal Letzeres, mal Ersteres

4.2 Um was für Änderungen handelt es sich hier vorzugsweise: Rechtschreibung, Kleinigkeiten bei der Wortwahl oder Syntax, Inhaltliches, Logik, was sonst?

4.3 Oder ändern Sie erst nach den Schreibsitzungen bzw. in einer Schlussredaktion?
a) ja
b) nein
c) unterschiedlich

4.4 Um was für Änderungen handelt es sich hier?

4.5 Fiel es Ihnen bei Klassenaufsätzen schwer, einen Anfang zu finden? Waren Sie im Vergleich zu Ihren Mitschülern eher schneller, langsamer oder ungefähr gleich schnell?

4.6 Denken Sie beim Schreiben Ihrer wissenschaftlichen Texte an künftige Leser?
a) selten oder nie
b) oft
c) manchmal

4.7 Um welche Personen handelt es sich dabei? Oder bleiben diese anonym?

5

5.1 Gibt es Zeiten, in denen Sie das Schreiben hinaus schieben und dafür etwas anderes tun?
a) selten oder nie
b) oft
c) manchmal

5.2 Kommt es vor, dass Sie sehr lange am Schreibtisch sitzen und gern schreiben oder weiterschreiben möchten, Ihnen aber die Einfälle usw. wegbleiben?
a) selten oder nie
b) oft
c) manchmal

5.3 Oder stehen Sie in solchen Fällen schnell auf, um sich mit etwas anderem zu beschäftigen?
a) selten
b) oft
c) manchmal

5.4 Wie viel Zeit haben sich Ihre Eltern genommen, um mit Ihnen über die Schule und Ihre Leistungen zu sprechen? Wurden Sie gelobt oder getadelt? Erhielten Sie Hilfe, wenn es nötig war? Wenn ja, welcher Art? Oder waren Sie überwiegend sich selbst überlassen? Schildern Sie Einzelheiten!

Hinweise zur Auswertung der Antworten

Haben Sie Neues beim Nachdenken über Ihr Schreibverhalten erfahren? Oder waren Sie eher verwirrt, weil Sie nicht damit gerechnet hatten, dass es beim Planen und Schreiben so viele Aktivitäten gibt?

Vielleicht haben Sie sich gefragt, was die Einteilung in fünf verschiedene Abschnitte bedeutet. Für Ihre Antworten war das unerheblich. Für die Auswertung ist eine Erläuterung erforderlich: Die innerhalb eines Abschnitts aufgelisteten Fragen beziehen sich auf einen bestimmten Störungs*typ*. So beziehen sich die Fragen des ersten Abschnitts auf Störungen, die mit vorzeitigem Starten zusammenhängen und die Fragen des zweiten Abschnitts auf Schwierigkeiten beim Zusammenfassen. Die Fragen sind so formuliert, dass Sie mit ihrer Hilfe prüfen können, ob Ihre Störung möglicherweise einer (oder vielleicht auch mehreren) der fünf Störungstypen zugeordnet werden kann oder nicht. Je mehr b)-Antworten Sie innerhalb eines Abschnitts unterstrichen haben, umso größer ist die Wahrscheinlichkeit, dass Ihre Störung dem betreffenden Störungstyp zugeordnet werden kann. Und umgekehrt: Je mehr a)-Antworten Sie unterstrichen haben, desto wahrscheinlicher ist es, dass Ihre Störung einem der anderen vier Typen zuzuordnen ist.

Ich stelle auf den nächsten Seiten diese fünf Störungstypen dar. Sie sind aufgefordert, die Darstellung mit Ihren Antworten zu vergleichen und zu prüfen, ob Sie sich in Ihrem Schreibverhalten wiederfinden oder nicht.

Seien Sie dabei nicht voreilig. Wenn Sie die Darstellung nicht nur aus Interesse an der Sache lesen, sondern ernsthaft die Absicht haben, an Ihrem Schreibverhalten etwas zu verändern, sollten Sie wie folgt vorgehen: Lesen Sie das Kapitel zunächst zu Ende und nehmen Sie dabei zur Kenntnis, welche Störungsformen bei unseren Klienten häufiger vorgekommen sind. Vergleichen Sie dann die Beschreibung der einzelnen Störungsarten mit Ihren Antworten und versuchen Sie auf dieser Grundlage herauszufinden, wo Sie sich in Ihrem momentanen Schreibverhalten am ehesten wiederfinden.

Wenn Sie zu einem Resultat gekommen sind, sehen Sie sich noch einmal die Empfehlungen an und probieren Sie, ob Ihnen eine der vorgeschlagenen Übungen hilft. Probieren Sie nach Möglichkeit alle Übungen aus, um herauszufinden, welche Ihnen am meisten zusagt. Wenden Sie diese Übung dann längere Zeit an.

3 Die fünf häufigsten Störungsformen und Strategien zu ihrer Überwindung

3.1 Konzeptbildungsprobleme bei frühzeitigem Starten

Beschreibung der Störung

Wer schnell mit dem Schreiben beginnt und sich nicht lange damit aufhält, für eine Arbeit bzw. ein Kapitel ein Konzept zu erarbeiten, der setzt sich der Gefahr aus, dass er sich beim Schreiben verrennt oder ihm irgendwann der Stoff ausgeht. Interviews mit Experten haben allerdings gezeigt: Dieses Verfahren kann auch produktiv sein. Diese Autoren wussten: Ihnen kommen die besten Einfälle beim Schreiben; sie nahmen in Kauf oder fanden es hilfreich, den Schreibprozess in kleine Phasen zu zerlegen und zwischendurch erneut zu planen, zu lesen und zu forschen. Das hatte für sie den Vorteil, dass sie nur dann schreiben mussten (oder durften), wenn ihnen danach zumute war, wenn ihnen zum Beispiel beim Lesen eine neue Idee gekommen war und wenn sie daraus sofort ein Textfragment machen konnten. Als geübte Schreiber konnten sie die zunächst isolierten Textstücke zu einem Ganzen vereinigen (und sie wussten: Dies bedeutet harte Arbeit).

Dieses Vorgehen kann jedoch zum Verhängnis werden: Wenn ein Autor bewusst oder unbewusst erwartet, dass die als lustvoll erlebte Anfangsphase während der gesamten Textproduktion anhält, und wenn er innerlich nicht darauf vorbereitet ist, zwischendurch wieder zu forschen usw. und schon geschriebene Passagen zu ändern oder neu zu schreiben. Nicht selten lässt er dann die Arbeit erst einmal liegen und wartet – meist vergebens – auf die nächste produktive Phase. Oder er gibt auf.

Führt frühzeitiges Starten auf diese Weise zu einer Blockade, kommen häufig die folgenden Verhaltensformen (oder einige davon) zusammen:
- Dem Autor fällt es prinzipiell leicht, schriftlich zu formulieren, und es macht ihm meistens Spaß, zumindest am Anfang.
- Er ist nur dann zufrieden, wenn ihm die Formulierungen sofort einfallen und er nicht lange danach suchen muss.
- Solange ihm Formulierungen einfallen, vermeidet er es, das in der jeweiligen Schreibsitzung Geschriebene zwischendurch noch einmal zu lesen.
- Bleiben jedoch die Einfälle aus, versucht er durch Lesen der vorausgehenden Textpassagen neue Einfälle zu forcieren und ent-

deckt dabei häufig Unzulänglichkeiten, tut sich aber schwer, den Text zu ändern.
- Auch wenn er in einer nächsten Schreibsitzung schon Geschriebenes wieder liest und dabei Mängel entdeckt, zieht er es meistens vor, sofort weiterzuschreiben. Das Lesen dient ihm hauptsächlich dazu, überhaupt wieder ins Schreiben reinzukommen. Einige unserer Klienten brachten es sogar fertig, die gesamte Hausarbeit erst zu lesen, nachdem sie abgeschlossen war.
- Die in den Texten häufig vorkommenden logischen Brüche werden von den Autoren nicht oder zu spät bemerkt.

Empfehlungen

Wenn Sie
- sich mit Ihren Schwierigkeiten hier wiederfinden und
- viele der Fragen im Abschnitt 1 mit b) beantwortet haben,

könnte das dafür sprechen, dass Ihre Blockade die beschriebenen Ursachen hat. Sie tun gut daran, Ihr Schreibverhalten in zweierlei Hinsicht ändern:

Sie sollten *erstens* vor jeder neuen Schreibsitzung genau überlegen, was Sie in den bevorstehenden Stunden schreiben wollen. Noch besser: Sie erzählen dies jemandem, den oder die sie gut kennen. Das hat den Vorteil, dass der oder die Andere fragen kann – und Sie auf diese Weise merken: An meinen Überlegungen stimmt noch nicht alles.

Bei den Teilnehmern unserer Schreibgruppen hat es sich bewährt, einander anzurufen oder sich zu treffen, um über den zu schreibenden Text zu sprechen und anschließend – jeder für sich – weiter zu schreiben.

Wenn Sie es vorziehen allein zu arbeiten, kann folgendes Vorgehen hilfreich sein: Legen Sie zu Beginn der Arbeitssitzung schriftlich fest, was Sie schreiben wollen. Begnügen Sie sich nicht mit einer aus Überschriften bestehenden Gliederung: Sie können leicht Wichtiges vergessen. Schreiben Sie einen kleinen zusammenhängenden Text und beginnen Sie diesen mit einem Satz wie „Ich könnte jetzt schreiben, dass ..." Fahren Sie dann entsprechend fort. Eine solche Formulierung schützt Sie, unversehens schon den Text selbst zu schreiben. Denn Sie sind noch damit befasst zu überlegen, *was* Sie schreiben wollen, also mit einer Art Inhaltsangabe von dem zu schreibenden Text.

Versuchen Sie, sich zu zwingen, dieses Verfahren längere Zeit beizubehalten. Es wird Ihnen so in Fleisch und Blut übergehen, dass Sie auch ohne diesen Satz mit entsprechenden Überlegungen beginnen und nicht mehr unreflektiert drauflos schreiben.

Die *zweite* Empfehlung zielt auf eine positive Einstellung zum Ändern. Sie werden sich auch dann öfter verrennen, wenn Sie vor den Schreibsitzungen überlegen, was Sie schreiben wollen. Ihnen werden auch weiterhin während des Schreibens neue Ideen kommen, und in Ihrer Freude darüber werden Sie diese sofort in Ihren Text einfließen lassen. In solchen Fällen besteht folgende Gefahr: Sie merken nicht rechtzeitig, dass die neuen Einfälle nicht zu dem bisherigen Konzept passen. Um die daraus resultierenden logischen Brüche so schnell wie möglich aufzudecken, ist es notwendig, zwischendurch das Geschriebene zu lesen und es gegebenenfalls gleich zu ändern oder kleine Teile neu zu schreiben. Solche kleinen Pannen sind der Preis für Ihre Kreativität; sie lassen sich nicht völlig vermeiden.

Sie können jedoch die Angewohnheit ändern, geschriebene Textteile erst später und vielleicht erst vor der nächsten Schreibsitzung zu lesen. Stattdessen sollten Sie das zuvor Geschriebene bereits während der Schreibsitzung von Zeit zu Zeit lesen und prüfen: Ist der Text stimmig? Hängen die Teile zusammen? Lassen Sie sich, um das im Eifer des Gefechtes nicht zu vergessen, von einer Weckuhr daran erinnern.

In den Schreibgruppen haben wir die Autoren, die unter der Frühstarterproblematik litten, persönlich erinnert und in Kauf genommen, dass sie sich gestört fühlten. In den Nachrunden berichteten sie nicht selten, sie hätten ihren Schreibfluss zwar nicht sofort gestoppt, sich aber etwas später an die Ermahnung erinnert. Nachträglich waren sie froh, auf diese Weise nicht in eine falsche Richtung abgedriftet zu sein.

Wenn Sie dieses anfangs lästige Verfahren lange genug anwenden, werden Sie es wahrscheinlich verinnerlichen und ohne Weckuhr auskommen. Ihr Schreibtempo wird sich allmählich etwas verringern, und Sie werden bei der Entdeckung von Unzulänglichkeiten auch manchmal ärgerlich sein. Aber dieser vergleichsweise kleine Ärger ist nützlich und schützt Sie vor dem größeren Frust, der eintritt, wenn es zum Ändern zu spät ist oder Sie die Arbeit abgebrochen haben.

Die empfohlenen Gegenstrategien lassen sich durch theoretische Erwägungen stützen: Schreiben ist eine weitgehend monologische Aktivität. Unsere Adressaten sind nicht anwesend, häufig kennen wir sie nicht. Wir wissen nicht, ob und wie sie auf das reagieren, was wir zu sagen haben. Gleichwohl bedienen wir uns des gleichen Mediums wie beim Sprechen: der Sprache. Die Grammatik, Semantik und Lexik sind in der schriftlichen und mündlichen Kommunikation weitgehend gleich; sie haben allerdings unterschiedliche Aufgaben: Im Gespräch kommt es darauf an, sich im ständigen Wechselspiel von Rede und Gegenrede, Frage und Antwort usw. zu verständigen. Die Situation, Stimme, Mimik, Gestik und die Sprache tragen dazu bei, dass dies gelingt. In der schriftlichen Kommunikation sind wir allein auf die Sprache angewiesen – auf eine Sprache, deren Grammatik, Semantik und Wortschatz genetisch gesehen nur der mündlichen Kommunikation gedient hat.

Um einen Text zu verfassen, müssen wir darum die grammatikalischen, semantischen und lexikalischen Mittel dem neuen Zweck anpassen und sie teilweise umformen. Damit ist nicht nur gemeint, dass bestimmte Ausdrücke der Umgangssprache in der Schriftsprache nicht erlaubt sind, sondern dazu gehört zum Beispiel auch, dass ein schriftlicher Text anders aufgebaut sein muss als die Redebeiträge im Gespräch. Damit ein Gespräch zusammenhängend oder kohärent ist, wie die Linguisten es nennen, müssen die Sprecher in erster Linie darauf achten, dass sie sich auf den jeweils vorausgehenden Beitrag beziehen. Es ist jedoch nicht nötig, dass sie das, was sie sagen wollen, Schritt für Schritt aufbauen usw. Von schriftlichen Äußerungen wird das erwartet, und es ist erforderlich, damit der künftige Leser den Text versteht.

Um zu lernen, kohärente Texte zu verfassen, reichen dreizehn Schuljahre oft nicht aus, und ein Teil der Blockaden, von denen selbst Experten nicht immer verschont bleiben, dürften mit dieser Schwierigkeit zusammenhängen.

Die Empfehlungen,
- öfter zu ändern,
- zu ändern, sobald eine Unzulänglichkeit im Textzusammenhang entdeckt wurde,
- durch häufiges Lesen dafür zu sorgen, dass solche Unzulänglichkeiten überhaupt entdeckt werden,

kommen dem mündlichen Sprachgebrauch entgegen – einem Sprachgebrauch, mit dem wir in der Regel besser vertraut sind als mit schriftlicher Textproduktion. Damit wird erreicht, dass der Schreiber vorübergehend die Rezipienten-Rolle einnimmt und seine Äußerungen „repariert"; so ähnlich wie es Gesprächsteilnehmer ständig tun. Und wenn er vor und während einer Schreibsitzung überlegt, was er jetzt schreiben will, dann stellt er damit – indirekt zumindest – sich selbst die *Frage*, was er schreiben will und wendet somit ein konversationelles Mittel an. Der endgültige Text bleibt zwar monologisch, aber das Verfahren erhält dialogische Elemente – und die Arbeit wird dadurch erleichtert.[2]

---

[2] Gisbert Keseling: Sprechen mit sich selbst als Strategie zur Vermeidung und Überwindung von Schreibblockaden. In: Claudia Mauelshagen, Jan Seifert (Hrsg.): Sprache und Text in Theorie und Empirie. Stuttgart 2001, S.157-169.

3.2 Probleme beim Zusammenfassen

Beschreibung der Störung

Die Technik des Zusammenfassens wird in der Schule geübt. Trotzdem tun sich viele Studierende damit schwer. Statt beim Lesen auf die Kernaussagen des Textes zu achten, lesen sie sich fest, exzerpieren mehr oder weniger wahllos und beschränken sich beim Schreiben nicht auf das Wesentliche. Das Ergebnis ist oft nicht viel mehr als eine Zitatensammlung.

Ein Grund für dieses Verhalten ist die Versuchung, Teile des zusammenzufassenden Textes lieber wörtlich als in eigenen Worten wiederzugeben.[3] Das erscheint auf den ersten Blick einfacher, und der Schreiber entgeht der Gefahr, ungenau zu sein. Solange er Wesentliches zitiert, zum Beispiel Kernsätze oder Definitionen, mag das in Ordnung sein. Wird dagegen in erster Linie deshalb zitiert, weil bestimmte Aussagen oder Zusammenhänge nicht verstanden wurden, oder weil für die Wiedergabe die Worte fehlen, zeigt das meistens: die Aufgabe des Zusammenfassens wurde verfehlt.

Ein zweiter Grund für diese Schwierigkeit: In wissenschaftlichen Arbeiten sind Zusammenfassungen meist in weitergehende Aufgaben eingebettet.[4] Es geht zum Beispiel darum, eine Fragestellung zu entwickeln und dabei an Literatur anzuknüpfen oder eigene Ergebnisse durch Untersuchungen anderer Autoren zu stützen. Oft muss der Autor dazu nur Details herausgreifen und diese aus dem ursprünglichen Zusammenhang herauslösen. Mit welchen Schwierigkeiten hat es der Autor hier zu tun? Die zu verwendende Literatur wurde oft schon lange vor dem Schreiben gelesen und dabei wurde das exzerpiert oder kopiert, was der Autor für wichtig hielt. Doch je weiter dies zeitlich zurückliegt, umso schwieriger ist es, beim Planen oder Schreiben des eigenen Textes gerade die Details wieder zu finden, auf die es in der eigenen Arbeit ankommt. Vielfach ist dann erneutes Lesen oder Durchblättern erforderlich. Anfänger verlassen sich hier gern auf ihre Exzerpte und übersehen dabei oft, dass diese aus einer Zeit stammen, in der sie noch nicht wußten, was für den *eigenen* Text wichtig sein würde.

Eine unserer Klientinnen war sich dieser Schwierigkeit bereits während des Exzerpierens bewusst. Um sich nicht der Gefahr auszusetzen, das Gelesene später zu vergessen, exzerpierte sie unge-

---

[3] Gisbert Keseling: Schreibprozeß und Textstruktur. Tübingen 1993.
[4] Eva-Maria Jakobs: Textvernetzung in den Wissenschaften. Tübingen 1999, S. 94ff.

wöhnlich viel und oft. Dadurch kam sie mit der Lektüre viel zu langsam voran; das störte sie am meisten. Sie fand jedoch keinen Ausweg aus dem Dilemma.

Die Schwierigkeiten, mit denen die Schreiberinnen und Schreiber zu kämpfen haben, lassen sich auf einen gemeinsamen Nenner bringen: Sie leiden unter einem zu großen Respekt vor dem Wortlaut des fremden Textes und unter einem zu geringen Vertrauen in die eigenen Fähigkeiten, fremde Texte zu rezipieren und zu verstehen. Um einen Text so zu verstehen, dass man darüber sprechen oder schreiben kann, ist es nötig, sich von dem Wortlaut und den Einzelheiten zu lösen und zum Sinn vorzudringen. Der Sinn eines Textes ist zwar durch die Textäußerungen ausgedrückt, aber nicht an deren genauen Wortlaut gebunden. Derselbe Sinn lässt sich meistens auch anders ausdrücken. Als Leser eines Textes können wir den Sinn transportieren, ohne den gesamten Text transportieren zu müssen. Mit anderen Worten: Beim wirklichen Verstehen wandeln wir den sprachlichen Kode in einen gedanklichen Kode um. Und wenn wir anschließend über den Text sprechen, kodieren wir die Gedanken wieder in Sprache um. So und nicht anders wird der Sinn auch in mündlicher Kommunikation weitergegeben. Wäre er an den genauen Wortlaut gebunden, wäre es nicht möglich, eine mir heute mitgeteilte Begebenheit morgen anderen weiterzuerzählen. Dass dabei Teile verloren gehen oder neu hinzu gedacht werden können, ist eine andere Sache.

Wenn ein Autor zu sehr an dem zusammenzufassenden Text klebt und beim Schreiben einer Zusammenfassung immer wieder Teile des Primärtextes liest und sich entschließt, ganze Äußerungen oder Folgen von Äußerungen zu zitieren, dann besteht folgende Gefahr: der Sinn des Textes

- geht verloren bzw.
- wird gar nicht erst zur Kenntnis genommen oder
- wird in viele „Einzelsinne" zerlegt.

Empfehlungen

Diese Schwierigkeiten lassen sich überwinden, wenn es gelingt, den Respekt vor dem Wortlaut zu reduzieren und das Vertrauen in die Fähigkeit zu stärken, einen Text zu rezipieren und zu verstehen.

Ersteres lässt sich durch eine Übung erreichen, die wir erfolgreich angewandt haben. Wir bitten die Klienten, sich einen nicht zu langen Text vorzunehmen und diesen gründlich zu lesen, am besten zweimal. Dabei verbieten wir ihnen, sich Notizen zu machen. Anschließend bitten wir sie, den Text wegzulegen und ihn aus dem Kopf zusammenzufassen. Wenn sie sich an bestimmte Details nicht erinnern können, sollen sie drei Punkte machen und die Stelle später mit Hilfe des Textes ergänzen.

Wurde diese Übung oft genug angewandt, führte sie fast immer zum Erfolg. Bereits nach dem ersten Mal waren die Klienten überrascht, mit ihrer Zusammenfassung nicht vollständig gescheitert zu sein. Allmählich wurden sie sicherer und trauten sich, in ihrer Diktion vom Vorbild abzuweichen.

Etwas schwieriger war es, die Probleme beim Exzerpieren zu bearbeiten. Die Standardübung, aus dem Kopf zusammenzufassen, ließ sich zwar anwenden, aber es war nicht immer einfach, die Klienten zu gewinnen, auf das *Herausschreiben* zu verzichten und stattdessen *Inhaltsangaben* zu machen.

Wenn Sie die Standardübung allein machen, ist es wichtig, Geduld zu haben und konsequent zu sein. Die Übung wird ihnen nicht helfen, wenn Sie beim Zusammenfassen die Vorlage heranziehen. Dann ist der Effekt eine erneute Entmutigung. Und vergessen Sie nicht, den Text mehrmals und gründlich zu lesen. Fangen Sie mit kurzen, einfachen Texten an; steigern Sie allmählich den Schwierigkeitsgrad. Widerstehen Sie der Versuchung, die Übung mit Texten zu beginnen, die Sie für Ihre eigene Arbeit zusammenfassen müssen. Sie handeln sich zusätzliche Schwierigkeiten ein: Vielleicht möchten Sie den Text später kritisieren, weil Sie zu anderen Ergebnissen gekommen sind. Oder Sie möchten zwischen den Zeilen durchblicken lassen, dass Sie sich von den Aussagen distanzieren. Dazu sind besondere sprachliche Mittel erforderlich, und das lenkt Sie vom eigentlichen Zweck der Übung ab. Betrachten Sie die Übung als ein Training, das dazu dient, ähnlich wie eine Gymnastik-Übung Ihre Kräfte und Ihre Geschicklichkeit zu stärken.

3.3 Unstimmige Konzepte, verbunden mit spätem Starten

Beschreibung der Störung

Manchen Klienten fällt es schwer, ein geeignetes Konzept zu finden. Insbesondere jüngeren Semestern war oft nicht klar, dass sie für eine gute Gliederung eine Fragestellung brauchen. Sie hatten zu ihrem Thema allerhand gelesen und exzerpiert. Sie konnten jedoch weder ihren Stoff ordnen noch Wichtiges von Unwichtigem unterscheiden.

Eine Klientin kam deshalb beim Schreiben nur sehr langsam voran. Sie hatte sich sehr lange mit der Gliederung aufgehalten und sich schließlich entschlossen mit dem Schreiben anzufangen. Bald entdeckte sie, dass sie in ihrer Gliederung wichtige Punkte vergessen hatte. Sie brach den Schreibprozess ab und machte eine neue Gliederung. Dieser Prozess wiederholte sich in den nächsten Tagen mehrmals. Schließlich hatte sie zehn verschiedene Gliederungen – und konnte sich für keine entscheiden.

Dieses Problem hing mit einer anderen Schwierigkeit zusammen: Die Autorin trennte sich nur schwer von guten Ideen. Sie meinte, alles in der Arbeit unterbringen zu müssen, was sie zu ihrem Thema wusste und was irgendwie damit zusammenhing. Ihr war unbekannt, dass es unerlässlich ist, ein Thema einzugrenzen. Auch mit dem Begriff *Fragestellung* (Was wollen Sie herausfinden?) konnte sie nichts anfangen. Als dies für sie geklärt war, trat in ihrem Schreibverhalten eine Wende ein. Ihr Ziel war jetzt nicht mehr, aus ihren diversen Einfällen einen irgendwie zusammenhängenden Text zu machen, sondern ein Problem zu formulieren, dieses in Unterprobleme zu gliedern und auf dieser Grundlage zu entscheiden, was zu ihrem Thema gehört und was sie weglassen kann. Die elfte – endgültige – Gliederung ergab sich nahezu von selbst. Die Niederschrift verlief mühelos. Die Klientin erlebte zum ersten Mal: Schreiben kann lustvoll sein.

Neben der Variante „mehrere miteinander konkurrierende Gliederungen" gab es noch einen anderen Störungstyp: Nachdem sich die Autoren – meist erst nach langen Vorarbeiten – durchgerungen hatten, ihren Text zu Papier zu bringen, gerieten sie irgendwann ins Stocken, wussten aber nicht warum. Wenn wir die Klienten baten, ihr Vorhaben darzustellen, stellte sich Folgendes heraus: Am Ende der Planungsphase hatten sie ein klares Konzept gehabt. Doch beim Formulieren veränderte sich das Konzept mehrfach – nicht nur in einzelnen Punkten, sondern auch in der Fragestellung.

Vom Effekt her (logische Brüche usw.) ähnelt diese Störung der Frühstarterproblematik. Sie unterscheidet sich von dieser Problematik jedoch dadurch, dass die Autoren viel Mühe darauf verwendet hatten, vor dem Schreiben ein Konzept zu erarbeiten, während sich bei den Frühstartern das Konzept erst während des Schreibens entwickelte.

In einer dritten Variante hatten die Klienten eine ungeeignete Textform gewählt. Sie sollten zum Beispiel einen Praktikumsbericht schreiben, bei dem in erster Linie die Darstellung persönlicher Erfahrung gefordert war. Obwohl die Autoren das wussten, waren sie beim Planen und Schreiben ähnlich vorgegangen wie bei den ihnen vertrauten wissenschaftlichen Hausarbeiten. Sie hatten Material gesammelt und Literatur gelesen. Beim Schreiben scheiterten sie bereits nach den ersten Sätzen und zögerten die Weiterarbeit sehr lange hinaus.

Welche Prozesse lagen diesen Störungen zugrunde? Beim Planen eines Textes laufen Gestaltbildungsprozesse ab: Der Text, den sich der Autor vorstellt, besteht aus Teilgestalten, die zueinander passen müssen, wenn die Textproduktion gelingen soll.[5] Nicht zueinander passende Teilgestalten können zu Blockaden führen. Bei der Klientin, die sich mit dem Erstellen ihrer Gliederung schwer tat, passten die geplanten Kapitel nicht zusammen. Sie ergaben kein sinnvolles Ganzes, sondern waren mehr oder weniger willkürlich zusammengewürfelt und in ihrer Position austauschbar bzw. sogar entbehrlich. Erst durch die Fragestellung wurde aus diesem Konglomerat eine gute Gestalt. Die geplanten Kapitel fügten sich jetzt in der Vorstellung zu einer Argumentation zusammen.

Bei der zweiten Variante lag zwar ursprünglich eine gute Gestalt zugrunde, sie war jedoch offensichtlich nicht sehr stabil, so dass sich während des Schreibens Umrisse einer anderen ebenso instabilen Gestalt in den Vordergrund drängen konnten.

Bei den Praktikumsberichten passte die anvisierte Textsorte, eine wissenschaftliche Abhandlung, und die geforderten persönlichen Erfahrungsberichte nicht zusammen.

Empfehlungen

Wie können Sie sich helfen, wenn Sie vermuten, unter der beschriebenen Störung zu leiden? Versuchen Sie zunächst auszuschließen, dass die Störung nicht auf andere Ursachen zurückzuführen ist. Wenn Sie zum Beispiel dazu neigen, schnell mit dem Schreiben zu beginnen, dann dürfte eher ein Frühstarterproblem zugrunde liegen.

Der nächste Schritt: Die genaue Untersuchung,
- wie die Konzeptbildung bei Ihrer Arbeit abgelaufen ist,
- welche Pläne Sie gehabt und wieder verworfen haben,
- ob Sie sich beim Schreiben an Ihr Konzept hielten oder es zwischendurch änderten,
- und wie sich dies ausgewirkt hat.

Diesen Fragen sollten Sie unbedingt zusammen mit anderen nachgehen. Denn gerade bei der Konzeptbildung ist Betroffenen oft der Blick verstellt. Mit etwas Glück werden Sie eine Lücke oder Unstimmigkeit in Ihrer Argumentation entdecken und Ihr Konzept entsprechend ändern. Meistens sind solche Entdeckungen mit einem plötzlichen Aha-Effekt verbunden, der Ihnen anzeigt: Sie haben die Ihnen bislang verborgen gebliebene gute Gestalt gefunden.

---

[5] Hanspeter Ortner: Schreiben und Denken. Tübingen 2000.

Bleibt dieser Effekt aus, hilft nur Weitersuchen. Lesen Sie Ihren Text erneut, rekonstruieren Sie die Argumentation und prüfen Sie, ob sie zu Ihrem Gesamtkonzept passt. Oft hilft es, wenn Sie Ihr Konzept visualisieren. Sie sehen dann besser, wo etwas fehlt oder gestrichen werden sollte.

3.4 Probleme mit dem inneren Adressaten

Beschreibung der Störung

Die bislang besprochenen Blockaden sind überwiegend mit der Planung verknüpft. Die Störungen, die nun zur Sprache kommen, haben eine andere Ursache: Unstimmigkeiten zwischen dem Autor und seinem Adressaten.

Ein Blick auf die mündliche Kommunikation verdeutlicht, worum es geht. Wenn wir sprechen, tun wir das im Allgemeinen mit der Absicht, uns mit anderen Personen zu verständigen. Wir haben ein Anliegen und wünschen oder erwarten, dass der andere darauf reagiert. Wir fragen und erwarten, dass er antwortet, wir bitten ihn um etwas und erwarten, dass unsere Bitte erfüllt oder zurückgewiesen wird usw. Dabei hängen unsere Erwartungen und die Art, wie wir uns äußern, auch von der Beziehung zum anderen ab. Bitte ich einen Freund um etwas, leite ich dies nicht erst lange ein. Wenn ich dagegen möchte, dass mir eine fremde Person einen Gefallen tut, drücke ich mich anders aus. Bis zu einem gewissen Grad ist das auch in schriftlicher Kommunikation so. In einem Geschäftsbrief oder in einem Brief an eine Behörde verwenden wir einen anderen Stil als in persönlichen Briefen.

Nun gibt es Textarten, in denen die Adressaten zurücktreten – meist dann, wenn es sich um eine anonyme Leserschaft handelt. Eine Romanschriftstellerin weiß beim Schreiben nicht, ob ihr Buch überhaupt gelesen wird. Für die Autoren wissenschaftlicher Arbeiten gilt häufig dasselbe.

Viele Autorinnen und Autoren stellen sich beim Schreiben zwar keine konkreten Personen vor, aber aus ihrem Schreibverhalten lässt sich schließen: Sie haben ein *Bild* von ihren künftigen (erhofften oder gefürchteten) Lesern verinnerlicht. In der Schreibforschung nennt man das den „inneren Adressaten".

Ein Schreiber kann seine potenziellen Leser für interessiert oder uninteressiert, kritisch oder unkritisch, wohlwollend oder böswillig, intelligent oder einfältig halten. Und es leuchtet ein, dass sich dies auf das Schreibverhalten auswirkt; nicht nur positiv, sondern häufig auch negativ – bis hin zu schweren Blockaden.

Wenn Sie in Ihrem Schreibverhalten die folgenden Merkmale (oder einige davon) entdeckt haben, könnte das darauf hindeuten, dass Sie einen Adressaten verinnerlicht haben, der Sie beim Schreiben behindert:

- Sie sind unzufrieden, weil Sie denken, dass Sie zu langsam schreiben. Sie haben festgestellt, dass andere bei ähnlichen Themen schneller vorankommen.
- Sie haben zusätzlich den Eindruck, dass Sie die vielen Pausen behindern, die Sie beim Schreiben machen, und dass dadurch kein richtiger Schreibfluss aufkommt.
- Sie ändern beim Schreiben viel und zwar auch Kleinigkeiten, die Sie ebenso gut später ändern könnten. Oder – alternativ – Sie ändern zwar nicht auf dem Papier bzw. am Bildschirm, aber Sie feilen im Kopf ziemlich lange an einem Satz, ehe Sie ihn hinschreiben.
- Sie ringen häufig um den richtigen Ausdruck oder das richtige Wort. Sie wissen in solchen Fällen zwar, was Sie schreiben wollen, können sich jedoch nicht ausdrücken.
- Sie starten vergleichsweise spät.
- Sie empfinden Schreiben häufig als qualvoll und können sich kaum vorstellen, dass es anderen Spaß machen kann.

Was hat dies alles mit einem negativen Bild von Ihrem potenziellen Adressaten zu tun? Der Zusammenhang wird vielleicht deutlicher, wenn Sie sich fragen: Warum schreibe ich eigentlich so langsam? Weshalb diese Vorsicht beim Formulieren und die Angst vor einem „falschen" Ausdruck? Sie könnten ja wie „Frühstarter" drauflos schreiben – ohne sich darum zu kümmern, ob alles in Ordnung ist. Ändern kann man schließlich immer noch. Möglicherweise haben Sie beim Schreiben wirklich Angst. Aber vor wem? Vor Ihrem künftigen Leser?

Eine unserer Klientinnen hatte beim Schreiben tatsächlich Angst. Sie schrieb eine Diplomarbeit. Ihr Thema hatte sie sich selbst ausgesucht. Sie war ziemlich weit gekommen und schrieb manchmal recht zügig. Doch zwischendurch stellte sie sich immer wieder vor, ihre Betreuerin würde lesen, was sie gerade schrieb. Dieser Gedanke machte sie extrem unsicher. Sie legte jedes Wort auf die Goldwaage, änderte immerfort und brach die Schreibsitzung schließlich ab.

Solche Fälle waren ziemlich häufig. Nicht selten kam ein weiterer Faktor hinzu: Wenn wir die Klientinnen und Klienten, die unter dieser Schwierigkeit litten, nach ihren Erfahrungen beim Aufsatzschreiben in der Schule fragten, fielen ihnen mehrfach Situationen ein, in denen beim Schreiben ein Lehrer hinter ihnen gestanden und orthographische Fehler verbessert hatte. Das daraus resultierende Fehlersyndrom waren sie nicht losgeworden.

Eine Klientin, die ihre Examensarbeit schrieb und über ihr niedriges Schreibtempo klagte, berichtete dagegen von positiven Schulerfahrungen. Ihr sei zugute gekommen, dass ihr Vater Deutschlehrer war und ihr beim Schreiben geholfen habe. Er habe ihr Vorschläge zum besseren Ausdruck gemacht, ihr aber freigestellt, diese Vorschläge zu übernehmen oder nicht. Meistens habe sie es getan, und das sei für sie eine Erleichterung gewesen, denn sie habe dann das Gefühl gehabt „richtig zu liegen". Auf meine Frage, wie sie auf der Universität ohne ihren Vater zurecht käme, antwortet sie, ohne ihn ginge es besser, aber sie schreibe noch heute lieber zusammen mit einer Kommilitonin, weil sie sich allein unsicher fühle und Angst habe, „Fehler zu machen". Verstärkt wurde diese Angst häufig durch die Vorstellung, die Professoren wüssten alles schon und es sei deshalb einfach für sie, Fehler oder Unzulänglichkeiten zu entdecken.

Empfehlungen

Autoren, die ihr Schreibtempo erhöhen möchten und die sich beim Schreiben zu lange mit dem Ändern aufhalten, empfehle ich das „automatische Schreiben"[6]: Ich bitte die Autoren, vor einer regulären Schreibsitzung alles aufzuschreiben, was ihnen durch den Kopf geht – und dabei keine Pausen zu machen. Auch ganz kurze Pausen sind untersagt. Nach etwa zehn Minuten bitte ich sie, etwas zum Thema ihrer wissenschaftlichen Arbeit zu schreiben – immer noch ohne Pausen. Nach weiteren zehn Minuten sollen sie dann einen begonnenen Abschnitt ihrer Haus- oder Examensarbeit weiterschreiben.

Wenn sie sich auf diese Übung einlassen konnten, hatte das meistens zur Folge, dass sie beim Weiterschreiben ihres wissenschaftlichen Textes erheblich schneller schrieben und ihnen Formulierungen einfielen, von denen sie überrascht waren und die sie auf Anhieb gut fanden.

Um das Schreibverhalten dauerhaft zu verbessern, war es notwendig, die Übung oft zu wiederholen. Wenn ein Autor mit dieser Übung Schwierigkeiten hat, muss das kein Zeichen dafür sein, dass die Diagnose falsch ist. Es kann auch daran liegen, dass es den Schreiber stört, dass ihm bei der Übung unter Umständen blödsinnige Formu-

---

[6] André Breton: Manifeste du surréalisme. Paris 1924 (1972).

lierungen einfallen und dass er wegen der Auflage, keine Pausen zu machen, diese auch notieren muss. Dies bestätigt die Diagnose und zeigt: Die für den Autor typische Selbstkontrolle kann auch beim automatischen Schreiben nicht abgebaut werden.

Einigen Studierenden half es in solchen Fällen, wenn sie beim Schreiben laut mitsprachen. Offenbar konnten sie sich dadurch besser auf das konzentrieren, was sie sagen wollten, und ließen sich von Äußerlichkeiten wie Orthographie nicht ablenken.

Autoren, deren negative Gedanken hauptsächlich um den Punkt kreisen, dass ihr Professor alles schon weiß, und die sich dadurch besonders gestört fühlen, empfehle ich, in einem Brief an einen Freund etwas über die Arbeit zu schreiben. Tun sie das, erleben sie, dass ein wirklicher Adressat sie möglicherweise beflügelt.

Wenn Sie beim Schreiben immer an Ihren Beurteiler denken und das Gefühl haben, er wisse schon alles, dann begeben Sie sich in eine unnatürliche oder sogar paradoxe Situation: In normalen Situationen verhalten sich Schreiber nicht so. Auch Sprecher hüten sich, anderen etwas zu sagen, was diese schon wissen. Stellen Sie sich vor, Sie sitzen in einem Zug und jemand steigt in Hannover zu. Sie sagen zu ihm: „Sie sind in Hannover zugestiegen". Er wird sie erstaunt anblicken und wissen wollen, warum Sie ihm das sagen, denn Sie haben eine Konversationsregel verletzt: Wir sind gehalten, unseren Adressaten nur das zu sagen, was sie vermutlich noch nicht wissen. Diese Regel gilt auch für Schreiber, und die meisten Autoren beachten sie: Schreiben sie für eine Fachzeitschrift, vermitteln sie kein Lehrbuchwissen und lassen das weg, was den Lesern vermutlich bekannt ist. Schreibt jemand ein Lehrbuch, wird er bei seinen Lesern ein geringeres Wissen voraussetzen und sich genau überlegen, wie er den Stoff aufbereitetet usw.

Bei Prüfungen ist diese Regel außer Kraft gesetzt. Stellt Ihnen Ihr Prüfer eine Wissensfrage, weiß er die Antwort im Allgemeinen – und in manchen Haus- oder Examensarbeiten verhält es sich ähnlich. Allerdings wird ein geschickter Betreuer seinem Kandidaten ein Thema geben, bei dem der Kandidat eigenes Material zusammenstellen muss oder teilweise forschen kann. Aber die Paradoxie lässt sich nie ganz aufheben. In Klausuren ist sie noch ausgeprägter als in Hausarbeiten. Sie tun gut daran, sich damit abzufinden.

Allerdings können Sie sich in dieser Situation selbst überlisten: Stellen Sie sich einen noch nicht wissenden Leser vor, der sich für Ihr Thema interessiert. Behalten Sie diese Vorstellung so lange wie möglich bei, und sorgen Sie in Ihrer Darstellung dafür, dass das Interesse Ihres fiktiven Lesers nicht erlahmt. Bauen Sie Ihren Text so auf, dass eine gewisse Spannung aufkommt, indem Sie zum Beispiel zuerst eine Frage stellen, diese in Teilfragen zerlegen und die eigentliche Lösung nicht vorwegnehmen. Versetzen Sie sich in die Rolle des Lesers, und versuchen Sie nachzuvollziehen, wie er auf Ihre Darstellung reagieren könnte. Die Fähigkeit, die Sie in Ihrer Arbeit unter Beweis stellen sollen, besteht nicht nur darin, Ihr Wissen zu demonstrieren. Sie sollen auch zeigen, dass Sie argumentieren und einen Stoff angemessen darstellen können. Dieses Spiel wird Ihr Beurteiler übrigens bewusst oder unbewusst mitspielen.

Zum Schluss dieses Abschnitts noch ein Hinweis: Ich habe dafür plädiert, Änderungen für später aufzuschieben, um den Schreibfluss nicht zu unterbrechen. Das gilt nur für die vielen kleinen Fehler oder Unzulänglichkeiten, die Sie ohne große Veränderungen des Textes vornehmen können, aber nicht für die größeren inhaltlichen Änderungen. Wenn Sie entdecken oder den Verdacht haben, dass die Kohärenz nicht mehr stimmt oder Sie Wichtiges ausgelassen haben, sollten Sie den Schreibprozess unterbrechen und so lange nachforschen, bis Sie den logischen Bruch usw. entdeckt haben. Und Sie sollten die entsprechende Änderung sofort ausführen. Sie ersparen Sie sich viel vergebliche Mühe.

3.5 Der nicht verfügbare Adressat

Beschreibung der Störung

Einige Teilnehmer unserer Schreibgruppen kapitulierten angesichts der zuletzt beschriebenen Situation. Sie scheiterten bei dem Versuch, einen Anfang zu finden oder einen schon begonnenen Text fortzusetzen. Zunächst war es schwer, dafür einen Grund zu finden. In der Regel war die Planung in Ordnung, ein Konzept lag vor, und *wenn* sie schrieben, schien alles glatt zu gehen. In der Gruppe ernteten sie meist Lob für ihren Text und wurden um ihre ansprechende Schreibweise beneidet. Sie konnten schreiben. Doch die Hindernisse es zu tun waren unüberwindlich.

Drei Beobachtungen trugen dazu bei, dieses Rätsel zu lösen:
1. Wenn man diese Autoren vor der Schreibsitzung bat, über den anschließend zu schreibenden Text zu sprechen, waren sie dazu mühelos in der Lage, und in der anschließenden Schreibstunde konnten sie den Anfang auch zu Papier bringen. In der Nachrunde versicherten sie, sie würden auch zu Haus weiterschreiben. Doch das war schwierig. Manchmal gelang es, aber immer erst im letzten Moment. Und am nächsten Tag kamen sie nicht wieder in Gang.

2. Wir zogen daraus zunächst den Schluss, dass entgegen unserer ursprünglichen Annahme doch ein Planungsproblem vorlag. Wir forderten daher die Teilnehmer auf, vor jeder häuslichen Schreibsitzung ein Exposé zu schreiben (vgl. S. 207). Manchmal führte das weiter, allerdings nicht immer. In hartnäckigen Fällen setzten sich die Klienten entweder gar nicht erst an ihren Schreibtisch, oder sie schrieben zwar das Exposé, ließen es dabei aber bewenden. Als wir uns intensiver mit ihrer Schulzeit befassten, stellten wir fest: Die Hilfesuchenden hatten beim Aufsatzschreiben keine nennenswerten Probleme gehabt; sie waren in der Schule überhaupt gut gewesen. Sie hatten allerdings darunter gelitten, dass ihre Leistungen von den Eltern kaum zur Kenntnis genommen worden waren. Deswegen hatten sie sich allein gelassen gefühlt.
3. Diese Autoren klagten immer wieder, sie seien nicht zum Schreiben motiviert, weil sich niemand für ihren Text interessiere. Nur ihr Professor würde die Arbeit lesen – und das auch nur gezwungenermaßen. Dagegen war schwer etwas zu sagen, denn es entsprach weitgehend der Realität.

Manches wird verständlich, wenn man diese Beobachtungen zusammen nimmt. Die Autoren hatten als Kind erfahren: Niemand interessiert sich für ihre Leistungen. Dieses Desinteresse hatten sie verinnerlicht. Ihre Enttäuschungen, die sie mit Haus- und Examensarbeiten machten, bestätigten ihre früheren Erfahrungen. Und es war für sie selbstverständlich: Für das, was sie zu sagen hatten, würde es weiterhin keine Adressaten geben. Zwar erlebten sie in den Schreibgruppen das Gegenteil, aber das war nicht von Dauer. Zu Haus schlugen die alten Erlebnisse erneut durch. Nur kurz vor den Sitzungen wurde bei einigen die Vorstellung von interessierten Zuhörern wieder so lebendig, dass sie vorübergehend wieder schreiben konnten. Doch ein dauerhafter innerer Adressat blieb nach wie vor nicht verfügbar.

Empfehlungen

Mit genügend Ausdauer auf beiden Seiten gelang es, die Autoren zu bewegen, zumindest eine begonnene Arbeit abzuschließen. Dazu waren allerdings oft mehrere Semester ständiger Begleitung erforderlich. Denn es blieb dabei: Diese Autoren konnten nur schreiben, wenn sie sicher waren, jemand würde nach kurzer Zeit ihre Texte lesen.

Wenn Ihre Antworten auf die Fragen 5.1 bis 5.4. darauf hinweisen, dass Sie unter dieser Störung leiden, sollten Sie dennoch versuchen, sich selbst zu helfen. Denn es ist möglich, dass die Störung andere Ursachen hat – zum Beispiel ein Planungsproblem vom Typ 3.1. Probieren Sie die dort vorgeschlagenen Übungen aus (vgl. S. 207ff.). Probleme, die auf einen nicht verfügbaren Adressaten zurückgehen, sind nicht selten mit Planungsproblemen verbunden. Nach unseren Erfahrungen genügt es dann manchmal, das Planungsproblem gründlich zu bearbeiten. Wenn das nicht hilft, suchen Sie sich Hilfe bei Freunden. Sprechen Sie regelmäßig mit diesen über Ihre Arbeit.

4 Schlussbemerkung

Die fünf Störungsformen schließen einander nicht aus. Häufig dominiert zwar *eine* Form, aber es kam vor, dass bei einem Teilnehmer mehrere Störungsformen auftraten – manchmal zur gleichen Zeit und manchmal nacheinander. Die jeweilige Textsorte spielte eine wichtige Rolle. Wenn es Ihnen beim Auswerten Ihrer Antworten nicht gelingt, Ihre Störung einem der fünf Haupttypen zuzuordnen, sollte Sie das nicht beunruhigen. Es könnte daran liegen, dass Sie sich bei der Auswertung der Antworten auf mehrere Textarten bezogen haben und dass dabei jeweils andere Schwierigkeiten im Vordergrund standen.

Darüber hinaus ist es möglich, dass Ihre Störung singulär ist. Auch das kam in der Beratung bisweilen vor, konnte aber aus Platzgründen in meiner Darstellung nicht berücksichtigt werden. Um diesen Klienten zu helfen, genügte es meistens, wenn sie,
- in der Vorrunde regelmäßig über ihr aktuelles Vorhaben berichteten und
- in der Nachrunde die Gelegenheit hatten, über ihre Erfahrungen in der vorausgehenden Schreibstunde zu sprechen und ihren Text vorzulesen (vgl. Abschnitt 3.1).

Zwar ließ sich die Störung auf diese Weise nicht diagnostizieren, aber sie konnte behoben werden – und darauf kam es schließlich an. Wenn es Ihnen also – aus welchen Gründen auch immer – nicht gelingt, die Gründe für Ihre Störung herauszufinden, dann sollten Sie versuchen, mit dieser Standardübung weiterzukommen. Sie tun mit dieser Übung etwas, was guten Schreibern in Krisensituationen meistens weiterhilft: Statt unreflektiert zu formulieren, überlegen solche Schreiber zunächst, was sie überhaupt schreiben können. Und erst wenn sie sicher sind, dass sich ihr Plan realisieren lässt, bringen sie ihre Gedanken zu Papier.

NORBERT FRANCK

Lust statt Last (2): Referat, Vortrag

Ein Student spricht. Siebzehn Studentinnen und Studenten langweilen sich. Die Professorin langweilt sich. Niemand fühlt sich wohl. Mit diesen Worten hat der Student der Betriebswirtschaft sein Referat begonnen.

> „Mein Thema lautet Personal- und Organisationsaspekte im Geschäftsprozessmanagement. Im Vordergrund steht dabei die Modularisierung von Organisationsstrukturen, wobei Modularisierung mit Picot, Reichwald und Wigand verstanden wird als – Zitat – ‚eine Restrukturierung der Unternehmensorganisation auf der Basis integrierter, kundenorientierter Prozesse in relativ kleine, überschaubare Einheiten, sog. Module. Diese zeichnen sich durch dezentrale Entscheidungskompetenz und Ergebnisverantwortung aus, wobei die Koordination zwischen Modulen verstärkt durch nicht hierarchische Koordinationsformen erfolgt' – Zitat-Ende.
> Geschäftsprozessmanagement kann definiert werden als ..."

Dieser Anfang lässt sich, wie jeder Geschäftsprozess, optimieren. Auf den folgenden Seiten geht es darum, wie dieser Anfang verbessert werden kann – und warum er unbedingt verbessert werden sollte. Die Themen:

- ein Referat vorbereiten: Einleitung, Hauptteil, Schluss und Manuskript
- ein Referat halten: interessant anfangen, wirksam schließen, kleine Pannen meistern,
- der Umgang mit Lampenfieber.[1]

Eine Frage und ein Grundgedanke stehen im Mittelpunkt. Die Frage: Was ist notwendig, um nach vier oder mehr Wochen intensiver Auseinandersetzung mit einem Thema diese Arbeit zu einem „krönenden" Abschluss zu bringen? Einfacher: Wie kann es gelingen, ein Thema so zu präsentieren, dass sich Zuhörerinnen und Zuhörer nicht zu langweilen, sondern interessiert zuhören?

Der Grundgedanke: Referieren heißt nicht, eine Hausarbeit vorlesen. Ein Referat ist eine soziale Situation. Meine Anregungen sollen ein situationsangemessenes Handeln unterstützen. Einfacher: Ich

---

[1] Wie ein Referat durch Medien unterstützt werden kann, ist Thema des folgenden Kapitels.

zeige, wie man ein Thema „aufnahmefähig" und die Zuhörenden „aufnahmebereit" macht.

1 Ein Referat vorbereiten

Es kostet Zeit und Energie, ein Referat vorzubereiten. Zunächst sind alle die Schritte zu machen, die ich im Kapitel über das Schreiben behandelt habe (vgl. S. 117ff.). Vor der Endfassung (vgl. S. 177) trennen sich die Wege. Zum Referat ist ein längerer Weg zurückzulegen. Beim Referat oder Vortrag kommt es *auch* darauf an, Interesse zu wecken, die ZuhörerInnen durch ein Referat bzw. einen Vortrag zu „führen". *Auch* meint: Ein Referat ist keine Show, ein (populär-)wissenschaftlicher Vortrag keine Comedy. Man muss kompetent über (komplizierte) Zusammenhänge sprechen – und daran denken, dass diese Zusammenhänge für die ZuhörerInnen aufbereitet – „hörbar" gemacht – werden müssen. Das kann man lernen. Das sollte man üben, wenn man

- nicht in jedem Semester Referate nur als lästige Pflicht „hinter sich bringen" will, sondern auf Freude und Erfolg mit Referaten setzt;
- sich fit machen will fürs Berufsleben: Sachverhalte verständlich und interessant vorzutragen, gehört in vielen Berufen zur Standard-Anforderung.

Ein Referat braucht eine Struktur: eine Einleitung, einen Hauptteil und einen Schluss. Doch wozu? Welche Funktionen haben diese Strukturelemente?

1.1 Auf den Anfang kommt es an: Die Einleitung

Kurt Tucholsky empfiehlt in seinen *Ratschlägen für einen schlechten Redner:*

> „Fange nie mit dem Anfang an, sondern immer drei Meilen vor dem Anfang! Etwa so: ‚Meine Damen und meine Herren! Bevor ich zum Thema des heutigen Abends komme, lassen Sie mich Ihnen kurz...' Hier hast Du schon so ziemlich alles, was einen schönen Anfang ausmacht: eine steife Anrede; der Anfang vor dem Anfang; die Ankündigung, daß und was du zu sprechen beabsichtigst, und das Wörtchen kurz. So gewinnst Du im Nu die Herzen und die Ohren der Zuhörer."[2]

---

[2] Kurt Tucholsky: Gesammelte Werke. Bd. 8. Reinbek 1993, S. 290.

Wie kann man „Herzen und Ohren" gewinnen? Durch eine Einleitung, die ihre Funktion erfüllt, die motiviert und orientiert. Wie kann das gelingen? In vier Schritten.

1. Interesse wecken

Am Ende eines klassischen Dramas steht der Höhepunkt und am Ende der meisten Krimis die Auflösung. Beim Referat sollten die ersten Sätze Interesse wecken. Das kann durch einen der folgenden Aufmerksamkeitswecker erreicht werden.

Ein originelles Zitat oder Motto:
- „Am Anfang war der öffentlich-rechtliche Rundfunk", stellte Bundespräsident Johannes Rau, einmal fest. Und was ist am – vorläufigen – Ende? Dieser Frage will ich ...
- „Pressefreiheit ist die Freiheit von zweihundert reichen Leuten, ihre Meinung zu vertreten." (Paul Sethe)

Eine Beschreibung, die zum Problem hinführt:
An Soziologinnen und Soziologen hat sich die Öffentlichkeit gewöhnt. Sie haben bei aktuellen Fragen etwas zu sagen. Man bittet sie, sich zum aktuellen Zustand der Gesellschaft zu äußern: Entwicklungstendenzen zu identifizieren, dieses oder jenes Problem zu analysieren und zu sagen, was man tun soll. Kurz: Soziologinnen und Soziologen haben sich zu dem entwickelt, was man „Experten" nennt – zu Gesellschaftsexperten. Fasziniert von dieser öffentlichen Aufmerksamkeit vergessen viele Soziologinnen und Soziologen eine wesentliche Frage: Was ist überhaupt eine Gesellschaft? Und wie funktioniert sie? Diese Grundfrage der Soziologie ...[3]

Eine provokante Frage oder These:
- Ist die deutsche Universität im Kern verrottet?
- Notendruck statt Leistungsanreiz, Fachwissen ohne Sozialkompetenz, Pauken im Stundentakt statt Lernen im Kontext: Unsere Schulen rufen Gegengewalt hervor.

Eine widersprüchliche Aussage:
Wir wissen immer mehr und werden immer dümmer.

Ein kurzer, anschaulicher Erfahrungsbericht, der zum Thema führt:
Ein Einführungsseminar im Fach Kunstgeschichte. Anfangs disku-

---

[3] Dieses Beispiel habe ich in Anlehnung an Kaufmann formuliert: Jean-Claude Kaufmann: Frauenkörper – Männerblicke. Konstanz 1996, S. 9.

tieren (fast) alle 14 Studentinnen und Studenten lebhaft mit. Doch nach und nach wird die Diskussion zum „Gefecht" zweier Studenten, die schwere verbale Geschütze auffahren. Die anderen 12 hören nur noch – mehr oder minder genervt – zu.

Eine themenbezogene Denksportaufgabe:
Gibt es eigentlich mehr Nichten oder Cousinen?

Ein aktuelles Ereignis, das zum Thema paßt:
Heute wurde die Welt-Ernährungskonferenz eröffnet. Heute verhungerten in Lateinamerika über 1600 Kinder unter fünf Jahren. Heute wurden in der EU Tonnen „überflüssiger" Lebensmittel vernichtet.

Eine Allegorie, die alle verstehen:
Den Wettlauf mit dem Hasen haben die Igel gewonnen. Ein entscheidendes Rennen könnten sie allerdings verlieren – befürchten Naturschützer.[4]

Eine einfache Feststellung, in der anklingt, dass die Sache nicht so einfach ist:
Ob aus der Retorte oder aus der Pflanze: Vor dem Gesetz sind alle Arzneien gleich.

Sympathiewerbung:
Ein bekannter Mann hat einmal gesagt, man könne über alles reden – nur nicht länger als 45 Minuten. Ich will in knapp 20 Minuten versuchen ...

2. Den Nutzen hervorheben

Wollte man für sein Referat werben, Plakate aufhängen, eine Pressemitteilung herausgeben usw. Was würde man in der Werbung betonen? Man müsste überlegen:
- Warum sollte jemand kommen?
- Was ist an meinem Thema interessant?
- Was biete ich Neues?
- Worin besteht der Vorzug meines Referats gegenüber einem gedruckten Text?

---

[4] Dieses und das folgende Beispiel stammen von Renate Bader, Winfried Göpfert: Eine Geschichte „bauen". In: W. Göpfert, S. Ruß-Mohl (Hrsg.): Wissenschafts-Journalismus. 3. Aufl. München, Leipzig 1996, S. 99 u. 101.

Sind diese Fragen geklärt, kann man in der Werbung den Nutzen des Referats hervorheben – zum Beispiel: ein kompetenter Überblick, eine aufschlussreiche Interpretation. Das sollte man auch in der Einleitung eines Referats tun. Auch im Pflichtseminar hoffen Studierende, dass sie etwas lernen, wenn sie einem Referat zuhören. Deshalb sollte zu Beginn eines Referats der Nutzen hervorgehoben werden: Was wird *zu welchem Zweck* in den Mittelpunkt gestellt? Haben die ZuhörerInnen den Eindruck, Zuhören lohnt sich, hat man ihre Aufmerksamkeit und Vorschusslorbeeren.

3. Einen Überblick geben

Eine Orientierung über den Aufbau des Referats macht es den Zuhörenden leichter, zu folgen. Deshalb sollte man sagen, dass sich das Referat – zum Beispiel – in drei Teile gliedert: „Ich untersuche zunächst den Erklärungsansatz von ABC. Dann beleuchte ich den Ansatz von XYZ. Abschließend arbeite ich Differenzen und Gemeinsamkeiten beider Konzepte heraus."

Der nächste Satz kann den Hauptteil eröffnen: „Ich beginne mit dem ersten Teil, einer Analyse des Ansatzes von ABC."

4. Zusammenhänge herstellen

Ist das Referat Teil eines Seminars, sollte man die ZuhörerInnen darauf hinweisen,
- wie sich das Referat in den Seminar-Zusammenhang einordnet,
- in welcher Hinsicht das Referat einen Sachverhalt vertieft oder im Widerspruch zu dem steht, was zuvor bzw. bisher vorgetragen wurde,
- worauf man nicht eingeht, weil dieser oder jener Aspekt in einem der folgenden bzw. vorangegangenen Referate behandelt wird bzw. wurde.

Es gibt zwei Möglichkeiten, auf Zusammenhänge hinzuweisen:
1. nachdem man Interesse für das Thema geweckt oder
2. nachdem man die Ziele des Referats erläutert hat.

Für jede Variante ein Beispiel:
1. Wir wissen immer mehr und werden immer dümmer *(Interesse wecken)*. Diese Feststellung widerspricht den optimistischen Aussagen über den Zuwachs an Wissen, die wir am Vormittag gehören haben *(Zusammenhänge herstellen)*. Ich will zeigen, dass mehr wissen und dümmer werden kein Gegensatz ist. Im Mittelpunkt steht dabei der Nachweis, dass ... *(Nutzen hervorheben)*.

2. Wir wissen immer mehr und werden immer dümmer *(Interesse wecken)*. Ich will zeigen, dass mehr wissen und dümmer werden kein Gegensatz ist. Im Mittelpunkt steht dabei der Nachweis, dass ... *(Nutzen hervorheben)*. Ich widerspreche damit den optimistischen Aussagen über den Zuwachs an Wissen, die Kollege ABC vorgetragen hat *(Zusammenhänge herstellen)*.

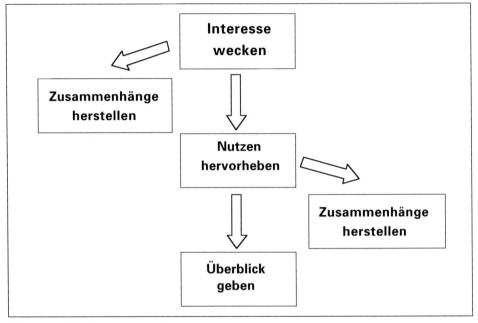

Abbildung 1: Die Elemente einer Einleitung

1.2 Im Zentrum: Der Hauptteil

Stimmt die Einleitung, erhält man von den ZuhörerInnen einen Vorschuss, den man nicht verspielen sollte. Hätte ich die Aufgabe, vor MedizinerInnen einen Vortrag zu halten, warum und wie viele RednerInnen mit dem Hauptteil ihren Vorschuss verspielen, würde ich den Hauptteil meines Vortrags in fünf Punkte gliedern:

1. Anamnese: Patient sagt viel und bringt nichts auf den Punkt. Leistungen des Patienten und Nutzen für die ZuhörerInnen bleiben unklar.

2. Ätiologie: Patient weiß nicht, dass
   - seine ZuhörerInnen ein Lexikon besitzen;

- ein roter Faden erkennbar sein muss.

3. Diagnose: WIAW-Syndrom

4. Therapie: Mehrmals täglich zwei Sätze von Tucholsky lesen:
   - „Der Redner sei kein Lexikon. Das haben die Leute zu Hause."
   - „Merk Otto Brahms Spruch: Wat jestrichen is, kann nich durchfalln."[5]

5. Prognose: Bei strikter Befolgung der Therapie gute Chancen auf einen strukturierten Vortrag.

1. Klar strukturieren

WIAW-Syndrom ist kein medizinischer Fachausdruck, sondern die Abkürzung für eine häufig zu beobachtende Schwäche: *Was-ich-alles-weiß*, bringe ich auch in meinem Referat unter – zum Beispiel den historischen Ursprung eines Problems bzw. Phänomens. Tucholsky spottet:

> „Fang immer bei den alten Römern an und gib stets, wovon du auch sprichst, die geschichtlichen Hintergründe der Sache. Das ist nicht nur deutsch – das tun alle Brillenmenschen. Ich habe einmal in der Sorbonne einen chinesischen Studenten sprechen hören, der sprach glatt und gut französisch, aber er begann zu allgemeiner Freude so: ‚Lassen Sie mich Ihnen in aller Kürze die Entwicklungsgeschichte meiner chinesischen Heimat seit dem Jahre 2000 vor Christi Geburt ...' Er blickte ganz erstaunt auf, weil die Leute so lachten. So mußt du das auch machen. Du hast ganz recht: man versteht ja sonst nicht, wer kann denn das alles verstehen ohne die geschichtlichen Hintergründe ... sehr richtig!"[6]

Manche können sich nicht von dem lösen, was für die *Erarbeitung* ihres Themas wichtig war, aber für die *Darstellung* des Themas, für die Argumentation unwichtig ist; ihr Motto: Wenn ich das schon gelesen habe, dann kommt das auch in meinem Referat vor.

Gleich, ob man informiert, analysiert, interpretiert, vergleicht oder bewertet: Es kommt darauf an, das Wesentliche in den Mittelpunkt zu stellen. Deshalb ist jede Information daraufhin zu überprüfen, ob sie

- notwendig ist, weil sie zum Verständnis der Sache beiträgt,
- die Argumentation stützt oder die Argumentationslinien verdeckt,
- den Ertrag der Ausführungen und den Nutzen für die ZuhörerInnen deutlich macht,

---

[5] Kurt Tucholsky: Gesammelte Werke. Bd. 8. Reinbek, 1993, S. 292.
[6] Kurt Tucholsky: Gesammelte Werke. Bd. 8. Reinbek, 1993, S. 291.

- last but not least: die Leistungen der Referentin bzw. des Referenten erkennbar werden lässt.

Auch wenn es schwer fällt, sich von Formulierungen zu trennen, um die man hart gerungen hat: Die meisten Vorträge gewinnen, wenn sie gekürzt werden. Weniger ist oft mehr. „Alles sagen zu wollen, ist das Geheimnis der Langeweile." (Voltaire)

Streichungen schaffen Platz für Wegweiser und andere Publikumslieblinge (die ich auf der S. 233 vorstelle). *Wegweiser* zeigen den ZuhörerInnen, wo man gerade ist, wie es weitergeht und wohin es geht.

Solche Wegweiser sollten regelmäßig aufgestellt werden und eine klare Orientierung geben. Zu wenige Informationen enthält folgender Wegweiser: „Ich komme zum zweiten Punkt" (dritten Frage, vierten Teil). Wenn man wandert, reicht es nicht, wenn auf einem Wegweiser steht: „Hier geht es weiter". Man erwartet den Hinweis, „Hier geht es nach ABC". ZuhörerInnen erwarten bei Referaten Hinweise wie diese:

- Ich komme zur dritten Frage, zum Zusammenhang von A und B. Ich untersuche zwei Aspekte: 1. Wie ... 2. Warum ... Zunächst zur Frage nach dem Wie.
- Ich habe gezeigt, dass die Konzepte eines „guten Lebens" in der Selbstwahrnehmung von ABC und XYZ keine Berührungspunkte aufweisen. Ich will im zweiten Schritt verdeutlichen, dass ...
- Der These der Hochschulrektorenkonferenz, Bildung sei für Hochschulen im Zeitalter der Globalisierung kein sinnvoller Auftrag mehr, wird vor allem von XYZ widersprochen. Auf seine Argumente gehe ich nun näher ein.
- Was kennzeichnet diesen Ansatz? Zum einen ein verkürztes Lernverständnis und zum anderen ein fragwürdiges Menschenbild. Was meine ich mit *verkürztem Lernverständnis?*

2. Verständlich formulieren

Formuliert man in einer Hausarbeit komplizierte Sätze, kann die Leserin oder der Leser zurückblättern und einen Satz nochmals lesen. Niemand macht das gerne. Deshalb sollte man verständlich schreiben. Bei einem Referat kann man einen Satz nicht zwei- oder dreimal hören. Deshalb sollte man sich besonders um Verständlichkeit bemühen – auch sich selbst zuliebe: Man erleichtert sich das Vortragen. Zum einen fällt freies Sprechen entschieden leichter. Zum anderen entstehen keine sprachlichen Brüche, wenn man auf Zwischenfragen antwortet oder einmal vom Konzept abweicht.

So erleichtert man ZuhörerInnen das Verständnis eines Referats:
1. kurze Sätze formulieren (vgl. S. 131ff.),
2. rückbezügliche Fürwörter vermeiden (vgl. S. 129),
3. Fremdwörter sparsam verwenden (vgl. S. 130ff.),
4. kein AküFi (Abkürzungsfimmel),
5. nicht mit Zahlen und Statistiken „auftrumpfen".

Zu 1: Sätze mit mehr als 25 Wörtern sind schwer verständlich. Diese Feststellung gilt für gedruckte Texte. Umso mehr sollte man sich bei Referaten vor Satzmonstern hüten. Nur wer sich nicht mitteilen will, sollte sich an Tucholskys *Ratschläge* halten:

> „Sprich mit langen, langen Sätzen – solchen, bei denen du, der du dich zu Hause, wo du ja die Ruhe, deren du so benötigst, ... vorbereitest, genau weißt, wie das Ende ist, die Nebensätze schön ineinandergeschachtelt, so daß der Hörer ungeduldig auf seinem Sitz hin und her träumend, sich in einem Kolleg wähnend, in dem er früher so gern geschlummert hat, auf das Ende solcher Perioden wartet ...
> Du mußt alles in die Nebensätze legen. Sag nie: ‚Die Steuern sind zu hoch.' Das ist zu einfach. Sag: ‚Ich möchte zu dem, was ich soeben gesagt habe, noch kurz bemerken, daß mir die Steuern bei weitem...' So heißt das!"[7]

Zu 4: Verwendet man eine Abkürzung, muss sie eingeführt werden: *Das Antidiskriminierungsgesetz, kurz ADG*. Sind Fachbegriffe wahre Zungenbrecher oder sehr lang – zum Beispiel Pyrrolizidinalkaloide, Pronominalisierungstransformation oder Aufmerksamkeits-Defizit-Syndrom –, wird niemand etwas gegen eingeführte Abkürzungen einwenden.

Zu 5: Zurückhaltung bei Zahlen und Statistiken ist oberste Referats„pflicht", denn Zahlen und Statistiken sind ohne schriftliche Vorlage schwer zu verstehen und zu behalten.

3. Anschaulich formulieren

> „Die Leute sind doch nicht in deinen Vortrag gekommen, um lebendiges Leben zu hören, sondern das, was sie auch in den Büchern nachschlagen können".[8]

Durch anschauliche Formulierungen, durch Beispiele, Bezüge zu aktuellen Ereignissen, rhetorische Fragen und durch den Einsatz von Medien kommt „Leben" in ein Referat.

---

[7] Kurt Tucholsky: Gesammelte Werke. Bd. 8. Reinbek, 1993, S. 291.
[8] Ebd.

Anschauliche Formulierungen
Wenn sich in der städtischen Grünanlage die Flora aufgrund ergiebiger Niederschläge positiv entwickelt, dann haben wir was? Einen scheußlichen Satz, das Gegenteil von anschaulich. Wenn nach einem Dauerregen im Stadtpark alles blüht, dann freuen wir uns über die Natur und die anschauliche Formulierung.
Diese zwei Varianten derselben Sache zeigen: Man kann mit einfachen Worten einen Sachverhalt treffend beschreiben. Und man kann mit schwergängigen, aufgeblasenen und leblosen Wörtern das Gegenteil erreichen.
Man kann sagen:

> Die Unterschiede zwischen Individuen lassen sich auf zwei *Ursachenkomplexe* zurückführen, auf Unterschiede der *ererbten Anlage* und auf *umweltbedingte Unterschiede*. Die Abschätzung der *relativen Bedeutsamkeit* dieser beiden *Komplexe* ist von großem praktischen Interesse, da z.B. erzieherische, heilpädagogische und psychotherapeutische Arbeit in erster Linie dann Erfolg verspricht, wenn sie sich auf nicht in starrer Weise durch Erbfaktoren *festgelegte Eigenheiten des Verhaltens* richtet.

Und man kann sagen:

> Worauf sind die Unterschiede zwischen den Menschen zurückzuführen? Auf die Vererbung oder auf Umwelteinflüsse? Diese Frage ist von großer Bedeutung für die Praxis: Erziehung, Heilpädagogik und Psychotherapie können nur dann erfolgreich sein, wenn das menschliche Verhalten nicht durch Erbfaktoren festgelegt ist.

Ich rate, es mit Schopenhauer zu halten: „Man brauche gewöhnliche Worte und sage ungewöhnliche Dinge."

Fragen
Fragen stellen eine Beziehung zu den ZuhörerInnen her. Sie fordern zum Mitdenken auf. Frage:
1. Wie hieß der erste sozialdemokratische Bundeskanzler?
2. Was ist der Sinn der Schöpfung?
3. Welche Nachteile haben E-Mails gegenüber Briefen?

Die erste Frage ist zu eng und deshalb im Wissenschaftsbereich peinlich – also ungeeignet. Die zweite Frage ist zu weit und deshalb gleichfalls ungeeignet, weil sie außerhalb der Theologie einen grenzenlosen Antwortraum eröffnet. Die dritte Frage ist weder zu eng noch zu weit und eindeutig formuliert.
Wenn man eine Frage stellt, sollten die ZuhörerInnen Zeit zum Nachdenken haben. Eine Frage kann eine echte oder eine rhetorische Frage sein. Erwartet man von den ZuhörerInnen eine Antwort, sollte man das durch eine direkte Ansprache deutlich machen: „Was

meinen *Sie:* Welche Nachteile haben E-Mails gegenüber Briefen?" Will man selbst antworten, lautet die rhetorische Frage: „Welche Nachteile haben E-Mails gegenüber Briefen?"

Beispiele
Konkrete und *verständliche* Beispiele, die einen erkennbaren Bezug zum Thema haben, mag jedes Publikum. Beispiele aus der Praxis oder dem Alltag sind besonders beliebt. Beispiele sind allerdings – wie Medikamente – nur in der richtigen Dosierung hilfreich.

Vergleiche
Vergleiche können durch einen Perspektivenwechsel einen Sachverhalt verdeutlichen – wenn sie konkret und verständlich sind (mir sagen zum Beispiel die Vergleiche zum Rennsport nichts, die immer häufiger im Wirtschaftsteil der Zeitungen angestellt werden: Es interessiert mich nun einmal überhaupt nicht, ob ein *Schumi* oder *Eddy* aus der *Pole-* oder einer anderen *Position* startet). – Ein anschaulicher Vergleich, der in das Thema „Regenerative Energien und nachhaltiges Wirtschaften" einführt:

> Ein Segelboot fährt, aber es lärmt nicht und es stinkt nicht. Ein Segelboot braucht keine Energie, die produziert werden muss. Trotzdem fährt es, und dazu braucht es natürlich Energie. Woher kommt diese Energie? Ein Segelschiff fährt nur dann, wenn es (1) durch technische Intelligenz so gestaltet ist, dass es sich in seine natürliche Mitwelt – Wind und Wasser – einfügt, und wenn (2) ...[9]

Analogien
Durch Analogien können Zahlen, deren Größe unseren Erfahrungshorizont überschreitet, oder schwer überschaubare Zeiträume vorstellbar gemacht werden:
- Im Durchschnitt hat jede Großstadt im Bundesland ABC 2 Milliarden Euro Schulden. Diese Summe könnte beglichen werden, wenn jede Stadt 39 Jahre lang jede Woche eine Million Euro im Lotto gewinnt.
- Wenn wir das Alter der Erde mit einer Woche gleichsetzen, dann wäre das Universum etwa zwei bis drei Wochen alt. Der Mensch wäre während der letzten zehn Sekunden aufgetreten, und Hochschulen im modernen Sinne gäbe es noch keine Sekunde.

---

[9] Diesen Vergleich stellte Meyer-Abich an; ich habe ihn umformuliert. Klaus Michael Meyer-Abich: Neue Ziele – Neue Wege: Leitbild für den Aufbruch zu einer naturgemäßen Wirtschaft und Abschied vom Energiewachstum. In: Deutscher Bundestag (Hrsg.): Schlußbericht der Enquête-Kommission „Schutz der Erdatmosphäre – Mehr Zukunft für die Erde – Nachhaltige Energiepolitik für dauerhaften Klimaschutz". Bonn 1995, S. 196.

4. Signale setzen

Höre ich in meinen Seminaren, dass Studierende in ihrem Referat über „vier Dinge erzählen" wollen, die sie für „wichtig halten", weise ich sie am Ende des Referats darauf hin, dass man Kindern ein Märchen *erzählen* kann oder der Mutter vom Urlaub. Man kann der Freundin mitteilen, dass man etwas später kommt, weil man noch schnell ein paar *Dinge* besorgen muss. In einem Referat an der Hochschule geht es um vier *Faktoren* (*Probleme* oder *Zusammenhänge*), die man *untersucht* (*interpretiert* oder *analysiert*) und zu dem *Schluss* (*Ergebnis* oder der *These*) kommt ... Das sind die *sprachlichen* Signale für Wissenschaft. Das sind die Termini, mit denen man verhindert, dass man sein Licht unter den Scheffel stellt. Deshalb nenne ich diese Termini *Gewichtigmacher*. Auf der Seite 168 habe ich diese – seriös formuliert: – problemstrukturierenden Begriffe vorgestellt.

1.3 Happyend: Schluss

Der Schluss sollte stimmen. Was zuletzt gesagt wird, wirkt in der Regel am längsten nach. Deshalb sollte man sich Mühe geben mit dem Schluss.

Am Ende eines Referats steht zunächst eine kurze Zusammenfassung der Hauptgedanken:
- Ich fasse zusammen. Mir ging es erstens um ..., zweitens um ... und drittens um ...
- Zusammengefasst: Ich habe gezeigt, dass erstens ..., dass zweitens ... und dass schließlich ...

Wie man im Anschluss an diese Zusammenfassung wirksam schließt, hängt vom Ziel und Inhalt des Referats ab. Eine „Taking-home-message" ist (fast) immer eine gute Wahl: einen oder zwei Sätze, die das Referat auf den Punkt bringen. Das kann eine Schlussfolgerung, ein Ausblick, ein einprägsames Bild, ein Leitgedanken bzw. Motto sein. Zwei Beispiele, die an die Einleitung (vgl. S. 225) anknüpfen:
- Angesichts der anhaltenden Medienkonzentration ist Paul Sethes Feststellung, Pressefreiheit sei die Freiheit von *zweihundert* reichen Leuten, heute eine Erinnerung an gute alte Zeiten.
- Alle Fakten sprechen also dafür, dass eher ein Kamel durch ein Nadelöhr gelangt, als dass an deutschen Hochschulen das Leistungsprinzip eingeführt wird.

Die folgenden Sätze haben Teilnehmerinnen meiner Seminare nach einer Übungssequenz über den Schluss formuliert:

- „Der Autor appelliert also an das Herz aller Gutmütigen und an den Verstand aller Einfältigen. Die große Schnittmenge beider Gruppen erklärt seine Verkaufserfolge."
- „Jean Paul sagte vor 200 Jahren, Humor sei ‚überwundenes Leiden an der Welt'. Wenn diese Feststellung zutrifft, dann müssen Harald, Anke, Ingo und die anderen Mitglieder der deutschen Comedy-Familie eine glückliche Kindheit und Jugend gehabt haben."

Ist nach dem Referat eine Diskussion vorgesehen, können zum Schluss Fragen für die Diskussion vorgegeben werden – zum Beispiel indem man mit einem Hinweis auf offene Fragen schließt.

Und der Dank für die Aufmerksamkeit? Der ist nicht verkehrt, aber nicht notwendig – schließlich hat man etwas geboten. Wer befürchtet, die Zuhörenden würden ohne das obligatorische „Vielen Dank für Ihre (Eure) Aufmerksamkeit" nicht merken, dass das Referat zu Ende ist, kann mit folgender Formulierung das Ende ankündigen: „... und damit komme ich zum letzten Satz" (oder „... mit dieser Feststellung schließe ich").

Nur Profis gelingt es, spontan gute Formulierungen für den Schluss zu finden. Wer noch kein Profi ist, sollte den Schluss des Referats schriftlich festhalten. Ich schließe diesen Abschnitt mit einer „Bedeutungsskala", die unterstreichen soll, wie wichtig die Einleitung und der Schluss für den Gesamteindruck sind, den man hinterlässt.

Referat	Anteil am Referat	Anteil an der Gesamtbewertung
Einleitung	1/10 (max. 2/10)	1/3
Hauptteil	8/10 (7/10)	1/3
Schluss	1/10	1/3

1.4 Eine gute Stütze: Das Manuskript

Der freie Vortrag ist das Ideal – aber kein Muss. Ein Manuskript ist keine Schande – man darf nur nicht daran „kleben". Ein Manuskript ist ein nützliches Hilfsmittel – wenn man es richtig einsetzt. Das Manuskript ist Thema dieses Abschnitts. Ich stelle drei Formen vor.

In der Literatur wird gewöhnlich zwischen einem wörtlich ausgearbeiteten Manuskript und einem Stichwortkonzept unterschieden. Das ist eine sehr grobe Unterscheidung; es gibt zahlreiche Zwischenformen. Und es gibt nicht *das* richtige oder falsche Manuskript, sondern das Manuskript, das den individuellen Bedürfnissen und Voraussetzungen entspricht oder nicht.

1. Das ausgearbeitete Manuskript

Das ausformulierte Manuskript gibt vielen Studierenden Sicherheit. Das ist ein wichtiges Argument für diese Form. Wer sich entscheidet, ein Referat wörtlich zu formulieren, sollte den folgenden Satz beherzigen: Es ist ein widriges Gebrechen, wenn Menschen wie die Bücher sprechen. Schriftsprache hört sich vorgetragen meist steif an. Und der lange Satz, der auf dem Papier zweimal gelesen werden kann, bleibt bei einem Referat oft unverständlich.

Bei der Gestaltung des Manuskripts sollte nicht an der falschen Stelle gespart werden. Das heißt:

- groß schreiben, damit der Text mühelos zu lesen ist und nach Blickkontakt mit dem Publikum ohne Schwierigkeiten wieder der Anschluss gefunden wird. Meine Empfehlung: Schriftgröße 14 und einen Zeilenabstand von 1,5;
- einen breiten Rand lassen, damit jede Zeile mit einem Blick zu übersehen ist;
- einzelne Gedanken optisch deutlich voneinander abheben;
- Hervorhebungen richtig dosieren: der **Strukturierungseffekt *geht verloren***, wenn *zu viele* HERVORHEBUNGEN eingesetzt *werden*.

Es kann helfen, Handlungsanweisungen ins Manuskript aufzunehmen (z.B.: → Folie auflegen) und mit Farben oder anderen Signalen Hinweise zum Sprechen einbauen (z.B.: _ = betonen, // = Pause).

Aus unterschiedlichen Gründen – zum Beispiel weil viele Fragen gestellt werden – kann die Zeit knapp werden. Für diesen Fall ist es nützlich, die Passagen markiert zu haben, die eventuell übersprungen werden können: Ein hektisches „Durchziehen" des gesamten Referats nutzt weder der Referentin bzw. dem Referenten noch den ZuhörerInnen.

Die Nachteile eines Referats mit einem wörtlich ausgearbeiteten Manuskript sind bekannt:

- der Vortrag wirkt meist nicht lebendig;
- der Blickkontakt mit den Zuhörenden wird erschwert;
- es erfordert Routine, sich vom Manuskript zu lösen und dann wieder die richtige Zeile zu finden;
- die Versuchung ist groß, durchgängig abzulesen;
- abgelesene Vorträge werden oft zu schnell gesprochen und so die ZuhörerInnen überfordert.

2. Das Stichwort-Manuskript

Diese Nachteile können bei einer Rede nach Stichworten vermieden werden. Profis arbeiten ihr Konzept gleich in Stichworten aus.

Das setzt große Sachkenntnis und Erfahrung voraus. Es geht auch anders: Zunächst wird das Referat wörtlich ausgearbeitet, um dann Stichworte für die Rede herauszuziehen.

Das Stichwortkonzept schließt nicht aus, bestimmte Passagen auszuformulieren. Man kann, zum Beispiel, die Einleitung Wort für Wort aufschreiben, um Anfangsunsicherheiten zu überwinden. Zitate sollten auf jeden Fall vollständig (mit Quellenangabe) notiert werden. Es sind also *Mischformen* zwischen ausgearbeitetem Manuskript und Stichwortkonzept möglich.

Wer nach Stichworten reden will, jedoch noch unsicher ist, ob das klappt, kommt mit einem „Doppel-Manuskript" weiter: Das Referat wird Wort für Wort ausgearbeitet und auf der rechten Seite des Blattes ein großer Rand gelassen, auf dem Stichworte notiert werden. Referiert wird nach Stichworten; zur Sicherheit hat man den ausformulierten Text vor sich, auf den man jederzeit zurückgreifen kann.

3. Gedanken-Landkarte

Eine Gedanken-Landkarte, neudeutsch *Mind Map*, hat den Vorteil, dass man mit nur einem Blatt auskommt und das gesamte Thema stets auf einen Blick vor sich hat. Zudem enthält ein Mind Map bereits sprachliche Hilfestellungen. Ich verdeutliche das am Beispiel eines Mind Maps über das Schreiben im Studium, das mir als Grundlage für Vorträge in meinen Seminaren dient (S. 238).

Das Bild gibt optisch die Formulierungshilfe: „Ich gehe auf vier Aspekte ein." Ich „sehe": Bei der Struktur liegt der Schwerpunkt meiner Erläuterungen. Meine Augenbewegung „sagt" mir, dass ich „zunächst auf Schreibhürden eingehe". Komme ich in Zeitnot und muss deshalb einige Gesichtspunkte weglassen, sehe ich auf einen Blick, was ich auslasse und zu welchem Punkt ich springe. Zahlen, Daten und Zitate können auf gesonderten Blättern notiert werden, und die Abfolge des Referats lässt sich durch Zahlen kennzeichnen.

Höre ich in meinen Seminaren
- „Als *Beispiel* möchte ich folgendes *Beispiel* bringen ...";
- „Diese Frage wirft ein *echtes* Problem auf" (dessen Lösung vielleicht *total* wichtig ist);

dann – und wenn *gewissermaßen, tja, wie soll ich sagen, äh, nicht wahr* und *mhm* sich häufen – empfehle ich der Teilnehmerin oder dem Teilnehmer, sich auf ein ausformuliertes Manuskript zu stützen.

Höre ich
- „Wie *oben* gezeigt, ist ...";

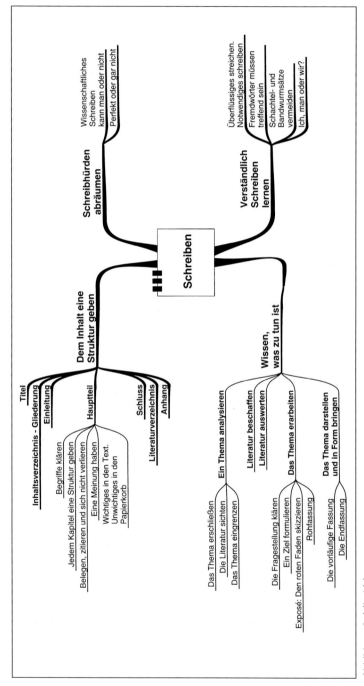

Abbildung 2: Mind Map

- „zur *Durchführung* dieses Reformprogramms *müssen* drei *Voraussetzungen,* die miteinander verknüpft sind, *gegeben sein*"; dann erinnere ich daran, dass ein Referat keine Hausarbeit ist und empfehle, die Möglichkeiten eines ausgearbeiteten Manuskripts zu nutzen: prägnante und anschauliche Sätze vorzubereiten, pointiert zu formulieren.

4. Handout

Zum Referatsservice gehört ein *Handout* mit den wichtigsten Definitionen und Begriffen, mit Namen, Zahlen, Daten, Formeln und Literaturhinweisen. Solche Handreichungen erleichtern es, sich auf das Zuhören zu konzentrieren; sie entlasten vom Mitschreiben und geben die Möglichkeit zum Nachlesen.

Ein Handout sollte
- alle notwendigen Angaben enthalten (wer spricht über was in welchem Zusammenhang),
- kurz, knapp und übersichtlich sein,
- dem Aufbau des Referats folgen,
- Raum für Notizen lassen.

Zur Kür gehört eine „Themen-Landkarte", die am Anfang des Handouts steht und einen Überblick über die Themen bzw. die Struktur des Referats gibt. Eine Themen-Landkarte kann man als Mind-Map anlegen oder als Netzwerk wie in der folgenden Abbildung, der ersten Seite eines Handouts zu einem Vortrag, den ich vor StudienanfängerInnen halte.

Um pointierte Behauptungen geht es im *Thesenpapier,* das zur Diskussion im Anschluss an ein Referat anregen soll. Damit dieses Ziel erreicht wird, müssen Thesen *kurz* und *prägnant* sein. Die wichtigsten Argumente und Ergebnisse werden zu *pointierten Behauptungen* verdichtet bzw. zugespitzt. Erscheinen Thesen den ZuhörerInnen plausibel, kommt keine Diskussion zustande.

Ein Thesenpapier sollte zu Beginn eines Referats verteilt werden. Die Reihenfolge der Thesen muss mit dem Aufbau des Referats korrespondieren, damit die Zuhörenden problemlos folgen können und nicht der Eindruck entsteht, im Thesenpapier stünde etwas anderes als vorgetragen wird.[10]

---

[10] Mehr zum Thesenpapier in Norbert Franck: Fit fürs Studium. 8. Aufl. München 2006, S 107ff.

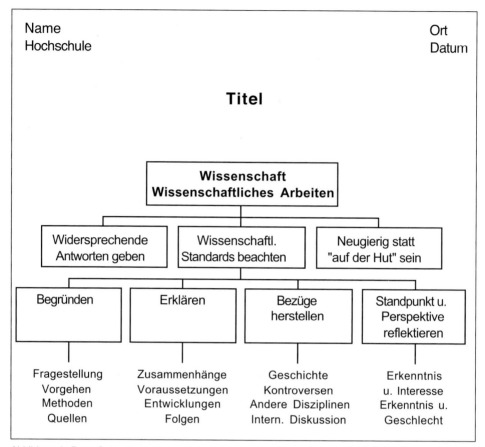

Abbildung 3: Erste Seite eines Handouts mit Themen-Landkarte (Franck 2006, S. 148)

1.5 Der letzte Schliff

„Steht" das Referat, ist das Manuskript geschrieben – geht die Vorbereitung weiter: Vor dem „Auftritt" kommt die Probe. *Rehearsel* ist das englische Wort für die Probe im Theater. Streicht man die letzten drei Buchstaben, hat man eine Probe-Anleitung: *rehear*. Ich rate von dem Versuch ab, ein Referat auswendig zu lernen. Ich empfehle, sich das Referat viermal *laut* vorzusprechen und zu prüfen, ob

- an bestimmten Stellen Formulierungen verunglücken oder Sätze geschraubt klingen;
- die Übergänge stimmen und verständlich sind;
- man Beispiele und Fragen, den Anfang und das Ende frei sprechen kann.

Zudem kann nur durch ein lautes Sprechen festgestellt werden, wie lange das Referat dauert. Man kann über alles reden – aber nie länger als 45 Minuten (und 45 Minuten wirklich nur dann, wenn es unbedingt sein muss). Von Luther stammt die nützliche Maxime: „Tritt fest auf, mach's Maul auf, *hör bald auf!*"

Die Sprechprobe erfüllt drei Funktionen:
1. Sie ist Voraussetzung, um gezielt am Referat feilen zu können, ihm den letzten Schliff zu geben.
2. Sie dient dazu, sich mit dem Manuskript wirklich vertraut zu machen: Pausen zu „sehen", Anschlüsse mühelos zu „finden".
3. Im Kopf entstehen „Klangbilder": Für viele Formulierungen braucht man nicht ins Manuskript zu schauen, über bestimmte Übergänge muss man nicht mehr nachdenken. Sie entstehen „wie von selbst", und sie klingen nicht steif wie auswendig Gelerntes.

Diese Phase der Vorbereitung ist Teil der Arbeit an einem Referat. Wer sich keine *Rehear-Time* nimmt, ist unzureichend vorbereitet. Geschliffene Referate sind wohltuend, weil das Geräusch des Schleifens bereits verklungen ist.

Checkliste: Vorbereitung eines Referats

☐ Welchen Nutzen stelle ich heraus?

☐ Wie wecke ich Interesse für mein Thema?

☐ Wie spreche ich die Zuhörenden an?

☐ Ist der Überblick über den Aufbau meines Referats klar?

☐ Habe ich Wegweiser aufgestellt, die das Publikum orientieren?

☐ Welche Publikumslieblinge – Beispiele, Vergleiche usw. – kommen im Referat vor?

☐ Ist die Zusammenfassung „rund" und eine *Taking-home-message* formuliert?

☐ Ist das Manuskript funktional?

☐ Ist sichergestellt, dass ich die Zeitvorgabe einhalte und an keiner Stelle hängen bleibe?

☐ Ist das Organisatorische geklärt?

2 Ansprechen statt abschrecken: Ein Referat halten

Wie fange ich an? Wie höre ich auf? Und was mache ich zwischen Anfang und Ende – zum Beispiel mit den Armen oder wenn mir ein Satz verunglückt oder ein Wort fehlt? Das sind die Themen dieses Abschnitts.

2.1 Vom Umgang mit Lampenfieber

Hochschulen sind seltsame Institutionen. Am Ort der Wissenschaft werden die Voraussetzungen des Wissenschaftsbetriebs nur unzureichend reflektiert. Von StudentInnen wird erwartet, dass sie Sachverhalte verständlich präsentieren und in Diskussionen vertreten können. Es werden Fähigkeiten vorausgesetzt, die systematisch vermittelt und geübt werden müssen. Doch niemand kümmert sich darum – die wenigen Ausnahmen bestätigen die Regel.

Fehlt die Erfahrung, Übung und Routine mit Referaten und Vorträgen oder mit Diskussionen in großer Runde, sind Aufregung, Anspannung, Nervosität eine *normale* Stressreaktion. Das ist nicht angenehm, aber wichtig zu wissen.

Wer sich zum ersten Mal am Berg abseilt oder nach einigen Übungsstunden im Swimmingpool im offenen Meer taucht, ist aufgeregt, nervös, angespannt oder unsicher. Wer Klettern oder Tauchen lernen will, nimmt die Aufregung, Nervosität, Anspannung oder Unsicherheit auf sich – wenn er oder sie erfolgszuversichtlich ist und die Freude antizipiert, *richtig* Klettern bzw. Tauchen zu können. Erfolgszuversicht und Vorfreude sind die Voraussetzungen, Risiken einzugehen.

Tauchen oder Abseilen muss gelernt werden. Reden auch. Wer sich einräumt, *lernen* zu müssen, Referate zu halten oder Diskussionen zu bestehen, ist selbstbewusst. Wer von sich verlangt, es *können* zu müssen, überfordert sich. Gedanken, Ideen oder Argumente in eine für ZuhörerInnen verständliche und interessante Form zu bringen, muss geübt werden. Diese Fähigkeit ist – wie Schreiben – kein Zufallsprodukt der Auseinandersetzung mit Betriebs- oder Volkswirtschaft, Jura oder Romanistik.

Was passiert eigentlich im Körper, wenn wir aufgeregt sind, wenn wir Lampenfieber haben, weil wir im „Rampenlicht" stehen (das im Theater früher „die Lampen" hieß – man brachte „den *Wallenstein* vor die Lampen")? In bedrohlichen Situationen wird vermehrt Adrenalin und Noradrenalin freigesetzt. Diese Hormone ermöglichen dem Körper schlagartig Hochleistungen. Zugleich schränken sie die Denkfähigkeit ein. Für die Selbsterhaltung ist diese Stressreaktion biologisch sinnvoll. Der Vogel, der erst lange „überlegt", wie er sich gegenüber der nahenden Katze verhalten soll, lebt nicht mehr lange. Die Taucherin, die ausführlich das Für und Wider des Auftauchens abwägt, wenn ihr Sauerstoffvorrat zu Ende geht, bringt sich in Lebensgefahr.

Vor anderen zu reden, ist keine körperliche Bedrohung. Warum stellt sich trotzdem häufig die geschilderte Reaktion ein? Aus drei Gründen:
1. Erfahrung und Routine fehlen;
2. von einem Referat oder Vortrag kann viel abhängen;
3. anders als beim Klettern oder Tauchen stellt sich keine Erfolgszuversicht ein.

Diese drei Faktoren wirken in zahlreichen Situationen zusammen – mit unterschiedlichen Ergebnissen. Ein Beispiel: Als ich meinen Führerschein machte, war ich vor der Fahrprüfung nervös. Mir fehlten auch nach 23 Fahrstunden noch die Sicherheit und Routine. Und ich war aufgeregt, weil es um etwas ging, um die Erlaubnis Auto zu fahren. Darauf war ich mit neunzehn, wie ich es damals ausgedrückt habe, *scharf*. Ich bin durchgefallen und war traurig und ärgerlich. Nach einem Tag war ich darüber weg: Die Welt ging nicht unter. Im zweiten Anlauf habe ich es geschafft. Ich verallgemeinere dieses Beispiel: Entscheidend ist die Bewertung einer Situation bzw. Anforderung. Die Führerscheinprüfung war für mich Mittel zum Zweck. Mehr nicht. Auto fahren *können* war (und ist) für mich keine prestigebesetzte Qualifikation. Mir ist wichtig, gut Auto fahren zu können, weil mir mein Leben lieb ist. Auf das Lob, ein guter Autofahrer zu sein, kann ich verzichten.

Ein anderes Beispiel. Viele kokettieren damit, dass sie von Mathematik *überhaupt keine Ahnung haben*. Je weiter die eigene Disziplin von der Mathematik inhaltlich entfernt ist, desto größer ist die Wahrscheinlichkeit, dass bei jeder passenden oder unpassenden Gelegenheit das Bekenntnis abgelegt wird, von Mathematik *überhaupt keine Ahnung* zu haben. Wer so spricht, mag Mathematik nicht und braucht Mathematik (scheinbar) nicht. Wer so spricht, macht eine Voraussetzung: Niemand verlangt oder erwartet, dass ich in Mathematik fit sein muss.

Es ist mir nicht peinlich, dass ich nicht kochen kann. Einige meiner Bekannten würden gerne Klavier oder Saxophon spielen können. Es schmälert nicht ihr Selbstwertgefühl, dass sie es nicht können. Kurz: Mathematische, kulinarische oder musikalische Kompetenzen sind in diesen Beispielen nicht wichtig für das eigene Selbstwertgefühl. Das ist beim Reden für viele anders. Die eigene Bewertung bewegt sich zwischen zwei Polen: Selbstbewusstsein und Selbstüberforderung.

Selbstbewusst heißt – als stiller Dialog formuliert:
- Ich habe keine Routine. Deshalb ist der nächste Referat eine gute Übungsmöglichkeit.
- Ich will mein Thema präzise und verständlich vortragen. Rhetorische Glanzleistungen hebe ich mir für das (über-)nächste Referat auf.

Selbstüberforderung meint die Anforderung, keine Fehler machen zu dürfen, perfekt sein zu müssen. Selbstüberforderung wird durch Gebote und Verbote gesteuert:
- Ich darf nicht rot werden.
- Ich muss sicher sein.
- Mir darf kein Satz verunglücken.

Das sind hausgemachte Vorschriften. Was wird tatsächlich verlangt? Verlangt wird
- ein strukturiertes Referat – kein perfekter „Auftritt",
- ein verständliches Referat – kein rhetorisches „Feuerwerk",
- Sachkenntnis – keine Perfektion.

Nobody is perfect. Und niemand hält einen Versprecher oder einen verunglücken Satz für eine Katastrophe oder eine Zumutung. Von den Dozenten kommen allenfalls Hinweise auf sachliche Fehler. Und alle Studierenden haben das Recht, solche Fehler zu machen. Im Wissenschaftsbetrieb sind rhetorische Glanzleistungen rar. Die meisten Studierende sind zufrieden, wenn ein Referat „Hand und Fuß" hat, wenn ein Diskussionsbeitrag verständlich ist oder zum Nachdenken anregt. Wenn dann noch die OH-Folien zweckdienlich und lesbar sind und ein informatives Handout verteilt wird, ist das mehr als in der Regel geboten wird.

Deshalb ist es offenkundig nicht die Anforderung selbst, die beunruhigt. Vielmehr bereiten die *Vorstellungen* über die Anforderung Unbehagen. Diese Vorstellungen rufen Gefühle hervor. Beruhen unsere Vorstellungen auf falschen Annahmen, lösen sie Gefühle aus, die unsere Handlungsfähigkeit beeinträchtigen können. Solche falschen Annahmen gehen in folgenden Worten durch den Kopf: *Wenn ich ein Referat halte, geht das schief. Wenn es schief geht, kann ich mit den Konsequenzen nicht umgehen.*

Eine rationale Betrachtung der Anforderung und der bisherigen Erfahrungen wird zu folgendem Ergebnis führen: Ich habe das Abi-

tur bestanden, mein Grundstudium erfolgreich abgeschlossen usw.
– daher weiß ich,
• dass es nicht notwendig schief geht, wenn ich ein Referat halte. Das Gegenteil ist auch möglich;
• dass die Welt nicht untergeht, wenn mir zwei oder drei Sätze verunglücken, wenn ich an einer Stelle hängen bleibe und am Anfang rot werde. Mit diesen Schwächen werde ich fertig.

Gelingt diese selbstbewusste Betrachtung von Anforderungen und Erfahrungen, ist das ein gutes Stück auf dem Weg zum selbstsicheren Auftreten.[11] Lässt sich das Vorankommen beschleunigen? Ja, indem man nicht zu viel auf einmal verlangt: Wenn sich vor einem Referat körperliche Stress-Symptome einstellen, sollte man das akzeptieren und nicht verlangen, dass man sich wohl fühlt. Dieser Zustand lässt sich nicht herbeizaubern. Er ist Ergebnis von Übung und Erfahrung. Deshalb sollte man seine Energien auf das Referat (oder Diskussionsbeitrag) konzentrieren und sich bewusst machen, dass andere Menschen unser Innenleben nicht sehen. Sie sehen nicht, dass mein Blutdruck steigt, dass mein Herz höher schlägt; sie hören auch in den meisten Fällen nicht meine Stimme „zittern" (wir hören uns anders reden – mit dem „Innenohr" – als die anderen, die unsere Stimme mit dem „Außenohr" aufnehmen).

Einsichten in Handeln umzusetzen, ist nicht leicht. Innere Widerstände müssen überwunden werden. Das kostet Kraft und Anstrengung. Wer sich mit Redeangst plagt, kann mit folgenden Fragen zu einer Entscheidung kommen, ob es lohnt, Energien zu investieren und sich auf Erfahrungen mit Referaten einzulassen:
• Hilft mir mein Vermeidungsverhalten, meine Ziele zu erreichen?
• Welche Vorteile habe ich, wenn ich keine Referate übernehme?
• Welche Nachteile nehme ich in Kauf?
• Sind die Vorteile größer oder die Nachteile?
• Trägt mein Verhalten dazu bei, dass ich mich so fühle, wie ich mich fühlen möchte?

2.2 Der interessante Anfang

Jede Oper hat eine Ouvertüre, die einstimmt. Wie stimmt man Zuhörerinnen und Zuhörer auf ein Referat ein? Man legt sein Manu-

---

[11] Wird man die Tyrannei der Muss-Soll-Darf-nicht-Annahmen nicht los, kann eine „rationale Selbstanalyse" weiterhelfen, die im Rahmen der *Rational-Emotiven-Therapie* entwickelt wurde: Dieter Schwarz: Nicht gleich den Kopf verlieren. Vernünftiger Umgang mit selbstschädigenden Gedanken. Freiburg 1991.

skript zurecht, nimmt Blickkontakt mit den Zuhörenden auf, wartet, bis Ruhe eingetreten ist – und beginnt langsam, laut und deutlich zu sprechen.

Einige Seiten zuvor habe ich zehn Hinweise für einen guten Einstieg gegeben (S. 225f.). Ich ergänze sie nun um Warnungen vor Fehleinstiegen. Einige dieser „Fehltritte" sind vorbereitet: Kopien schlechter Beispiele. Die meisten passieren aus Verlegenheit. Wer kein Improvisationstalent ist, sollte sich an folgenden Dreischritt halten:

1. Die ersten und die letzten Sätze intensiv vorbereiten,
2. diese Sätze Wort für Wort aufschreiben,
3. *genau* das – frei – vortragen, was notiert wurde.

Mit diesem Dreischritt lässt sich vermeiden, dass man mit einem der folgenden Handikaps an den Start geht:

1. Entschuldigungen
- „Meine Vorbereitungszeit war so kurz, dass ich nur ..."
- „Ich kann ihnen leider einige Ausführungen über ... nicht ersparen."
- „Mir war es bedauerlicherweise nicht möglich, ..."

Wer sich bzw. das Referat vorab schlecht macht, erzeugt kein Wohlwollen, sondern eine negativen Erwartungshaltung.

2. Drohungen
- „Mein Thema ist zwar außerordentlich kompliziert, dennoch ..."
- „Ich kann euch einige Details nicht ersparen, weil ..."

„Das hat der Zuhörer gern: daß er deine Rede wie ein schweres Schulpensum aufbekommt: daß du mit dem drohst, was du sagen wirst".[12]

3. Vulgär-Rhetorik
- „Wir alle sind an der Frage interessiert, ob die Globalisierung der Märkte ..."
- „Wir wollen alle eine Hochschule, die den Erfordernissen der Zeit gerecht wird."

Von *Wir*-Floskeln rate ich aus zwei Gründen ab: (1.) Sie wecken Assoziationen zu geschraubten Politikerreden. (2.) Ein „Nein" aus dem

---

[12] Kurt Tucholsky: Gesammelte Werke. Bd. 8. Reinbek 1993, S. 290.

Publikum kann aus dem Konzept bringen (und selbst ein stilles „Nein" bedeutet: Man hat Widerspruch geweckt).

4. Ich-möchte-heute-Selbstverständlichkeiten
- „Ich möchte heute über einige zentrale Aspekte der ... sprechen."
- „Ich möchte heute über wichtige Ergebnisse informieren, die ..."

Die ZuhörerInnen wissen, dass man sprechen wird; und sie erwarten, dass ihnen nicht die Zeit mit Unwichtigem gestohlen wird.

5. Mein Thema
- „Mein Thema lautet Personal- und Organisationsaspekte im Geschäftsprozessmanagement. Im Vordergrund steht dabei die Modularisierung ..."

Wer so steif mit der Tür ins Haus fällt, nimmt die ZuhörerInnen nicht mit.

6. Heute-ist-Pathos
- „Heute ist ein besonderer Tag, ein historisches Datum, der ..., an dem wir uns hier zusammenfinden, um ..."

Ein solcher Anfang hat, um es in Anlehnung an eine Bierwerbung zu formulieren, alles, was eine steife Landrats- oder Oberkreisdirektor-Rede braucht.

7. Seminar-Geschichte
- „Die Literatur der frühen Neuzeit beschäftigt uns sein Beginn dieses Semesters."
- „Wir haben uns in den letzten Sitzungen intensiv mit der Frage beschäftigt, ob ..."

Die Gefahr ist groß, dass man eine Tatsache bewusst macht, die als unbehaglich erlebt wird – und die eine oder der andere deshalb (hörbar) gequält seufzt.

8. Definitionismus
- „Mein Thema lautet Personal- und Organisationsaspekte im Geschäftsprozessmanagement. Im Vordergrund steht dabei die Modularisierung von Organisationsstrukturen, wobei Modularisierung mit Picot, Reichwald und Wigand verstanden wird als, ich zitiere, eine Restrukturierung der Unternehmensorganisation auf der Basis ..."

Warum sollte ich mich dafür interessieren, was dieser unter jenem versteht, solange ich nicht erfahren habe, warum und wofür eine Definition oder Begriffsbestimmung notwendig ist?

9. „Witzigkeit"
- „Die drei schwierigsten Dinge für einen Mann sind:
  - eine Steilwand zu erklimmen, die ihm zugeneigt ist,
  - ein Mädchen zu küssen, das ihm abgeneigt ist und
  - eine Tischrede zu halten."[13]

Ich erlebe oft, was der Satz meint, „Humor ist, wenn man trotzdem lacht": Die ZuhörerInnen lachen (aus Höflichkeit), weil sie erkennen, das ist als humorvoller Einstieg *gedacht*. Man muss schon sehr sicher sein, dass
- die Pointe sitzt,
- der Witz keinen schalen Beigeschmack hat: Männer die *Mädchen* küssen, begehen eine Straftat.

Deshalb sollte man sich bei Freundinnen und Freunden vergewissern, ob eine Pointe verstanden wird und gut ankommt.

2.3 Der wirksame Schluss

Der Schluss ist wichtig. Was zuletzt gesagt wird, wirkt besonders. Zunächst: Der Schluss muss wirklich der Schluss sein. Alles hat ein Ende. So manches Referat hat zwei: Die Rednerin oder der Redner kündigt an, „ich komme zum Schluss" – und redet munter weiter.

> „Kündige den Schluß deiner Rede lange vorher an, damit die Hörer vor Freude nicht einen Schlaganfall bekommen ... Kündige den Schluß an, und dann beginne deine Rede von vorn und rede noch eine halbe Stunde. Das kann man mehrere Male wiederholen."[14]

Das Ende eines Referats sollte in doppelter Hinsicht wirken: inhaltlich und atmosphärisch.

1. Inhaltlich: Ich habe empfohlen, die Schlussformulierungen schriftlich festzuhalten und sich nicht darauf zu verlassen, dass spontan ein guter Schluss einfallen wird (vgl. S. 235). Ich erlebe oft, dass spontan nicht mehr herauskommt als Entschuldigungen oder Hoffnungsfloskeln:
- „Vielen Dank für eure/ihre Aufmerksamkeit."

---

[13] Eine Empfehlung von Günter Lehmann, Uwe Reese: Die Rede. Der Text. Die Präsentation. Frankfurt am Main u.a. 1998, S. 22.
[14] Kurt Tucholsky: Gesammelte Werke. Bd. 8. Reinbek 1993, S. 292.

- „Das war eigentlich schon das Wichtigste. Vielen Dank für ihre Aufmerksamkeit."
- „Nun habe ich ihre Geduld schon genug strapaziert."
- „Ich habe leider vieles nur anreißen können."
- „Bleibt zu hoffen, dass …"
- „Ich hoffe, ich konnte dazu beitragen, …"

Nehmen wir an, ein Referat wird mit einem Zitat von Georg Christoph Lichtenberg beendet: „Ich kann freilich nicht sagen, ob es besser wird, wenn es anders wird; aber so viel kann ich sagen, es muss anders werden, wenn es gut werden soll." Wird an diesen Satz eine Nebensächlichkeit, eine Entschuldigung oder eine Floskel anhängt, verpufft seine Wirkung – und damit die Wirkung *des* Schlusses. Deshalb: den Schlusssatz wirken lassen.

2. Atmosphärisch: Wenn man erleichtert ist, dass man das Referat „über die Bühne gebracht" hat, ist das kein Grund, hörbar zu seufzen, laut durchzuatmen oder fluchtartig das Redepult zu verlassen. Den ZuhörerInnen sollte nicht der Eindruck vermittelt werden, der Redner hätte etwas *überstanden,* von der Rednerin sei eine *Last* gefallen. Vielmehr sollte signalisiert werden, dass es sich gelohnt hat, zuzuhören: Deshalb: nach dem letzten Satz eine Wirkungspause einlegen, die ZuhörerInnen freundlich anschauen, dem Publikum Zeit lassen für eine zustimmendes Klopfen und dem Dozenten für einen Dank oder zur Aufforderung, Fragen zu stellen.

2.4 Zwischen Anfang und Ende

Ein gutes Referat hat einen interessanten Anfang und einen gelungenen Schluss. Anfang und Schluss liegen möglichst dicht beieinander – wünschte sich Mark Twain, der wahrscheinlich viele langweilige Vorträge gehört hat. Vom Anfang bis zum Schluss spricht man über eine Sache zu Menschen. Was ist dabei zu beachten?

Blickkontakt

Zu Menschen reden heißt: Die Menschen anschauen und nicht die Decke oder einen entlegenen Winkel im Raum. Es kann über Unsicherheit hinweghelfen, am Anfang den Blickkontakt mit freundlichen Menschen zu suchen: Es gibt nie nur grimmige ZuhörerInnen, sondern immer die eine oder den anderen, die oder der freundlich schaut oder zustimmend nickt. Die ZuhörerInnen sollten einzeln angeschaut werden – zwischen zwei und zehn Sekunden. Nicht länger, sonst fühlt sich der oder die Angeschaute vielleicht unwohl.

Manuskript

Ein Manuskript ist ein legitimes Hilfsmittel, das man nicht zu verstecken braucht. Von einem ausformulierten Manuskript sollte man sich nicht zum Ablesen verführen lassen. Lässt es nicht vermeiden, bestimmte Passagen abzulesen, ist auf zweierlei zu achten:
1. nicht zu schnell lesen,
2. Sprechpausen stimmen nicht mit der Zeichensetzung überein. Über manche Kommata sprechen wir hinweg und machen dafür an Stellen eine kleine Pause, an denen kein Satzzeichen steht.

Auf folgende Weise kann beim Zitieren der Blickkontakt mit dem Publikum beibehalten werden:
1. Zitat mit Blickkontakt ankündigen,
2. Zitat langsam vortragen,
3. mit Blickkontakt auf das Ende des Zitat hinweisen.

Körperhaltung

Wenn man *sitzt*:
- mit dem Hintern bis an die Rückenlehne rutschen und sich anlehnen;
- beide Füße auf den Boden stellen (Hinweis für kleine Menschen: Rutschen Sie so weit vor, dass Sie Ihre Füße fest auf den Boden stellen können.);
- den Stuhl so nahe an den Tisch rücken , dass die Unterarme auf den Tisch gelegt werden können. So lässt sich problemlos gestikulieren. Bleiben die Hände unter dem Tisch, sinken die Schultern nach vorne, macht man sich kleiner und sitzt nicht mehr gerade.

Wenn man *steht*:
- nicht Schillers *Glocke* machen („Festgemauert in der Erde") und nicht den Tiger, der ständig am Gitter hin und her streift. Das schafft Unruhe – und die ZuhörerInnen bekommen wie beim Tennis einen steifen Nacken;
- mit beiden Beinen fest auf dem Boden stehen, das Körpergewicht gleichmäßig verteilt.
- die Schultern nach hinten nehmen und nicht hoch ziehen;
- den Rücken gerade halten und den Kopf erhoben.

Gestik

Wohin mit Armen und Händen? Auf den Tisch, wenn man sitzt. Wenn man steht: einen Arm anwinkeln und den anderen locker herunterhängen lassen.

Gesten sollten nicht einstudiert werden. Gestik stellt sich dann ein, wenn
- man für wichtig hält, was man vorträgt,
- man überzeugt ist von dem, was man sagt.

Nach meiner Erfahrung geht es meist nicht darum, Gestik zu lernen, sondern darum, sich überhaupt Gestik zu gestatten, Gesten zuzulassen, eine raumgreifende Körperhaltung einzunehmen. Wer Raum beansprucht, muss nicht mehr viel über Gestik und Körperhaltung lernen.

Die Bedeutung eines Referats wird geschmälert, wenn man mit den Schultern zuckt oder den Kopf schräg hält. Das signalisiert: Ich habe es nicht wirklich ernst gemeint; ich weiß es selbst nicht genau; ich bin auf Zustimmung angewiesen; ich bin unsicher. Schließlich sollte vermieden werden
- Haarsträhnen zu drehen,
- sich durch die Haare oder über das Gesicht zu fahren,
- den Kopf in die Hand zu stützen.

Mimik

Wer während eines Referats mit sich und der Situation zufrieden ist, darf lächeln. Aber nur dann: Man sollte nicht lächeln, wenn einem nicht danach zumute ist. Es kommt nur ein Verlegenheitslächeln heraus, das die Wirkung des Gesagten schmälert (ist wohl nicht so ernst gemeint).

Lautstärke

Die Lautstärke muss der Raumgröße angemessen sein. Zu leises Sprechen ist ebenso unangemessen wie zu lautes. „Mit einer sehr lauten Stimme im Hals" ist man „fast außerstande, feine Sachen zu denken" (Nietzsche). Und man verbaut sich die Möglichkeit einer Steigerung zur Betonung wichtiger Passagen. Der Wechsel von einer angemessenen Lautstärke zum leiseren Sprechen kann eindringlich wirken und die Aufmerksamkeit des Publikums erhöhen.

Pausen

Selten erlebe ich, dass bei Vorträgen zu langsam gesprochen wird. Häufig ist das Sprechtempo zu hoch. Etwa 100 Wörter in der Minute sind angemessen. Wenn man in Eifer gerät, können es auch 120 sein. Mehr sind zu viel
- für die ZuhörerInnen: Sie können nicht mehr folgen;

- für die Sprecherin oder den Sprecher: Nach einiger Zeit stellt sich Atemnot ein.

Deshalb: nicht „ohne Punkt und Komma" reden, sondern Pausen machen. Pausen sind
- ein rhetorisches Mittel: Man lässt eine wichtige Aussage oder Frage wirken, indem man eine kurze Pause anschließt;
- ein Gliederungsmittel: Man sollte nach jedem Hauptgedanken durch eine Pause signalisieren, dass eine neue Überlegung folgt;
- eine Wohltat für die Rednerin bzw. den Redner und für die ZuhörerInnen: Pausen geben Gelegenheit, Luft zu holen und nachzudenken;
- wichtig, um sich zu sammeln und bei Aufregung ruhiger zu werden.

Wichtig ist auch ein Wechsel im Sprechtempo. Ein gleichmäßig schnelles Tempo nervt die Hörerinnen und Hörer, ein kontinuierlich ruhiges Tempo ermüdet sie. Deshalb: die entscheidenden Passagen mit Nachdruck vortragen: mit Betonung und Pausen. Bei Beispielen und leicht verständlichen Sachverhalten kann man im Tempo etwas zulegen.

Wegweiser

ZuhörerInnen sind dankbar für gliedernde Zwischenbemerkungen, die es ihnen erleichtern einem Referat zu folgen. Deshalb sollte man den Aufbau eines Referats transparent machen und sagen, bei welchem Punkt man gerade ist und wie es weitergeht (vgl. S. 230).

2.5 Kleine Unglücke meistern

Willy Brandt wies einmal darauf hin, dass Perfektionismus ein „schreckliches Laster" ist. An anderer Stelle habe ich Hinweise gegeben, wie man sich von diesem Laster befreit (S. 243f.). Diesen Abschnitt schließe ich mit Tipps, was man gegen kleine Pannen beim Referat tun kann. Die Frage lautet: *Und wenn ...*

... ich mit einem Satz nicht zurechtkomme?
Es ist kein Drama, einen Satz mit kleinen Verstößen gegen die Grammatik zu beenden – einfach weitersprechen, sofern problemlos zu verstehen ist, was gemeint ist. Man kann auch (ohne Entschuldigung) das entsprechende Wort verbessern. Kommt man mit einem Satz nicht mehr klar, bricht man ihn ab und fängt neu an. Man kann

schlicht sagen: „Ich beginne den Satz noch 'mal neu." Oder man blufft ein bisschen:
- „Ich möchte es besser formulieren."
- „Präziser ausgedrückt..."
- „Genauer gesagt..."

Der Bluff wird allerdings durchschaut, wenn solche Formulierungen häufiger verwendet werden. Vorbeugen ist besser als versprechen. Vorbeugen heißt: kurze Sätze formulieren.

... ich rot werde?
Ich rate, das Rotwerden zu akzeptieren. Wenn es gelingt, das Rotwerden nicht so wichtig zu nehmen, verringert sich das Problem mit der Zeit deutlich. Hat man während eines Referats den Eindruck, einen knallroten Kopf zu bekommen, sollte man im Anschluss einen Freund oder eine Freundin fragen, ob er oder sie das bemerkt hat. Häufig täuscht der eigene Eindruck. Man meint, der Kopf glüht, doch die anderen nehmen allenfalls ein leichtes Erröten wahr.

... ich eine Folie falsch herum auflege?
Kleine Fehler mag das Publikum – vor allem wenn eine „Lehre" aus dem kleinen Schnitzer gezogen wird: „Sie sehen, alles hat wirklich zwei Seiten. Nur ist die eine Seite manchmal schwer zu entziffern."

... ich zu leise rede?
Dagegen gibt es ein Mittel: üben, lauter zu reden. Achten sollte man auf eine angemessene Lautstärke und darauf, dass die Stimme am Ende eines Satzes weder fragend höher wird noch abfällt, leiser wird. Das nimmt einer Aussage die Kraft und Wirkung.

... ich mich verspreche?
Über kleine Versprecher, die den Sinn einer Aussage nicht entstellen, sollte man hinweggehen. Nobody is perfect. Wird der Sinn entstellt, korrigiert man sich ohne Entschuldigung: „Ich meine natürlich nicht Finanzwirtschaft, sondern Finanz*wissenschaft*." Mit der Größe des Wortschatzes nimmt die Wahrscheinlichkeit zu, dass man sich verspricht. Deshalb sollte man einen Versprecher – *hormonisches* Familienleben oder „Da stand ihnen der Hals bis zum Wasser" (O-Ton Ulrich Wickert) – als Kompliment nehmen. Spricht man vom *endlichen Amtsergebnis* der Bundestagswahlen, merkt es niemand, oder man hat für einen Moment der Heiterkeit gesorgt. Deshalb gibt es keinen Grund, einen Versprecher hektisch zu korrigieren. Ein Lächeln kommt besser an.

... ich Dialekt spreche?
Meist wirkt eine Dialektfärbung sympathisch. Dialekt stört nur dann, wenn die Verständlichkeit beeinträchtigt wird.

... mir das treffende Wort fehlt?
Das kommt vor. Man setzt mit einer Umschreibung oder einem anderen treffenden Wort das Referat fort. Gelingt das nicht, hilft ein „Geständnis": „Mir fehlt der treffende Begriff" – und man bekommt Hilfe von den Zuhörenden. Eine andere Möglichkeit: Man stellt sich die rhetorische Frage: „Wie kann es ich treffend formulieren?" – und verschafft sich so eine Denkpause.

... ich den roten Faden verliere?
Die ZuhörerInnen wissen nicht, was man als Nächstes sagen wollte. Und sie registrieren auch nicht jeden kleinen Fehler im Ablauf. Ist „der Faden gerissen", entsteht eine kleine Pause. Niemand ist darüber irritiert. Man schaut ins Manuskript, wie es weitergeht. Und spricht weiter, wenn die Anschluss-Stelle gefunden wurde. Es ist üblich, und so wird es auch von den Zuhörenden registriert, nach einer gewissen Zeit der freien Rede einen Blick ins Manuskript zu werfen, um sich zu vergewissern, was als Nächstes angesprochen werden soll. In meinen Seminaren haben TeilnehmerInnen nach einem *Blackout* meist den Eindruck, dieser hätte „ewig" gedauert. Die Videoaufnahmen belegen: „Ewig" war zwei oder drei Sekunden.

Ein anderes Mittel, den Anschluss wieder zu finden, sind (Zwischen-)Zusammenfassungen oder Wiederholungen dessen, was man zuletzt gesagt hat:
- „Ich fasse diesen Punkt kurz zusammen."
- „Ich wiederhole kurz ..."
- „Ich möchte noch einmal betonen ..."

... ich etwas vergessen habe?
Die ZuhörerInnen wissen nicht, was man alles sagen wollte. Ihnen fällt also auch nicht auf, dass man etwas weggelassen hat. Wenn man ein zentrales Argument, eine wichtige Passage übersprungen hat, trägt man diesen Punkt bei passender Gelegenheit – aber nicht in der Zusammenfassung – nach:
- „Ein wichtiger Gesichtspunkt fehlt noch..."
- „In diesem Zusammenhang ist zu ergänzen..."
- „Dabei ist allerdings zu berücksichtigen, und das habe ich bisher noch nicht getan, dass..."

Joachim Stary

Referate unterstützen: Visualisieren, Medien einsetzen

Wer referiert, sollte motivierend, strukturiert, verständlich und anschaulich referieren. Die ersten drei Aspekte stehen im Beitrag von Franck im Mittelpunkt. Im Folgenden geht es um *Anschaulichkeit*, um den Einsatz von Medien, um das Visualisieren von Referaten. Drei Leitfragen strukturieren das Kapitel:

1. Warum ist es sinnvoll, zu veranschaulichen?
2. Welche Medien kann und sollte man wie einsetzen?
3. Was ist beim Einsatz von Folien zu beachten?

1 Warum veranschaulichen?

Es gibt viele gute Gründe, anschaulich zu referieren, also nicht nur das Medium „gesprochene Sprache" zu verwenden. Die drei wichtigsten:
- motivieren,
- das Behalten unterstützen und
- das Verstehen erleichtern.

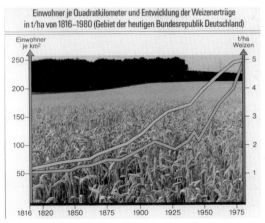

Das Liniendiagramm veranschaulicht eine quantitative Beziehung. Das Bild des Weizenfelds dient nur einem Zweck: Es soll den Blick des Betrachters anziehen („Eye-catcher"). Zum Inhaltsverständnis trägt es nicht bei.

256 Visualisieren, Medien einsetzen

Die Karikatur von Bernd Pohlenz bietet einen humorvollen Einstieg in eine Diskussion über das Verhältnis von Primär-, Sekundär- und Tertiär-Literatur.

1. Motivieren

Bilder – vor allem bewegte – ziehen unsere Aufmerksamkeit an. Alle empirischen Untersuchungen über menschliches Wahrnehmungsverhalten (sei es beim Lesen eines Printmediums, beim Betrachten einer Web-Page oder von Folien) belegen: Unser Blick geht immer zuerst zum Bild; auch der Blick Ihrer KommilitonInnen.

Sie sollen aus Ihrem Referat keine Multimedia-Show machen. Sie sollten jedoch versuchen, durch Visualisierungen die *Aufmerksamkeit* oder *Neugier* Ihrer KommilitonInnen zu wecken. Es gibt kein Patentrezept, wie das gelingen kann. Bewährt haben sich allerdings Veranschaulichungen, die die *Gefühle* der ZuhörerInnen anzusprechen – zum Beispiel: Ein Witz kann auflockern, Lachen befreit, Betroffenheit stimmt nachdenklich, Provokation regt zum Widerspruch an, die Übertreibung kann das Denken auf den Kern einer Sache lenken.

2. Das Behalten unterstützen

Visualisierungen unterstützen das Behalten und Erinnern. Das ist keine Erkenntnis der modernen Lernpsychologie, sondern wurde bereits in der Antike „entdeckt". Cicero:

> „Wir können uns dasjenige am deutlichsten vorstellen, was sich uns durch die Wahrnehmung unserer Sinne mitgeteilt und eingeprägt hat; der schärfste von all unseren Sinnen ist aber der Gesichtssinn. Deshalb kann man etwas am leichtesten behalten, wenn das, was man durch das Gehör oder durch Überlegung aufnimmt, auch noch durch die Vermittlung der Augen ins Bewußtsein dringt."[1]

Die Verknüpfung von wort- *und* bildsprachlichen Elementen (in der Psychologie spricht man von „Doppel-Codierung") fördert das Einprägen und Behalten.

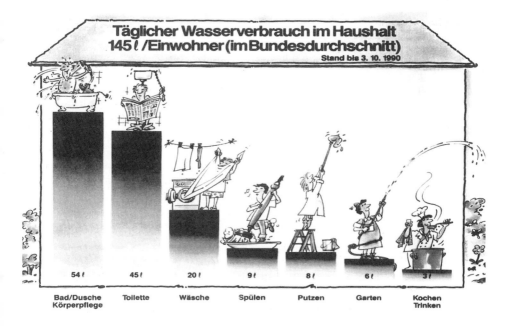

Die Personen auf den Säulen des Diagramms tragen dazu bei, dass der Betrachter sich zumindest die Rangfolge der wasserverbrauchenden Tätigkeit merkt.

---

[1] Zit. n. Frances A. Yates: Gedächtnis und Erinnern. Weinheim 1991, S. 13.

258 Visualisieren, Medien einsetzen

Die Bilder sind der Anker, der die Information festhalten, das Behalten und Erinnern erleichtern soll.

3. Beschreiben und erklären

In den meisten Referaten geht es darum, Sachverhalte zu beschreiben und zu erklären. Veranschaulichungen spielen dabei eine wichtige Rolle, weil sie das Verständnis erleichtern. Insbesondere dann, wenn ein Bild besser als Worte geeignet ist, einen Sachverhalt darzustellen. Veranschaulichungen sind besonders hilfreich, wenn es darum geht, Sachverhalte zu verstehen, die sich uns über die sinnliche Wahrnehmung nicht erschließen.

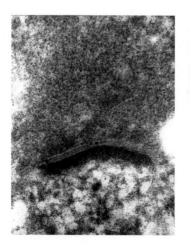 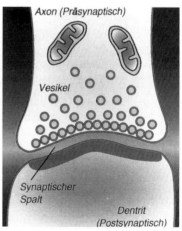

Links sehen Sie eine Röntgenaufnahme, rechts eine schematische Darstellung dieses Bildes. Die schematische Darstellung zeigt, was sich dem menschlichen Auge selbst unter Zuhilfenahme eines Röntgengerätes nicht erschließt.

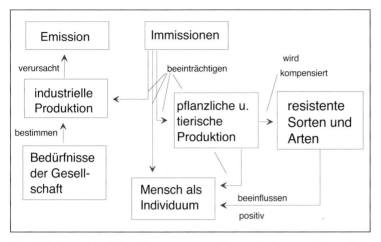

Die Abbildung zeigt ein Beziehungsnetz zum Thema „Luftverunreinigung". Die Schematisierung dieses komplizierten Zusammenhangs zeigt dem Betrachter „auf einen Blick" die in diesem Zusammenhang relevanten Faktoren und die zwischen ihnen bestehenden Beziehungen.

4. Zahlen ins Bild setzen

Wenn Sie Zahlen ins Bild setzen wollen, eignen sich neben Tabellen vor allem *Zahlenbilder*.

„Klassische" Zahlenbilder

Zu den Klassikern unter den Zahlenbildern zählen
- das Stab-, Säulen-, Balken-Diagramm,
- das Kreis-Diagramm und
- das Linien-/Flächen-Diagramm.

Welcher dieser drei Diagramm-Typen ist für welchen Zweck geeignet? Gene Zelazny rät, sich an zwei *Leitfragen* zu orientieren:
1. Was will ich aussagen?
2. Da es sich bei jeder statistischen Aussage im Kern immer um einen *Vergleich* handelt, sollten Sie klären: Um welchen der *fünf Grundtypen* von Vergleichen handelt es sich?

Wenn Sie über Ihre Aussage und die Art des Vergleichs Klarheit haben, können Sie die passende Diagramm-Form wählen. Die von Zelazny erstellte *Matrix* bietet hierbei eine Hilfe.[2]

---

[2] Gene Zelazny: Wie aus Zahlen Bilder werden. Wiesbaden 1986, S. 84.

260 Visualisieren, Medien einsetzen

Grundtypen	Signalwörter	Beispiel
Struktur-Vergleich er zeigt den Anteil an einer Gesamtheit	Anteil, Prozentsatz	„Bundesbürger/-innen unter 16 Jahren verbringen 20% ihrer Freizeit vor dem Fernseher."
Rangfolge-Vergleich er stellt Objekte bewertend gegenüber	größer, kleiner, besser, schlechter usw.	„Bei Wahlen zum Vorsitz erzielten alle Kandidaten etwa die gleiche Stimmenzahl."
Zeitreihen-Vergleich er zeigt Veränderungen über die Zeit	Rückgang, Schwankung, Stagnation usw.	„Die Arbeitslosigkeit wird in den nächsten zwei Jahren zunehmen."
Häufigkeits-Vergleich er zeigt die Auftretenshäufigkeit eines Objekts in verschiedenen Größenklassen	Bereich, Häufigkeit, Konzentration, Verteilung usw.	„Die meisten Menschen mit niedrigem Schulabschluss lesen Boulevard-Zeitungen."
Korrelations-Vergleich er zeigt den Zusammenhang zwischen Variablen	relativ zu ..., steigt mit ..., verändert sich parallel zu ..., variiert entsprechend ... usw.	„Billigere Eintrittspreise bei Fußballspielen bedeuten nicht unbedingt eine Zunahme der Zuschauerzahlen."

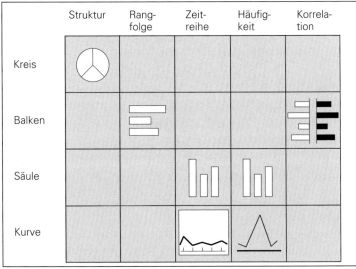

Diagramm-Arten und Vergleichsart

Worauf es bei der Gestaltung von Zahlenbildern ankommt

- Veranlassen Sie den Betrachter, über den Inhalt nachzudenken, nicht über Fragen des Layouts oder über Fragen der technischen Herstellung des Zahlenbildes.

- Zeigen Sie nur das, was die Daten aussagen.
- Vermeiden Sie Entstellungen, Verzerrungen (zum Beispiel durch dreidimensionale Darstellungen).
- Zeigen Sie in großen Datenmengen *Zusammenhänge*.
- Zeigen Sie zunächst große Zusammenhänge, erst dann Einzelheiten.

Achtung: Manipulation

„Manche Schaubilder erwecken ... den Verdacht, dass der Betrachter durch geschickte Manipulation getäuscht werden soll."[3] Dieser Verdacht bestätigt sich leider täglich.[4] Auch ohne Manipulations*absicht* läuft man Gefahr, zu manipulieren – etwa durch die unbedachte Auswahl bestimmter Darstellungsformen oder der Gestaltung der x-/y-Achsen eines Diagramms. Einige Negativ-Beispiele:

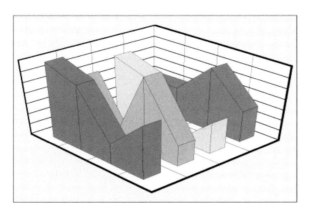

Wählen Sie nur geometrische Figuren mit eindimensionaler Ausdehnung, weil sie am schnellsten und am leichtesten erfasst und beurteilt werden können. Der Eindruck, der durch zwei- oder dreidimensionalen Darstellungen erweckte wird, entspricht nicht den Zahlen, die der Grafik zugrunde liegenden. Verzichten Sie deshalb auf die von *Harvard Graphics* oder *Excel* angebotene Möglichkeiten dreidimensionaler Gestaltung.

Auch durch die Variation der Achsen können Größenverhältnisse suggeriert werden, die nicht den Zahlenverhältnissen entsprechen.

---

[3] Heiner Abels, Horst Degen: Handbuch des statistisches Schaubilds. Konstruktion, Interpretation, Manipulation. Herne, Berlin 1981, S. 5.
[4] Vgl. Walter Krämer: So lügt man mit Statistik. 5. Aufl. Frankfurt am Main, New York 1995.

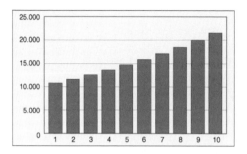
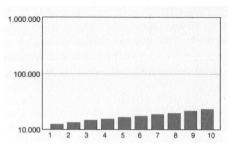

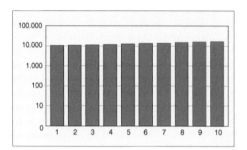

Variation der y-Achse am Beispiel einer Kapitalstandsentwicklung: Bei einer Startsumme von DM 10.000 und einem Zinssatz von 8% p.a. erkennen wir (a) einen beträchtlichen Anstieg, (b) einen geringen und (c) einen sehr geringen Anstieg

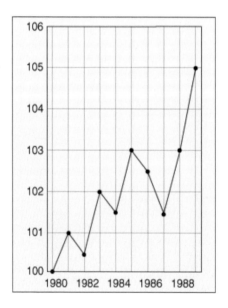
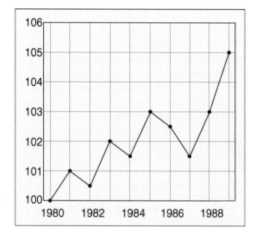

Variation der x-Achse am Beispiel der Umsatzentwicklung eines Unternehmens über einen Zeitraum von zehn Jahren wie unterschiedlich sich die Entwicklung „veranschaulichen" ist. Die Umsatzwerte sind zwar jeweils korrekt eingetragen, aber durch die Streckung (a) bzw. Stauchung (b) der x-Achse entsteht jeweils ein anderer Eindruck

2 Welche Medien wie einsetzen?

Medien sind ein Mittel zum Zweck. Medien sind kein Selbstzweck. Welche Medien sind wofür geeignet? Um Antworten auf diese Frage geht es auf den nächsten Seiten. Ein Hinweis vorab: Ein Referat wird nicht deshalb gut, weil es mit *modernen* Projektions-Medien unterstützt wird.

1. Die Kreidetafel und ihre jüngeren Geschwister

An Hochschulen ist immer noch der alte Medien-Klassiker *Kreidetafel* weit verbreitet. Nicht nur deshalb ist es sinnvoll, über die Einsatzmöglichkeiten der Kreidetafel nachzudenken (zumal dann, wenn weder OH- oder Daten-Projektor zur Verfügung stehen). Die Kreidetafel hat beeindruckende Vorteile. Um diese Vorteile nutzen zu können, sollten Sie folgende Hinweise beachten:

Besonders geeignet für:
– schrittweises Entwickeln von Sachverhalten *(z.B. mathematische Ableitungen)*,
– Erklärungen und Erläuterungen *(z.B. neue Fachtermini, Fremdwörter, Namen, Beispiele, Zahlen)*,
– Sammeln *(z.B. Themen, Vorschläge)*.

Vorteile:
– einfache Handhabung,
– große Schreibfläche (bei Klapptafeln),
– Löschung, Korrektur des Anschreibens ist jederzeit möglich.

Nicht geeignet:
– für Darstellungen, die erhalten bleiben sollen,
– für zeitaufwendige Schreib- und Zeichenarbeiten,
– als Ersatz für Skripten.

Nachteile:
– kein Blickkontakt zum Publikum beim Anschreiben,
– Erklärungen während des Anschreibens sind akustisch schlecht verständlich,
– zeitaufwendig,
– Tafelbilder können nicht aufbewahrt werden,
– Kreidestaub und Quietschgeräusche beim Schreiben,
– häufig fehlende Reinigungs-Utensilien, schmutzige Hände.

Einige Tipps zur Arbeit mit der Kreidetafel
- Bereiten Sie das Tafelbild zuhause vor, überlegen Sie also Aufteilung und Platzbedarf (das Tafelbild sollte klar und übersichtlich sein).
- Halten Sie auf jeden Fall Kreide, Wasser und Schwamm und einem Lappen zum Trockenwischen bereit.
- Achten Sie darauf, beim Anschreiben an die Tafel keine Erläuterungen zu geben (nicht gleichzeitig sprechen und schreiben). Erst wenn Sie mit dem Schreiben fertig sind, treten Sie neben die Tafel und erläutern das Angeschriebene.
- Lassen Sie genügend Zeit zum Abschreiben.
- Schreiben Sie groß und deutlich.

Die „Geschwister" der Kreidetafel, die „*weiße*" (kunststoffbeschichtete) *Tafel* und das *Flipchart* (dreibeiniger Ständer, auf dem DIN A1-Papier-Blöcke aufgehängt werden), sind an der Hochschule seltener anzutreffen. Sofern ein Fachbereich oder ein Institut über Medien verfügt, so befinden sich diese Medien in Seminarräumen, für die Sie eine Zugangsberechtigung benötigen. Stehen Ihnen diese Medien zur Verfügung, sollten Sie prüfen, ob Sie deren Vorteile für Ihr Referat nutzen können.

Die „weiße" Tafel
Vorteile:
- alle Vorteile der Kreidetafel,
- Reinigung mit einem Papiertaschentuch,
- es kann zusätzlich mit Haftmagneten (Symbole, Farben, Etikettenträger usw.) gearbeitet werden,

Nachteil:
Weniger ein Nachteil, denn eine ständige Gefahr für die weiße Tafel (und damit auch für Sie als NutzerIn dieser Tafel) sind jene Lehrenden und Studierenden, die nicht darauf achten, nur die für diese Tafel vorgesehenen Stifte zu verwenden, sondern mit nichtwasserlöslichen Stiften dafür sorgen, dass sich der Anschrieb nicht mehr bzw. nur mit entsprechenden Lösungsmitteln entfernen lässt.

Das Flipchart
Vorteile:
Der größte Vorteil: Sie können die Blätter in aller Ruhe zuhause planen und erstellen. Weitere Vorteile:
- sauberes Arbeiten,
- farbige Filzstifte kontrastieren gut auf weißem Papier,
- beschriebene Blätter können aufbewahrt werden,
- leicht zu transportieren,

– einzelne Blätter (Poster) können mit Reißnägeln oder Tesakreppstreifen an den Wänden eines Seminarraums aufgehängt werden.

Nachteile:
– Kein Blickkontakt zum Publikum beim Anschreiben,
– begrenzte Schreibfläche,
– keine Löschung des Anschriebs möglich, es kann nur das ganze Blatt weggeworfen werden,

2. OH- und Daten-Projektor

Ob OH-Projektor und Folie oder Daten-Projektor (Beamer) und Präsentationsfolie: Folien müssen so gestaltet sein, dass sie Ihr Referat unterstützen:
• zum Zuhören motivieren,
• das Verstehen und Behalten dessen, was Sie referieren, erleichtern.

An diesen Zielen sollte sich die Gestaltung, das Design Ihrer Folien orientieren. Verzichten Sie auf alle inhaltlich nicht begründeten Show-Elemente (Bilder, Layouts, Design-Vorlagen usw.), gehen Sie *Powerpoint* nicht auf den „Präsentations-Leim". Bleiben Sie sachbezogen und halten Sie sich an folgende Regeln:

Folien müssen lesbar sein

• 24 Punkt. Damit sollten Sie beginnen. Wenn es einmal inhaltlich eng werden sollte, dann können Sie auch auf 20 Punkt reduzieren. Niedriger sollten Sie nicht gehen.
• Verzichten Sie auf alle „Schriften-Spielereien". Jeder Wechsel der Schriftart muss semantisch begründet sein: andere Schrift = andere Aussage/Bedeutung.
• Mit der Wahl bestimmter Schriftarten lassen sich auch bestimmte Ziele unterstreichen. Beispiele: Eine Frakturschrift kann für *Vergangenheit* stehen, eine Schreibschrift die *persönliche Sichtweise* hervorheben, eine serifenlose Schrift wirkt *nüchtern, sachlich*.[5]

---

[5] Sowohl serifenlose Schriften (zum Beispiel *Arial)* als auch Schriften mit Serifen (*Times Roman*) sind gut lesbar.

266 Visualisieren, Medien einsetzen

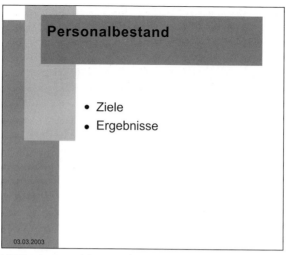

Viel Design um nichts zu zeigen.

Zerfallschema ^{137}Cs

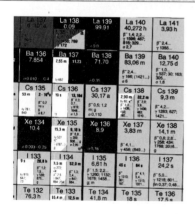
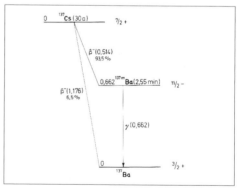

Verwendung einer Entwurfsvorlage, die nicht nur nicht zum Inhalt passt, sondern die formale Dürftigkeit des Inhalts auch noch hervorhebt. Links die schmuddelige Elementen-Tafel, rechts ein nicht lesbares Diagramm.

Welche Medien wie einsetzen?

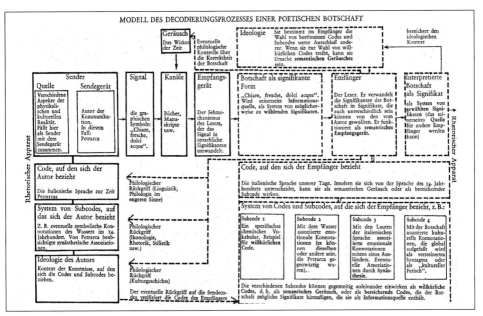

Eine Zumutung. Selbst optimale Projektionsbedingungen machen aus dieser Folie keine lesbare Folie. Diese Abbildung gehört dorthin, wo sie der Referent auch her hat: in ein Printmedium. In einem Lehrbuch oder einer Fachzeitschrift hat er die Abbildung entdeckt und sie anschließend entweder auf eine Folie kopiert oder aber eingescannt und in seine Powerpointfolie integriert.

Folien dürfen nicht mit Informationen überfrachtet sein

Ein Zuviel an Information kann den Blick für das Wesentliche verstellen. Christian Georg Lichtenbergs Kritik „Wo zuviel zu sehen ist, sehen wir überhaupt nichts mehr" trifft viele Präsentationen. Für Folien (nicht für Ihren Vortrag) gilt die Devise: „Weniger ist mehr." Beschränken Sich auf das Wesentliche.
- Prüfen Sie: Könnte ich aus dieser Folie nicht *zwei* Folien machen?
- Warum zeige ich diese Information? Ist sie wirklich wichtig in meinem Referat, für mein Publikum?
- Lassen Sie alles weg, was vom Kern der Sache ablenkt.
- Bei Text-Folien: Zeigen Sie keine Sätze, sondern nur Stichworte, Schlüsselbegriffe.
- Zeigen Sie nicht mehr als sieben bis neun Textzeilen.

Farbe und Typografie müssen den Inhalt unterstützen

Farbe ist wichtig:
- Wenn es darum geht ein Element *hervorzuheben* (besonders geeignet: die Farbe „Rot")

- Wenn es darum geht Elemente voneinander *zu unterscheiden*, einen Gegenstandsbereich zu strukturieren (Prinzip: Gleiche Farbe = gleiche semantische Bedeutung)
- Wenn Farbe selbst die *Information* „trägt": die *rot-grüne* Koalition (es macht deshalb keinen Sinn, die Nationalflagge Frankreichs schwarz-weiß abzubilden).

Farbe dient nicht dazu, „bunte" Folien zu machen. Prüfen Sie beim Einsatz von *Powerpoint*, ob die angebotenen Gestaltungsvorlagen die Struktur Ihrer Folien hervorheben oder nur Design-Schnickschnack sind.

Typografie soll die Struktur Ihrer Folie deutlich machen:
- Jedes typografische bzw. Bildelement ist in Hinblick auf diese Funktion zu befragen. Unterstützt es das Verständnis oder trägt es nur zur Verwirrung bei?
- Notwendig ist semantische Eindeutigkeit. Wenn Sie beispielsweise Begriffe mit Linien verbinden, dann sind unterschiedliche Linienformen nur dann sinnvoll, wenn diese Formen für unterschiedliche Bedeutungen stehen.
- Es gibt keinen Grund, dem schlechten Beispiel der Standard-Entwurfsvorlagen von *Powerpoint* zu folgen und mit unterschiedlichen Blickfangzeichen auf einer Folie zu arbeiten.

Bewegung überlegt einsetzen

Powerpoint lädt ein, die Text-/Wort-Elemente auf einer Folie in Bewegung zu setzen, die Folie zu „animieren" bzw. „dynamisieren". Das ist durchaus sinnvoll, um die Aufmerksamkeit Ihres Publikums zu steuern. Doch Vorsicht: Sie sitzen nicht am Joystick. Wenn Sie Ihre Folien animieren, dann sollten Sie keine „aufregenden", sondern unauffällige Effekte wählen. Lassen Sie eine neue Textzeile oder ein neues Bildelement schlicht nur „erscheinen" und nicht in „dreifacher Umdrehung von unten links einfliegen" oder „Text zeichenweise von oben in die Folie fallen".

3. Projektionsmedien richtig einsetzen

Medien sind Werkzeuge. Man kann mit ihnen angemessen oder unangemessen umgehen. Auf einige – häufig zu beobachtende – Fehler weise ich hin.

Projektionsmedien richtig einsetzen **269**

1. Blickkontakt halten

Wenn Sie eine Folie auf den Projektor gelegt oder eine *Powerpoint*-Folie angeklickt haben, dürfen Sie sich *einmal* umdrehen, um Einstellung Ihrer Projektion zu prüfen. Dann sollten Sie wieder Blickkontakt zu Ihren KommilitonInnen aufnehmen. *Die* werden es Ihnen danken, die Projektionsfläche nicht.

Der Referent spricht zur Projektionsfläche. Sein Körper wirft einen Schatten, der einen Teil der Projektionsfläche verdunkelt. Sein Zeigestab ist zu kurz.

2. Machen Sie nicht die Folienschleuder

„Geschwindigkeit ist keine Hexerei." Das mag bei Artistinnen und Zauberern im Zirkus gelten, keinesfalls aber beim Referieren. Wenn Sie viel Zeit und Arbeit in die Folien-Erstellung investiert haben, dann sollten Sie daran denken, dass Ihre ZuhörerInnen Zeit brauchen, um Ihre Informationen aufzunehmen. Folien sind Lernhilfen – keine Lern*beschleuniger.* Deshalb:
- Gehen Sie langsam vor.
- Legen Sie nicht eine Folie nach der anderen auf.
- Erläutern Sie jede Folie.
- Bedenken Sie, dass Ihre KommilitonInnen mitdenken und eventuell mitschreiben möchten.[6]

---

[6] Informieren Sie zu Beginn Ihres Referats, ob, wann und welche Unterlagen Sie für die ZuhörerInnen vorbereitet haben.

3. Denken Sie nicht: Wenn schon „Media", dann „Multimedia"

Powerpoint bietet die Möglichkeit, das Erscheinen Ihrer Text- oder Bildelemente mit Sound-Effekten zu untermalen. Das ist Unfug. Lassen Sie die Finger vom „Trommelwirbel", dem „Schreibmaschinen-Effekt" und dem „Sssssh-Ton".

4. Ihr Publikum kann lesen

Lesen Sie nicht vor, was auf der Folie steht. Der Einsatz von Medien verliert seinen Sinn, wenn viele Folien gezeigt werden und zu jeder Folie immer nur das gesagt wird, was auf der Folie steht. Wenn Sie ausschließlich mit Textfolien arbeiten, sollten Sie zu jeder Zeile einige erläuternde Sätze beisteuern können – oder auf Folien verzichten.

5. Folien sind kein Manuskript

Folien sind Mittel der Veranschaulichung – keine Gedächtnisstützen. Schreiben Sie Erläuterungen zur Folie auf ein gesondertes Blatt, damit Sie nicht an der Folie „kleben" müssen und sich einen angemessenen Abstand vom Projektor erlauben können. Programme wie *Powerpoint* haben eine „Notiz"-Funktion: Zu jeder Folie kann ein „Notizblatt" mit einer verkleinerten Kopie der Folie angelegt werden, auf dem Sie alle notwendigen Erläuterungen notieren können.

6. Bleiben Sie mit Ihrer Folie in engem Kontakt

Bleiben Sie am Projektions-Medium und wandern Sie nicht umher. Zeigen Sie das, was Sie zeigen wollen, mit dem Maus-Cursor bzw. mit einem Stift auf der Projektionsfläche des OH-Projektors. Und wenn Sie einmal der Wunsch überkommt, im Seminarraum umher zu gehen, dann nehmen Sie etwas mit, das Ihnen den Kontakt zu Ihrer Folie, das Zeigen auf die Folie ermöglicht – zum Beispiel einen Laser-Pointer oder eine Fernbedienung für die Beamer-Präsentation. *Sie* und *Ihre Folie* sollten immer in engem Kontakt bleiben.

7. Infantilisieren Sie Ihr Publikum nicht: Keine Aufdecktechnik

Bei der Aufdecktechnik wird die Darstellung mit einem Blatt Papier oder mehreren Papierstreifen abgedeckt und schrittweise enthüllt. Dieses Verfahren ermöglicht es, Informationen zu dosieren und die Aufmerksamkeit der ZuhörerInnen zu lenken. Aber: Die ZuhörerInnen gewinnen leicht den Eindruck, wie in der Schule behandelt zu werden. Und diesen Eindruck sollten Sie an der Hochschule vermeiden – zumal die Aufmerksamkeit nicht geringer sein wird, wenn Sie den ZuhörerInnen die gesamte Information präsentieren und die Aufmerksamkeit durch Zeiger, Zeigestab, Pfeile oder ähnliches lenken.

8. Mit Netz und doppeltem Boden

Im Theater ist eine Generalprobe obligatorisch. Franck empfiehlt, auch das Referat zu proben (vgl. S. 240). Ich ergänze: Dazu gehört auch der Technik-„Check":
- Wie sieht der Seminarraum aus? Stehen die Stühle und Tische frontal hintereinander oder in U-Form?
- Wo steht der OH-Projektor, der Daten-Projektor?
- Wie sind die Projektoren in Bewegung zu setzen?
- Wie kann ich einen Laptop an die vorhandene Hardware anschließen?
- Wen rufe ich zu Hilfe, wenn einmal die Technik versagt?[7]

---

[7] Ausführlicher wird das Thema behandelt in Norbert Franck, Joachim Stary: Gekonnt visualisieren. Medien wirksam einsetzen. Paderborn 2006.

NORBERT FRANCK

Diskussionen bestreiten und leiten

Vier Szenen aus dem Hochschulalltag:

Ein Seminar über *Nachhaltige Entwicklung*. Student A beendet sein Referat über *Die Konferenz für Umwelt und Entwicklung in Johannesburg*. Die Professorin fordert zu Fragen auf. Student B meldet sich und fragt: „Hältst Du immer solche Referate?"

Student X im Diplomanden-Kolloquium zur Studentin Y, die ihre Diplomarbeit vorgestellt hat: „Ich habe den Eindruck, dass Du die internationalen Aspekte Deines Themas vernachlässigt hast."

Ein Romanistik-Seminar. Der Dozent fragt, ob es Fragen oder Widerspruch zu den Thesen über Jean-Patrick Manchette und die neue Generation französischer Kriminalromane gibt. Alle schweigen. Der Dozent ist ratlos und vertieft seine Ausführungen mit Hinweisen auf den *néo-polar*.

Ein Einführungsseminar im Fach Kunstgeschichte. Anfangs diskutieren (fast) alle 14 Studentinnen und Studenten lebhaft mit. Doch nach und nach wird die Diskussion zum „Gefecht" zweier Studenten, die schwere verbale Geschütze auffahren. Die anderen 12 hören nur noch – mehr oder minder genervt – zu.

Wissenschaft lebt von Kontroversen und entwickelt sich im Meinungsstreit. Diskussionen sind ein Medium des Erkenntnisgewinns. – Zeigen einige Szenen nicht das Gegenteil?

Studieren heißt: Einsichten in Zusammenhänge gewinnen. Ob Einsichten gewonnen wurden, lässt sich am besten im Gespräch, im Meinungsstreit prüfen. Lernen verläuft erfolgreicher, wenn Erkenntnisse nicht nur nachvollzogen, sondern in Diskussionen angewandt werden. – Was aber, wenn geschwiegen wird?

Argumentationsfähigkeit ist eine zentrale berufliche Anforderung. Diskussionen sind ein Medium, diese Fähigkeit zu lernen. Diskussionen sind zudem der „Ort", eine zweite berufsrelevante Qualifikation zu erwerben: Teamarbeit. – Ist es nicht häufig eher so, dass Diskussionen „Kampf" um „Sieg" oder „Niederlage" sind oder eine Bühne für Selbstdarstellungen, auf der mancher Dozent oder Student gerne den Dentisten spielt und anderen „auf den Zahn fühlt"?

Diese Fragen und die vier kleinen Szenen umreißen die Themen, um die es auf den nächsten Seiten geht:
- Wie kann ich mich in eine Diskussion einbringen, und was kann ich tun, um nicht überhört zu werden?
- Was kann ich unternehmen, wenn mich der Diskussionsverlauf oder das Verhalten anderer Diskussionsteilnehmer stört?
- Wie gehe ich souverän mit (Fang-)Fragen und Kritik im Anschluss an mein Referat um?
- Und: Wie leite ich eine Diskussion?

1 Strukturiert argumentieren und nicht überhört werden

Ich kenne keine Studentin, die gerne das „stille Mäuschen" spielt. Ich kenne keinen Studenten, der sich wohl fühlt, Diskussionen nur als stummer Gast zu verfolgen. Ich kenne viele Studentinnen und Studenten, die sich mit folgendem Problem herumschlagen: Sie würden sich gerne kontinuierlich an Diskussionen beteiligen – aber
- sie wissen nicht, wie sie in eine Diskussion einsteigen können,
- sie sind unsicher, wie sie ihren Diskussionsbeitrag strukturieren sollen,
- oder sie befürchten, dass ihr Beitrag keine Resonanz findet.

Was tun?

1.1 Der Einstieg

Eine Diskussion ist mehr als die Summe von Meinungsäußerungen. Diskussionen haben einen Inhalt, über den diskutiert wird, und Diskussionen sind ein Prozess, der von den Beteiligten bewusst oder unbewusst gesteuert wird. Auf beide Dimensionen, auf das *Was* und das *Wie*, kann man Einfluss nehmen. Je früher man etwas sagt, desto geringer ist die Gefahr, dass man den Einstieg verpasst, und desto mehr kann man das Klima und das Niveau einer Diskussion be-

einflussen. Da es in Diskussionen nie nur um „die Sache" im engeren Sinne geht, gibt es keinen Grund, ausschließlich „zur Sache" zu reden – und damit seine Beteiligungsmöglichkeiten einzuengen. Man kann und sollte:
1. Vorschläge zum Vorgehen machen: Wie soll vorgegangen, in welcher Reihenfolge sollen die verschiedenen Aspekte eines Themas behandelt werden?
2. Den Diskussionsverlauf ansprechen: Vorschlagen, zum Thema bzw. Problem zurückzukommen, wenn die Diskussion „aus dem Ruder läuft".
3. Strukturieren: Meinungen zusammenfassen, auf Unterschiede und Gemeinsamkeiten hinweisen, Standpunkte verbinden oder Argumente weiterentwickeln.
4. Zustimmung oder Ablehnung äußern: Deutlich machen, dass und warum man einer Auffassung insgesamt oder nur zum Teil (nicht) zustimmt.
5. Fragen stellen: Bei unverständlichen Diskussionsbeiträgen fragen, was gemeint ist. Solche Nachfragen sind in der Regel auch im Interesse der anderen Teilnehmerinnen und Teilnehmer (und bringen gelegentlich einen Bluffer ins Schwitzen).
6. Informationen und Schlussfolgerungen prüfen: Darauf hinweisen, dass Informationen unvollständig oder nicht korrekt sind, Schlussfolgerungen nicht schlüssig und folgerichtig.
7. Konsequenzen abwägen, die Machbarkeit von Vorschlägen prüfen: Kommentieren, welche Konsequenzen sich aus einer Schlussfolgerung oder einem Vorschlag ergeben. Abwägen, ob alle Vor- und Nachteile bedacht wurden, ob die Voraussetzungen zur Umsetzung eines Vorschlags gegeben sind.

1.2 Der Argumentation eine Struktur geben

Viele Studierende versperren sich auf folgende Weise den Weg zu strukturierten Diskussionsbeiträgen: Sie beschäftigen sich zunächst mit einem guten Diskussions*einstieg* und verwenden viel Energie darauf, sich den ersten Satz zurechtzulegen. Die Folge: Kommen sie zu Wort, nimmt ihr Einstieg keinen Bezug auf den Diskussionsverlauf; sie beginnen also nicht situationsangemessen. Und ihr gesamter Beitrag ist häufig unstrukturiert, weil er nicht zielorientiert aufgebaut ist.

Vor allem aus dieser Beobachtung resultiert die Empfehlung, sich zunächst zu fragen, was ist das *Ziel* meines Diskussionsbeitrags, was will ich erreichen? Besteht darüber Klarheit, ist die Voraussetzung für eine strukturierte Argumentation gegeben. Dann geht es um Argumente, um Belege und Begründungen – und erst zum Schluss um die Frage, wie kann ich an die bisherige Diskussion anknüpfen, situationsadäquat beginnen? Ich empfehle also folgenden Denkplan:

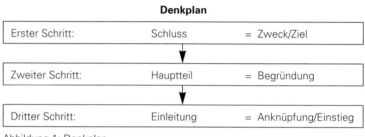

Abbildung 1: Denkplan

Am Anfang der *Überlegungen* steht das Ziel eines Diskussionsbeitrags und am Ende der Beginn eines Beitrags. Umgekehrt steht am Anfang des *Diskussionsbeitrags* der Einstieg und am Ende der Zweck- bzw. Zielsatz. Das ergibt folgenden Redeverlauf:

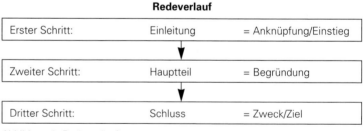

Abbildung 2: Redeverlauf

Zwei Muster für „klassische" Argumentationsziele und den daraus folgenden Argumentationsaufbau:

1. Vorschlag, Problemlösung
Steht eine Problemlösung, ein Vorschlag im Vordergrund, bietet sich für den Hauptteil folgende Argumentationsstruktur an:
- *Situationsbeschreibung:* Wie ist der augenblickliche Zustand? Wie war die Situation bisher?
- *Perspektive:* Wie sollte es sein? Welcher Zustand soll erreicht werden? Wie sieht eine bessere Situation aus?
- *Lösungsmöglichkeiten:* Wie kann das Ziel erreicht werden?

Die gesamte Argumentation hat dann folgende Struktur:

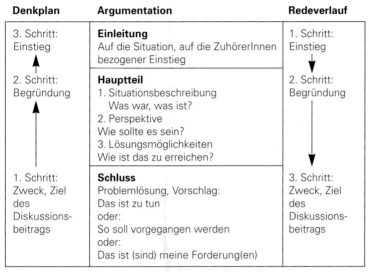

Abbildung 3: Argumentationsstruktur Problemlösung/Vorschlag

Ein Beispiel für den Redeverlauf:

Einleitung
„Wenn alle schweigen und einer spricht, dann nennt man das Unterricht." Dieser auf die Schule gemünzte Satz beschreibt auch die Situation, die in vielen Seminaren anzutreffen ist.

Hauptteil
- *Situationsbeschreibung:* Viele Hochschullehrerinnen und Hochschullehrer kennen nur eine Unterrichtsmethode: Sie reden. Die Studierenden können allenfalls Fragen stellen. Die Monolog-Methode macht nicht fit für ein eigenständiges wissenschaftliches Arbeiten und ist keine geeignete Vorbereitung auf das Berufsleben.
- *Perspektive:* Es geht auch anders. Studierende übernehmen Verantwortung für die Gestaltung von Lehrveranstaltungen und beteiligen sich aktiv. Seminare sind problemorientiert statt stoffzentriert. In Diskussionen wird geübt, erworbenes Wissen anzuwenden. Kleine Präsentationen sind ein Übungsfeld für die verständliche Aufbereitung von Themen, Fragen und Problemen.
- *Lösungsmöglichkeit:* Hochschullehrerinnen und Hochschullehrer sollten sich stärker als Moderatoren begreifen, die mit unterschiedlichen Arbeitsformen, Mitteln und Medien aktives Lernen

ermöglichen. Studierende müssen die Erwartungshaltung aufgeben, es genüge für eine qualifizierte Ausbildung, sich in Lehrveranstaltungen Wissen „abzuholen".

Schluss
Die Fachschaft sollte beantragen, dass der Fachbereichsrat eine gemeinsame Fortbildung von Lehrenden und Studierenden über aktivierende Seminarmethoden finanziert.

2. Standpunkt
Steht die Begründung eines Standpunkts im Vordergrund, ist folgende Argumentationsstruktur sinnvoll:

Abbildung 4: Argumentationsstruktur Standpunkt begründen

Ein Beispiel:

Einleitung
Behauptung: Es besteht ein Widerspruch zwischen der Verfassungswirklichkeit und dem Verfassungsanspruch, dass niemand wegen des Geschlechts diskriminiert werden darf.

Hauptteil
Beleg und Beispiele: In der Wirtschaft, in der Politik, in allen Bereichen des öffentlichen Lebens sind Frauen in Führungspositionen deutlich unterrepräsentiert. Trotz des gestiegenen Qualifikationsniveaus von Frauen stagniert ihr Anteil an den Schaltstellen der Wirtschaft bei fünf Prozent. Im Öffentlichen Dienst sieht es nicht viel besser aus. An den Hochschulen zum Beispiel sind nur vierzehn Prozent aller Professuren mit Frauen besetzt – bei den W3-Professuren sogar nur neun Prozent.

Schluss
Schlussfolgerung: Schöne Reden und unverbindliche Absichtserklärungen ändern nichts an dieser Situation. Notwendig sind rechtlich verbindliche Maßnahmen zur tatsächlichen Gleichstellung der Frauen.

Mehr als drei Beispiele sind zu viel des Guten: Die Zuhörenden verlieren entweder die Geduld oder den roten Faden und schalten ab.

Entwickelt man seine Argumentation in der Auseinandersetzung mit den Beiträgen anderer Teilnehmerinnen und Teilnehmer, werden in der Einleitung deren Meinungen oder Vorschläge aufgegriffen. Die Einleitung besteht dann aus zwei Teilen: Argumentation aufgreifen und eine Behauptung formulieren. Drei Beispiele:

1. Widerspruch äußern
- *Anknüpfung:* Barbara meint, an der Benachteiligung von Frauen auf dem Arbeitsmarkt könne dadurch etwas geändert werden, dass Unternehmen sich freiwillig verpflichten, Frauen-Förderpläne aufzustellen.
- *Behauptung:* Ich meine, das ist nach aller Erfahrung mit freiwilligen Verpflichtungen der Wirtschaft faktisch ein Plädoyer für die Beibehaltung des Status quo.

2. Meinungen, Vorschläge verbinden
- *Anknüpfung:* Wir haben zwei Thesen gehört. These 1 lautet: Die Schule muss sich stärker auf ihren Erziehungsauftrag konzentrieren. In der Gegenthese wird die Auffassung vertreten, die Schule habe zu bilden. Erziehung sei Aufgabe der Eltern.
- *Behauptung:* Meine Synthese lautet: Die Schule kann sich ihre Aufgabe nicht aussuchen. Damit sie ihren Bildungsauftrag erfüllen kann, ist es erforderlich, sich mit der Lebenswelt von Kindern und Jugendlichen auseinander zusetzen – und das heißt auch: mit der Erziehung im Elternhaus und den gesellschaftlichen den Werten und Normen.

3. Standpunkte verbinden und weiterentwickeln
- *Anknüpfung:* Autorin A betont die Notwendigkeit eines *Studiums Generale*. Autor B plädiert dafür, die Hochschulausbildung stärker an der Berufspraxis auszurichten.
- *Behauptung:* Ich meine, beide Auffassungen sind (a) sind keine Gegensätze und müssen (b) ergänzt werden.

Der „Zwecksatz" sollte wirklich der letzte Satz sein. Die Problemlösung, Aufforderung oder Schlussfolgerung soll wirken. Wird ein unbedeutendes Beispiel oder eine nebensächliche Bemerkung nachgeschoben, schmälert das die Wirkung der gesamten Argumentation.

1.3 Keine Unsicherheitssignale senden

Jede Kommunikation hat eine Inhalts- und eine Beziehungsdimension. Mit dem Inhalt einer Mitteilung wird zugleich – durch Formulierungen, den Tonfall oder nonverbale Signale – eine Beziehung zu den Gesprächspartnern oder Diskussionsteilnehmerinnen hergestellt.

Weichmacher vermeiden

Es gibt eine Fülle von Formulierungen, die die Wirkung eines Diskussionsbeitrags schmälern können, weil sie als Signale der Unsicherheit aufgenommen werden. Was als höfliche Formulierung gedacht ist, kann auf andere wie eine Demutsgeste wirken. Auf fünf Weichmacher weise ich hin. Da sie oft unbewusst verwendet werden, führe ich zahlreiche Formulierungsbeispiele zur Selbstüberprüfung an.

1. Fragen statt Aussagen
- Diese These ist doch nicht haltbar, *nicht wahr?*
- Ist das nicht eine unzulässige Verallgemeinerung?

Wer wissen möchte, ob eine These haltbar ist, sollte fragen. Wer der Auffassung ist, dass eine These nicht haltbar ist, sollte seine Meinung vertreten:
- „Ich meine, dass diese These nicht haltbar ist, weil ...".
- „Ich halte das für eine unzulässige Verallgemeinerung."

Diese Formulierungen sind angemessen und selbstbewusst. In die Kategorie der Weichmacher, die signalisieren, *Ich brauche Zustimmung*, gehören auch:
- Könnte es nicht sein ...?
- Meinst du nicht auch ...?
- Sollten wir nicht besser ...?

2. Demutskonjunktiv
- Ich würde sagen, Keynes geht es an diesem Punkt um ...
- Ich fände es besser, ...
- Eigentlich wollte ich ...

In „Ich *würde*"-Sätzen wird der Konjunktiv falsch eingesetzt. Ein Sprachschnitzer ist kein Problem; die unausgesprochene Botschaft ist problematisch: *Gestatten Sie mir, dass ich das sage. Ich bin bereit, es jederzeit anders zu sehen.* Die selbstbewusste Alternative: würde-los sprechen:
- „Ich meine, Keynes geht es ..."
- „Ich finde es besser, ..."
- „Ich möchte (meine) ..."

3. Wer bin ich denn schon? Entschuldigungen
- Das ist nur so eine Idee vor mir.
- Mehr fällt mir dazu nicht ein.
- Ich meine bloß.
- Ich weiß ja nicht, ob das jetzt passt (dazugehört).
- Ich bin mir nicht hundertprozentig sicher, ob ...
- Es tut mir Leid, aber ich kann keinen Zusammenhang zwischen ... sehen.
- Vielleicht bringt uns das nicht weiter, aber ...

Es gibt keinen Grund, Aussagen abzuschwächen, die eigene Meinung abzuwerten. Dementis dieser Art laden zur Kritik ein. Deshalb:
- „Ich mache folgenden Vorschlag: ..." (statt *Das ist nur so eine Idee vor mir*).
- „So weit meine Überlegungen zu diesem Punkt." (statt *Mehr fällt mir dazu nicht ein*).
- „Ich sehe keinen Zusammenhang zwischen ..." (statt: *Es tut mir Leid, aber ich kann ...*).

4. Darf ich auch was sagen?
- Wenn ich auch einmal etwas dazu sagen darf.
- Ich würde gerne einmal fragen ...

Ein Diskussionsbeitrag sollte nicht mit der Bitte um das Rederecht eröffnet werden. Dieses Recht haben alle Teilnehmer und Teilnehmerinnen.

5. Wir statt ich
- Müssten wir nicht erst klären, ob ...?
- Vielleicht sollten wir ...
- Wir sollten wieder zum Thema zurückkommen.

In diesen Aussagen wird die eigene Person versteckt; Meinungen werden als Frage formuliert. Selbstbewusst wirken Aussagen, wenn

die Sprecherin oder der Sprecher Verantwortung übernimmt und sich keine Rückzugsmöglichkeiten offen hält:
- „*Ich* möchte, dass wir zum Thema zurückkommen."
- „*Ich* meine, wir müssen erst klären, ob ..."

Es gibt noch weitere Varianten des Verzichts auf die erste Person:
- namhafte *Experten* haben herausgefunden,
- neue *Untersuchungen* belegen,
- der *Stand der Forschung* zeigt.

Die Vermeidung des Personalpronomens *Ich* mag wissenschaftlichen Stil kennzeichnen. In Diskussionsbeiträgen macht ein *Ich* Eindruck – meine ich.

Verstärker einsetzen

Wer Weichmacher vermeidet, gewinnt Zeit für Verstärker, die einem Diskussionsbeitrag Nachdruck verleihen und dazu beitragen, nicht überhört zu werden. Mit Verstärker meine ich weder zusätzliche Hilfsmittel noch rhetorische Tricks – und schon gar nicht herrisches Auftrumpfen oder Belehrungen. Mit Äußerungen wie „Wie ja allgemein bekannt sein dürfte ..." oder: „Ich darf ja wohl voraussetzen, dass Dir ... bekannt ist" verstärkt man allenfalls Vorbehalte. Verstärker sind sprachlichen Signale, die eine These oder Schlussfolgerung zum Klingen bringen.

Die wichtigsten verbalen Verstärker habe ich bereits vorgestellt:
1. problemstrukturierende Begriffe (vgl. S. 168)
   In Diskussionen verleihen vor allem folgende Strukturierungskategorien einem Diskussionsbeitrag Nachdruck: *Behauptung, Begründung, Standpunkt, Schlussfolgerung*.
   - „Ich *behaupte* ... Diese Behauptung *begründe* ich ..."
   - „Aus diesen Überlegungen *ziehe* ich den *Schluss* ..."
   - „Ich komme daher zu dem *Ergebnis* (der Schlussfolgerung)..."
   - „Diese Argumente verdichte ich in der *These* ..."

2. Kurze, prägnante Sätze (vgl. S. 131ff.)
   Wer „in Absätzen" spricht, hat es schwer, angemessen zu betonen. Ein klarer Satzbau und kurze Sätze sind gute Voraussetzungen, um eindringlich sprechen und Wichtiges deutlich hervorheben zu können.

Auf die wichtigsten nonverbalen Verstärker habe ich ebenfalls hingewiesen (vgl. S. 248f.): Blickkontakt halten und gerade sitzen, die

Unterarme auf dem Tisch, damit Diskussionsbeiträge mit Gesten unterstrichen werden können.
Der „Brustton der Überzeugung" kommt zustande, wenn man
- mal lauter, mal leiser spricht (aber immer gut hörbar),
- mal langsamer, mal schneller spricht (aber nie zu schnell),
- Pausen macht.

1.4 Störungen souverän beheben

Meinungsverschiedenheiten sind, werden sie sachlich ausgetragen, kein Problem. Der Austausch von Argumenten und der Streit um Meinungen können ein wichtiges Mittel des Erkenntnisgewinns sein. Können. Verlaufen Diskussion anders, kommt es vor allem darauf an, weder in missmutiges Schweigen zu verfallen noch so viel Unmut zu „tanken", dass man nur noch heftig reagieren kann. Deshalb ist es wichtig, *rechtzeitig* und *präzise* zu beschreiben, was aus welchen Gründen stört und was geändert bzw. wie weiter verfahren werden soll:
- „Wir haben verabredet, heute unsere Exkursion nach Berlin vorzubereiten. Uns bleibt nur noch eine halbe Stunde, und wir sind immer noch beim zweiten Tagesordnungspunkt. Ich beantrage, die Diskussion zu diesem Punkt jetzt zu beenden, damit noch genügend Zeit bleibt, die Exkursion vorzubereiten."
- „Ulf, du unterbrichst mich zum dritten Mal. Ich möchte ungestört ausreden können. Bitte halte Dich an die Redeliste und unterbrich mich nicht mehr."

Und wenn Vielredner, Dauerkritiker oder Definitionsverliebte am Tisch sitzen? *Freundlich* bleiben – und ihnen *bestimmt* sagen, wie man sich eine gelungene Diskussion vorstellt.

Vielredner sollten darauf hingewiesen werden, dass Diskussionen nicht der Ort für Monologe sind. Wenn ein Student sein Steckenpferd reitet statt zur Sache zu reden, kann zudem eine formale Regelung vorgeschlagen werden, zum Beispiel eine Begrenzung der Redezeit:
- „Ich verstehe, dass Du an dieser Frage sehr interessiert bist. Trotzdem bitte ich Dich, die Diskussion über diesen Punkt zu beenden, weil wir viele wichtige Fragen noch nicht angesprochen haben."
- „Ich möchte noch weitere Argumente hören und bitte Sie, zunächst andere Teilnehmerinnen und Teilnehmer zu Wort kommen zu lassen."

- „Silkes Engagement ist mit Appellen nicht zu bremsen. Deshalb schlage ich vor, dass wir eine Redeliste führen, an die sich alle halten."

Dauerkritiker: In Diskussionen gibt es gelegentlich einen Teilnehmer oder eine Teilnehmerin, die alles kritisieren und jeden Vorschlag ablehnen (in „jeder Suppe ein Haar entdecken"). Fragen nach Vorschlägen bzw. Alternativen sind die beste Schnelltherapie:
- „Was schlägst Du vor?"
- „Wie würden Sie es machen?"
- „Ich habe den Eindruck, vor Ihren Augen besteht kein Argument. Deshalb interessiert mich, welchen Sinn Sie in der Diskussion sehen."
- „Welches Ziel verfolgst Du mit Deiner Kritik?"

Definitionsverliebte: Manche Zeitgenossen haben eine Vorliebe für Fragen nach Begriffen und Definitionen: „Was verstehst Du (eigentlich) unter ... ?" „Welche Bedeutung hat für Sie der Begriff ...?" „Wie definierst Du ...". Ich empfehle, Definitionsverliebte und Begriffe-Abfrager darauf hinzuweisen, dass es um die Klärung einer Frage, um das Verständnis eines Problems geht und nicht um Definitionswissen:
- „Bei allem Respekt vor Deiner Vorliebe für Definitionen, mir geht es im Moment darum ..."
- „Ich halte es mit Ludwig Marcuse: *Die meisten Definitionen sind Konfessionen.*"
- „Warum ist eine Definition so wichtig?"

Und wenn diese Anstrengungen vergeblich sind? Wenn sich im Laufe der Diskussion das Gefühl einstellt, *das ist mir wirklich zu blöd?* Dieses Gefühl kann ein Fluchthelfer sein: Andere werden dafür verantwortlich gemacht, dass man es nicht schafft, nachdrücklich die eigene Meinung zu äußern. Und dieses Gefühl kann ein zutreffendes Urteil unterstützen: Es lohnt *wirklich* nicht, sich ein Bein auszureißen. Für diese Situation rät Barbara Berckhan zum „überraschenden Kompliment" – statt sich über wiederholte Sticheleien, unsachliche Kritik oder polemische Fragen aufzuregen, ein Kompliment machen:
- „Ich mag Ihren Humor."
- „Sie sind ein wundervoller Gesprächspartner. Bleiben Sie so."[1]

---

[1] Barbara Berckhan: Die etwas gelassenere Art, sich durchzusetzen. München 1995, S. 226.

1.5 Fünf Hinweise für Leserinnen

An Diskussionen beteiligen sich Männer und Frauen – mit unterschiedlichen Voraussetzungen.[2]

1. **Männer sind anders**
a) Die meisten Frauen signalisieren ihren Gesprächspartnerinnen und Gesprächspartnern: Ich höre zu. Sie schauen sie an, nicken usw. Männer halten sich mit solchen Signalen zurück. Aus diesem Unterschied im Gesprächsverhalten können sich Missverständnisse ergeben: Ein Mann ist verwundert, wenn eine Frau in der Diskussion mit dem Kopf nickt und ihm dann widerspricht. Frauen schließen aus dem Fehlen von Signalen der Zuwendung: Der Mann hört mir überhaupt nicht zu. Das Wissen um diese Differenz hilft, nicht von Ablehnung oder Desinteresse auszugehen, wenn die Signale ausbleiben, die Sie für angemessen halten.

b) Männer gehen in Diskussionen häufig von festen Positionen aus, die sie hartnäckig verteidigen. Frauen formulieren ihre Positionen gewöhnlich offener, nicht als endgültige Meinung, sondern als Angebot zum gemeinsamen Weiterdenken. Offenheit, Impulse zum Weiterdenken geben – das ist eine wissenschaftliche Tugend. Damit diese Tugend in Diskussionen nicht zum Standortnachteil wird, sollten Weichmacher strikt vermieden werden.

2. **Männer haben einen Bonus**
Männer haben (nicht nur) in Diskussionen einen Bonus. Ihre Beiträge werden in der Regel mehr beachtet als die von Frauen, ihre Vorschläge finden eher Zustimmung. Männer nutzen diesen Bonus: Sie reden mehr als Frauen. Das Klischee von der geschwätzigen Frau und dem schweigsamen Mann trifft ebenso wenig zu wie der bösartige Spruch: „Ein Mann ein Wort, eine Frau ein Wörterbuch". Männer verfügen über ein breites Spektrum von Strategien, Gespräche zu dominieren: Sie
- reden lauter als Frauen;

---

[2] Die folgenden Hinweise auf das Kommunikationsverhalten der Geschlechter sind keine Hinweise auf Personen. Ich vereinfache in praktischer Absicht: Mir geht es um Hinweise für ein selbstsicheres Auftreten in Diskussionen. Zur Bedeutung der Sprache bzw. des Gesprächsverhaltens für die soziale Konstruktion der Geschlechterdifferenz vgl. unter anderem Luise F. Pusch: Das Deutsche als Männersprache. Frankfurt am Main 1995. Dagmar Gaßdorf: Zickenlatein. Frankfurt am Main 2001.

- sprechen bestimmt, auch wenn sie nicht sicher sind;
- unterbrechen Frauen häufiger als Männer;
- unterbrechen Frauen mit Bemerkungen, die sie gegenüber Männern nicht machen: mit Kommentaren, die sich auf das Aussehen, die Kleidung usw. beziehen.

Und sie stellen Bewertungsfallen auf: Reden Frauen leise und zurückhaltend, werden sie nicht beachtet und nicht Ernst genommen. Sprechen Frauen selbstbewusst und bestehen auf ihrer Meinung, gelten sie als aggressiv oder „unweiblich". Selbst Zurückhaltung kann ein Dominanz-Mechanismus sein: Schweigen signalisiert, dass es sich um ein unwichtiges „Frauenthema" handelt: „Lass *das* mal die Frauen regeln." Die folgenden Hinweise können helfen, dass dieser Bonus Ihnen das Leben nicht unnötig schwer macht.

3. Für eine gleiche Gesprächsebene sorgen
Startet ein Mann einen Versuchsballon um herauszufinden, ob er Sie von oben herab behandeln kann, ob er Sie ernst nehmen muss – lassen Sie den Ballon platzen. Solche Versuchsballons sind Fragen folgenden Typs: „Sind Sie auch so eine Feministin?" („Haben Sie was gegen Männer?") Geben Sie solche Fragen zurück:
- „Was meinen Sie mit *so eine* Feministin?"
- „Worauf bezieht sich Ihre Frage?"
- „Aus welchem Grunde fragst Du das?"
- „Welcher Zusammenhang besteht zwischen Deiner Frage und unserem Thema?"

Machen Sie deutlich: Ich kommuniziere nur auf gleicher Ebene; ich lasse mich weder verunsichern noch abwerten oder ausfragen.

4. Männer nicht in Watte packen
Schwächen Sie Ihre Kritik nicht ab, wenn Sie einen Mann kritisieren. Kritisieren Sie nicht indirekt, verbinden Sie die Kritik nicht mit Komplimenten, und beziehen Sie sich nicht in die Kritik ein – wie dies Alice Schwarzer mit folgenden Sätzen in einem Streitgespräch mit Rudolf Augstein tat:
- „Sind Sie nicht auch einer der erfolgreichen Männer, die von der Arbeitsteilung zwischen den Geschlechtern profitieren?" (Frage und Kompliment).
- „Unserer Auseinandersetzung hat jegliches Niveau gefehlt" (Einbeziehung der eigenen Person).

Wenn Frau Schwarzer der Auffassung ist, Herr Augstein profitiere von der Arbeitsteilung zwischen den Geschlechtern und habe kei-

ne Ahnung von den Ursachen und Folgen geschlechtsspezifischer Arbeitsteilung – dann heißt *nicht in Watte packen*:
- „Sie profitieren von der Arbeitsteilung zwischen den Geschlechtern."
- „Ihnen fehlt in dieser Frage die Sachkenntnis."

5. Nicht mitlachen: Männer-Witze
Es gibt Professoren und Studenten, die gerne Witze erzählen, in denen Frauen abgewertet werden. Das ist mehr als unhöflich und peinlich: Es geht dabei um Überordnung und Unterordnung: Wer darf über wen herziehen, wer darf auf wessen Kosten lachen? Verderben Sie denen, die solche Witze erzählen, den Spaß: Lachen Sie nicht mit. Sie gelten dann vielleicht als humorlos oder prüde. Aber ist das Urteil derer wichtig, die solche Witze erzählen? Sagen Sie diesen Witzbolden: Ich finde solche Witze nicht komisch, sondern diskriminierend.

2 Keine Angst vor Fragen und Kritik

Ich komme auf eine der Szenen zurück, die ich zu Beginn dieses Kapitels geschildert habe: Ein Seminar über *Nachhaltige Entwicklung*. Student A beendet sein Referat. Die Professorin fordert zu Fragen auf. Student B meldet sich und fragt: „Hältst Du immer solche Referate?"

2.1 Richtig zuhören

Student B hat eine Frage gestellt. Student A kann die Frage unterschiedlich auffassen. Er kann zum Beispiel Kritik hören: *Dein Referat war ja wohl nichts!*
Was wir hören, liegt in unserer Verantwortung. Ein Beispiel: Mann und Frau beim Abendessen. Sie fragt ihn: „Was ist denn das Grüne in der Suppe?" Er antwortet: „Wenn es Dir nicht schmeckt, was ich koche, kannst Du ja Essen gehen." Offenkundig hat der Mann Kritik gehört (*Du kannst nicht kochen*). Oder er hört die Nachricht *Ich kann besser kochen als Du*. Der Mann könnte die Frage auch wörtlich nehmen und antworten: „Kapern."[3]

---

[3] Zu den verschiedenen Aspekten einer „Nachricht" vgl. ausführlicher Friedemann Schulz von Thun: Miteinander reden 1 + 2. Reinbek 1998.

Zurück zum Seminar: Student B hat nicht gefragt, „Hältst Du immer so schlechte Referate?" Deshalb gibt es keinen Grund, diese Nachricht zu hören. Als Empfehlung formuliert: Fragen, die keine expliziten Wertungen enthalten, wörtlich nehmen. Das erleichtert das Antworten erheblich.

„Hältst Du immer solche Referate?" Die Frage des Studenten ist unverständlich. Was sind *solche* Referate? Wenn eine Frage unverständlich ist, bittet man um Erläuterung:
- „Was meinst Du mit *solche* Referate?"
- „Ich verstehe nicht, was Du mit *solche* Referate meinst."

Jetzt ist Student B wieder an der Reihe. Nehmen wir an, er sagt: „Na, so abstrakt." Das *klingt* nach Kritik. Der Satz muss aber nicht notwendig so *gehört* werden. Was ist mit *abstrakt* gemeint? *Abstrakt, theoretisch* oder *kompliziert* sind häufig unpräzise Bewertungen. Sie können zutreffen, und sie können Ausdruck mangelnder Anstrengungsbereitschaft derer sein, die dieses Wertung vornehmen. Es gibt daher keinen Anlass, sich zu rechtfertigen oder zu entschuldigen. Student B hat sich unpräzise ausgedrückt. Die angemessene Reaktion ist deshalb eine selbstbewusste Nachfrage: „Meinst Du mit *abstrakt* die theoretische Verdichtung eines komplexen Sachverhalts?"

Fragen als Fragen und Bewertungen als eine Meinung „hören", über die man sich auseinandersetzen kann – diese Haltung schützt davor, eine ungünstige und anstrengende Rechtfertigungs- oder Verteidigungshaltung einzunehmen, in die Rolle der oder des Angeklagten zu schlüpfen.

Ein Beispiel aus dem Ehealltag: Es ist Sonntagabend. Herr Schmidt sagt zu seiner Frau: „Das ganze Wochenende hast Du Dich nur mit Deinen Pflanzen beschäftigt." Frau Schmidt rechtfertigt sich: „Ist ja überhaupt nicht wahr! Ich habe eingekauft, gekocht und Kerstin bei den Hausaufgaben geholfen!" Richtig „hören" heißt: Der Mann übertreibt und sagt nicht, worum es ihm geht. Deshalb sollte er nicht aus der Verantwortung entlassen werden, sich präzise auszudrücken: „Ja, ich habe mich mehrere Stunden mit meinen Planzen beschäftigt." Jetzt ist Herr Schmidt wieder an der Reihe. Ist er enttäuscht, dass seine Frau ihm nicht mehr Aufmerksamkeit geschenkt hat, soll er *das* sagen. Darüber lässt sich ein vernünftiges Gespräch führen.

Ich übertrage dieses Beispiel: Nach einem Referat stellt mir jemand die Frage: „War das nicht viel Empirie auf Kosten der Theorie?" (oder umgekehrt). Ich bestätigte das, was zutrifft: „Ich lege großen Wert darauf, meine Aussagen empirisch abzusichern" (theoretisch zu fundieren).

Kurz: Ich empfehle, der Tendenz zu widerstehen, nur mit dem „Kritik-Ohr" zu hören und sich deshalb unnötig zu rechtfertigen. Das ist die erste Voraussetzung für einen gelassenen und souveränen Umgang mit Fragen und Kritik.

2.2 Gelassen statt schlagfertig

Die zweite Voraussetzung lautet: sich nicht den Zwang auferlegen, schlagfertig sein zu müssen. Man muss auf Fragen weder „wie aus der Pistole geschossen" antworten noch immer passend „kontern". Diese Haltung hilft, gelassen zu bleiben. Gelassenheit hält den Kopf frei für sachliche Antworten – mit denen man in Diskussionen Pluspunkte sammelt. Ein *Schlag*abtausch kann eine Diskussion spannend machen. Sympathie für die Kontrahenten weckt er in der Regel nicht. Schlagfertige Menschen haben vielleicht ehrfürchtige Gegnerinnen oder neidvolle Bewunderer – aber wenige Freundinnen und Freunde. Wer in einer Diskussion auf Kosten anderer „Punkte macht", bezahlt das mit der Sympathie der Unterlegenen.

Wer dem Motto folgt *Gelassenheit statt Schlagfertigkeit,* stellt sich nicht unter Druck und kann sich Zeit nehmen für sachliche Antworten. Eine Pause signalisiert: Ich denke nach, um keine oberflächlichen Antworten zu geben. Ich stehen nicht unter Druck. Kurz: Denkpausen sind souverän.

Zusätzliche Zeit zum Nachdenken kann man sich auf folgende Weise verschaffen:
1. Einen Überbrückungssatz formulieren: „Lassen Sie mich kurz nachdenken, um Ihre Frage so konkret wie möglich beantworten zu können."
2. Die Antwort gliedern: „Deine Frage spricht drei verschiedene Aspekte an. Ich will zunächst auf ... eingehen, dann auf .... und schließlich auf die Frage nach ..."
3. Schmeicheleien: „Das ist eine sehr wichtige (interessante, spannende, zentrale) Frage."
4. Eine Gegenfrage stellen:
   - „Kannst Du Deine Frage etwas präziser (konkreter) formulieren?"
   - „Wie meinst Du das?"
   - „Was verstehen Sie unter *Neuer Mitte*?"
5. Die Frage analysieren:
   - „Deine Frage enthält eine Voraussetzung (einen Gegensatz), die ich nicht teile. Ich gehe aber gerne auf das angesprochenen Problem ein."

- „Wenn ich recht sehe, haben Sie drei Fragen gestellt. Ich antworte zunächst auf die aus meiner Sicht wichtigste Frage: ..."

6. Zunächst Fragen sammeln und dann in der Reihenfolge antworten, die am leichtesten fällt.

Bereitet eine Frage Schwierigkeiten, hat man drei Antwort-Möglichkeiten:
1. Die Frage *einengen*: „Ich beantworte Deine Frage an einem konkreten Beispiel."
2. Die Frage *ausweiten*: „Ich ordne Deine Frage in einen größeren Zusammenhang ein."
3. Schließlich kann man *passen*: Man kann und muss nicht alles wissen. Es ist keine Schande, eine Wissenslücke zuzugeben. Deshalb gibt es keinen Grund, sich herauszureden. Zumal Ausflüchte meist weitere Fragen provozieren, die „in die gleiche Kerbe hauen".

2.3 Nicht persönlich nehmen

Es gibt Fragen, bei denen klar zu hören ist, hier geht es nicht um die Sache, das Thema, sondern diese Frage soll verunsichern – zum Beispiel:
- „Ist das eine ernsthafte These?"
- „Meinst Du das wirklich?"
- „Sind Sie da ganz sicher?"

Was tun? Unsachliche Fragen nicht persönlich nehmen. Die Fragende hat vielleicht schlecht geschlafen, oder der Fragende hat Schwierigkeiten mit kompetenten Menschen. Das sind Probleme der Fragenden. Warum sollte man sich von den Macken oder der schlechten Laune anderer Menschen abhängig machen? Diese Einsicht schont die Nerven und spart Energie; sie beugt zudem vor, unter Niveau zu reagieren und mit gleicher Münze heimzuzahlen. Wer mit dem Kaminkehrer ringt, wird schwarz – egal, ob er oder sie gewinnt oder verliert. Das heißt mit Blick auf die drei rhetorischen Fragen: Schlicht und souverän mit „Ja" antworten – und die Sympathie aller Anwesenden gewinnen.

Diese Empfehlung ist nicht mit der Aufforderung verbunden, Gefühlen keine Beachtung zu schenken. Ich rate, es anzusprechen, wenn unsachliche Fragen und Bewertungen in einer Diskussion nicht die Ausnahme, sondern die Regel sind: „*Mir* missfällt der Diskussionsstil. *Ich* habe nicht mehr den Eindruck, dass es um den Inhalt meiner Thesen geht, sondern darum, mir Unzulänglichkeiten nachzuweisen."[4]

In einer emotional belastenden Situationen ist es besoners schwer, schlagfertig zu reagieren – und die „richtige" Antwort fällt häufig erst später ein. Die Folge: Man regt sich noch einmal auf oder schlimmer noch: Die Situation bleibt lange im Gedächtnis und nagt am Selbstwertgefühl. Deshalb ist es ratsam, das anzusprechen, was stört, um

- *in der Situation* die Denkblockade zu durchbrechen, die durch eine emotionale Beeinträchtigung entsteht,
- sich *im Anschluss* nicht vorwerfen zu müssen, ich habe mich nicht angemessen gewehrt (versagt).

2.4 Ruhig Blut bei Kritik

Ich werde nach einem Vortrag darauf hingewiesen, dass ich einen wichtigen neuen Aufsatz von ABC, erschienen in Journal für XYZ, nicht berücksichtigt habe. Mit diesem Versäumnis habe ich keine *Schuld* auf mich geladen. Wenn ich dafür kritisiert werde, bedeutet das keine *Ablehnung meiner Person*. Vielmehr erhalte ich eine wichtige Rückmeldung, die dazu führt, dass ich diesen *Fehler* nicht wiederhole. Für dieses Versäumnis rechtfertige ich mich nicht. Wegen dieses Fehlers geht die Welt nicht unter, denn ich mache schon mein ganzes Leben Fehler.

Ich *entschuldige* mich bei einem Freund, wenn ich zu einer Verabredung zu spät komme. Und einem Freund *erkläre* ich, warum ich zu spät komme. Wenn ich einen Aufsatz übersehen habe, sage ich: „Den habe ich übersehen (noch nicht gelesen)." Oder: „Gut, dass Sie mich darauf hinweisen". Das reicht.

Schuld und Sühne ist ein großer Dostojewskij-Stoff. Umgang mit Kritik, die Reaktion auf Fehler, Irrtümer und Versäumnisse ist ein anders Thema. Dieser Hinweis ist mir deshalb wichtig, weil ich auf *zutreffende* Kritik nicht weiter eingehe, sondern mich auf ein schwierigeres Feld begebe: unklare, versteckte, manipulative Kritik.

Wenn Student X im Diplomanden-Kolloquium zur Studentin Y sagt: „Ich habe den Eindruck, dass Du die internationalen Aspekte Deines Themas vernachlässigt hast", dann ist das eine unklare, manipulative Kritik: Wolf Wagner nennt diese Kritik „Aspekt-Zwicke".[5]

---

[4] Kritik nicht als Vorwurf formulieren („*Du* interessierst dich ja überhaupt nicht für meine Thesen, sondern willst mich nur ...").
[5] Wolf Wagner: Diskussionswaffen. Kassandra H. 4, 1985, S. 5 – 6.

Sie gehört zur Kategorie der *Mängel-Rügen:* Andere beliebte Mängel-Rügen sind
- die *Literatur-Schraube*: „Ich habe den Eindruck, dass Du die neuere französische Literatur nicht berücksichtigt hast."
- die *Differenzierungs-Spachtel:* „... aber das müsste viel differenzierter angegangen werden."
- und die *Relevanz-Klatsche:* „Das ist ja sehr originell, aber ich kann die Relevanz für das Thema nicht sehen."

Die *Mängel-Rüge* beruht auf einem einfachen Trick: Es wird auf Mängel verwiesen, die nicht präzise benannt werden. Das macht es leicht, andere zu kritisieren. Auch wenn ich keine Ahnung von *Nachhaltiger Entwicklung* habe, kann ich anderen vorhalten, dass
- der internationale Aspekt hätte stärker berücksichtigt werden müssen,
- das Thema viel differenzierter behandelt werden müsste oder
- die Relevanz der Thesen (Daten, Fragestellung) für das Thema nicht deutlich wurde.

Wie lässt sich souverän und gelassen reagieren? Zunächst gilt: Die Kritik nicht persönlich nehmen, sich nicht rechtfertigen und nicht mit gleicher Münze heimzahlen („Das musst Du gerade sagen! Dein Referat letzte Woche hatte doch weder Hand noch Fuß!"). Dann kann man gelassen zwischen drei verschiedenen Antwort-Mustern wählen, die eine Gemeinsamkeit haben: Stets wird die eigene Leistung unterstrichen.

1. Den Einwand überhören

Eine Antwort nimmt Bezug auf das, was gesagt wurde. Man hat allerdings die Wahl, auf welchen Teil einer Aussage man sich bezieht. Und man sollte, wenn es um die Diskussion des eigenen Referats geht, jede Chance nutzen, die eigene Leistung hervorzuheben.

„Ich habe den Eindruck, dass Du die internationalen Aspekte Deines Themas vernachlässigt hast."
- „Mir war es besonders wichtig herauszustellen, dass ..."

„Das ist ja sehr originell, aber ich kann die Relevanz für das Thema nicht sehen."
- „Danke für das Kompliment. Ich bringe noch einmal auf den Punkt, worin meines Erachtens die Originalität meiner Arbeit besteht."

2. Nachfragen

Jeder Variante der „Mängel-Rüge" kann mit einer Nachfrage begegnet werden. Zuvor sollte man die eigene Leistung hervorheben –

und dann die schöne Erfahrung machen, dass Bluffer ins Stottern geraten.
„Ich habe den Eindruck, dass Du die neuere französische Literatur nicht berücksichtigt hast."
- „Ich habe gezeigt, dass ... Welche Auffassungen finden sich dazu in der französischen Literatur?"

„... aber das müsste viel differenzierter angegangen werden."
- „Ich habe demonstriert, dass ... An welcher Stelle sehen Sie die Notwendigkeit einer Differenzierung?"

Nachfragen ist Pflicht, wenn mit *Andeutungen* gearbeitet wird: „Ich sehe einmal von den Schwächen Ihrer Argumentation ab und möchte zwei Fragen zu den Ihnen von präsentierten Daten stellen: ..." Die Fragen nach den Daten sind zunächst uninteressant: Wer nur die Fragen beantwortet, akzeptiert die Andeutung als Fakt. Und es kann passieren, dass in der weiteren Diskussion andere Teilnehmerinnen und Teilnehmer auf diesen „Fakt" verweisen und ihre Beiträge mit der Formulierung eröffnen, „Auf die Schwächen der Argumentation von ... wurde ja bereits hingewiesen." Deshalb bei Andeutungen über Schwächen oder Ungereimtheiten stets umgehend fragen:
- „Welche Schwächen?"
- „Kannst Du das präzisieren?"
- „Welche Ungereimtheiten meinen Sie?"

Solche Nachfragen bringen alle ins Schwimmen, denen es nicht um eine sachliche Kritik geht, sondern um Einschüchterung. Hat eine Argumentation tatsächlich – präzise zu beschreibende – Schwächen, ist das kein Drama. Und es ist immer besser zu wissen, woran man ist, als eine Andeutung über Schwächen im Raum stehen zu lassen.

3. Aus Vorwürfen Vorzüge machen

Man kann in jeder Suppe ein Haar entdecken. Man kann Student A kritisieren, er habe zu viel oder zu wenig Daten präsentiert. Man kann Studentin B vorhalten; sie hätte den geschichtlichen Hintergrund des Problems zu knapp oder zu ausführlich referiert. *Anything goes* und fast jedes Referat lässt sich verbessern. Das wissen vernünftige Menschen. Deshalb nehmen sie oft ungeprüft eine Bewertung als Kritik an. Es geht auch anders: Man habt sich Mühe gegeben, ein gutes Referat auszuarbeiten. Deshalb ist das Referat – bis zum Beweis des Gegenteils – *gut*.

„Sie haben mehr auf Verständlichkeit als auf Wissenschaftlichkeit geachtet."
- „Mir ging es vor allem um den Nachweis, dass ... Es freut mich, wenn meine Ausführungen verständlich waren."

„Du stützt Dich zu sehr (oder: zu wenig) auf Zahlen."
- „Die sorgfältige empirische Fundierung von Aussagen halte ich für unerlässlich." (Oder: „Ich wollte Sie nicht mit Zahlen langweilen. Ich liefere gerne die Daten nach, die Sie noch interessieren.")

Zusammengefasst: Wer richtig „hört", auf sachliche Argumente statt aufs Kontern setzt und dreimal überlegt, bevor er oder sie eine Frage oder Kritik anderer persönlich nimmt, hat gute Chancen, Diskussionen gelassen und souverän zu bestreiten

3 Diskussionen leiten

An der Hochschule kann man sich nützliche Fähigkeiten aneignen. Zum Beispiel die Fähigkeit, eine Diskussion zu leiten. Als erste Übungsschritte bieten sich Diskussionen an, bei denen sich die Leitung darauf beschränkt, Wortmeldungen zu registrieren und auf die korrekte Reihenfolge der Redebeiträge zu achten. Der nächste Schritt sind Diskussionen, bei denen die Leitung eine größere Rolle spielt, die Diskussion strukturiert. Für diese Situation gebe ich Hinweise. Ich behandle auf den nächsten Seiten Diskussionen, die in einem eher förmlichen Rahmen stattfinden. Manche Erläuterungen gehen daher über die Anforderungen hinaus, die sich in einem Seminar stellen, in dem die Teilnehmerinnen und Teilnehmer einander kennen.
Drei Hinweise vorab:
1. Ich setze voraus, dass man eine Diskussion nur dann kompetent leiten kann, wenn man mit dem Thema vertraut ist, über das diskutiert werden soll.
2. Ich rate davon ab, die Diskussionsleitung zu übernehmen, wenn das eigene Referat im Mittelpunkt der Diskussion steht: Entweder überfordert man sich mit der Aufgabe, auf Fragen und Einwände einzugehen und für eine strukturierte Diskussion zu sorgen, oder man macht sich unbeliebt, weil man die Diskussion dominiert.
3. Unvorbereitet mag ein Brainstorming gelingen, eine Diskussion, in der erste Überlegungen über Probleme, Ziele oder Arbeitswei-

sen zusammenzutragen werden sollen. Alle anderen Formen der Diskussion bedürfen der Vorbereitung. Wer die Leitung einer Diskussion übernimmt, braucht Klarheit,
- welches Ziel mit der Diskussion verfolgt wird,
- welche Fragen bzw. Probleme im Mittelpunkt stehen sollen,
- in welcher Reihenfolge diese Fragen und Probleme besprochen werden sollen,
- welche Probleme und Zusammenhänge wie visualisiert werden können,
- wieviel Zeit für die einzelnen Themen bzw. Fragen zur Verfügung steht.

3.1 Diskussionen eröffnen

Zur Einleitung einer Diskussion gehören die Begrüßung der Anwesenden und die Eröffnung der Diskussion. Ich empfehle, schlicht einzuleiten: „Ich begrüße euch (sie) sehr herzlich und eröffne die Diskussion." Kritik und Hinweise auf Selbstverständlichkeiten sind keine guten Eröffnungen: „Ich freue mich, dass alle so pünktlich erschienen sind." Oder: „Leider konnten wir wieder nicht pünktlich anfangen."

Liegt eine *Tagesordnung* vor, folgt die Vorstellung der Tagesordnung: Welche Themen sollen in welcher Reihenfolge behandelt werden, wie lange dauert die Diskussion, wann ist eine Pause vorgesehen. Daran schließt sich die Frage an, ob es Änderungswünsche bzw. Ergänzungsvorschläge gibt. Ist dies der Fall, und ist die Mehrheit für diese Änderungen bzw. Ergänzungen, wird die Tagesordnung entsprechend verändert. (Gibt es keine feste Tagesordnung, sammelt die Diskussionsleitung Vorschläge zur Tagesordnung und zur Reihenfolge, in der die einzelnen Punkte behandelt werden sollen.)

In der Überleitung zur eigentlichen Diskussion wird
1. kurz das (erste) Thema und das Ziel der Diskussion erläutert,
2. das Thema in Teilthemen gegliedert,
3. zu einem Teilthema hingeführt und
4. die eigentliche Diskussion mit einer Frage eröffnet.

Ein Beispiel:
1.) „Wir haben beim letzten Mal vereinbart, uns heute mit der Frage zu beschäftigen ... Ziel unserer Diskussion ist ...
2.) Unser Thema hat verschiedene Aspekte: einen historischen, ei-

nen systematischen und einen aktuellen.
3.) Da diese Aspekte zusammenhängen, sollten wir nicht diskutieren, mit welchem Aspekt wir anfangen, sondern gleich in die Diskussion einsteigen. Ich schlage vor, dass wir zunächst ... diskutieren.
4.) Meine Eingangsfrage lautet: Was ...?"

Die Eingangsfrage richtet sich an alle. Sie sollte kurz, verständlich und eine offene Frage sein. Offene Fragen können nicht mit „ja" oder „nein" beantwortet werden: „Wie beurteilt ihr diese Feststellung?" (statt: „Stimmt ihr dieser Feststellung zu?"). Offene Fragen lassen unterschiedliche Antworten zu und geben den Teilnehmerinnen und Teilnehmern einen Spielraum. Anstelle einer Frage kann die Diskussion auch mit einer These eröffnet werden, die zur Stellungnahme herausfordert.

3.2 Diskussionen beenden

Eine Diskussion wird in drei Schritten beendet:
1. Schlusswort
   Gelegenheit zu einem *Schlusswort* wird gewöhnlich Referentinnen oder den Teilnehmern einer Podiumsdiskussion gegeben.

2. Zusammenfassung (Beschlussfassung)
   - Welche Ergebnisse wurden erzielt?
   - Welche Übereinstimmungen und welche Differenzen haben sich gezeigt?
   - Welche Fragen wurden geklärt und welche blieben offen?
   - Welche Schlussfolgerungen können für die weitere Arbeit gezogen werden?

   Die Zusammenfassung sollte objektiv und sachlich sein. Das gilt besonders dann, wenn Abstimmungen folgen, wenn Beschlüsse zu fassen oder Entscheidungen zu fällen sind.

3. Abschluss
   Am Ende steht der – schlichte – *Dank* an alle Beteiligten: „Ich beende die Diskussion. Vielen Dank für eure rege Beteiligung. Auf Wiedersehen (gute Heimfahrt, vergnügtes Wochenende)."

3.3 Diskussionen in Gang halten

Für eine lebhafte *und* strukturierte Diskussion zu sorgen, ist weitaus schwieriger als die Eröffnung oder der Abschluss einer Diskussion. Auf fünf Anforderungen gehe ich ein.

1. *Die Diskussion überschaubar machen:* Die Beteiligten können einer Diskussion dann am besten folgen, wenn durch Zwischen-Zusammenfassungen deutlich gemacht wird,
   - in welchen Punkten Übereinstimmung besteht,
   - wo Differenzen liegen,
   - welche Fragen geklärt und welche noch offen sind.

2. *Ziel und Thema im Auge behalten:* In engagiert geführten Diskussionen werden manchmal wesentliche Gesichtspunkte vergessen, oder das Diskussionsziel gerät aus dem Blick. Die Diskussionsleitung hat in einer solchen Situation die Aufgabe,
   - an die Themen- bzw. Zielstellung der Diskussion zu erinnern,
   - zum Thema zurückzuführen,
   - Fragen auszuklammern, die in der Diskussion nicht geklärt werden können,
   - die Diskussion zwischen „Eingeweihten" zu verhindern, die über die Köpfe der übrigen Teilnehmerinnen und Teilnehmer hinweg reden.

3. *Hilfestellungen geben:* Alle sollten die Chance haben, sich gleichberechtigt an der Diskussion zu beteiligen. Das heißt zum einen: niemanden zu bevorzugen.[6] Das kann zum anderen bedeuten: Teilnehmerinnen und Teilnehmer, die zurückhaltend sind oder denen die Erfahrung mit Diskussionsrunden fehlt, durch Ermunterung und Formulierungshilfen zu unterstützen.

Ermunterung: Wenn man den Eindruck hat, jemand möchte etwas sagen, zögert aber, sollte man die oder den Betreffenden ermuntern:
- „Petra, Du wolltest etwas sagen?"
- „Jens, hatten Sie sich gemeldet?"

Unangemessen sind direkte Aufforderungen: „Torsten, jetzt sag doch mal etwas." „Frau Kock, von Ihnen habe ich noch gar nichts gehört."

Formulierungshilfen: Eine Diskussionsleiterin sollte helfen, wenn

---

[6] *Bevorzugung* kann sehr subtil erfolgen. Aus der Unterrichtsforschung ist bekannt, dass man den Status von Mitgliedern einer Lerngruppe ermitteln kann, indem man beobachtet, wie häufig sie von anderen angeschaut werden. Deshalb: alle Teilnehmerinnen und Teilnehmer einer Diskussion anschauen.

eine Teilnehmerin oder ein Teilnehmer nach einem treffenden Begriff sucht, wenn ihr oder ihm ein Satz verunglückt. Ein Diskussionsleiter sollte eine Interpretation anbieten, wenn nicht deutlich wurde, was die betreffende Person meint: „Wenn ich Dich richtig verstanden haben, bist Du der Meinung, dass ..."
Ein stiller Teilnehmer kann müde, eine schweigsame Teilnehmerin kann bedrückt sein. Und es gibt noch mehr gute Gründe, sich *nicht* an einer Diskussion zu beteiligen. Deshalb sollte eine Diskussionsleiterin zurückhaltend sein mit
- Typisierungen (d*er Schüchterne,* d*ie Schweigerin*),
- Aufforderungen (*Willst Du nicht auch was sagen?*) oder
- wertenden Fragen (*Langweilen Sie sich?*)

4. *Stockungen überwinden:* Gerät eine Diskussion ins Stocken, sollte der Diskussionsleiter
   - die Themen- bzw. Problemstellung noch einmal kurz erläutern,
   - den Stand der Diskussion bilanzieren,
   - fragen, was an einer weiteren Beteiligung hindert,
   - durch Fragen die Diskussion wieder in Gang bringen.

   Hilfreich sind: offene, provokative und Informationsfragen. Nicht zweckdienlich sind banale Fragen (*Wer gewann gestern die Landtagswahlen?*) und Suggestivfragen (*Da wir gerade beim Thema „Gefahren für die Demokratie" sind, was halten Sie von der Politik der CDU/CSU?*). Vorsicht ist geboten bei gezielten Fragen, die viele unangenehm an die Schule erinnern (*Was ist unter „Primärsozialisation" zu verstehen?*).

5. *Für einen fairen Diskussionsstil sorgen:* Die Diskussionsleiterin hat nicht die Aufgabe, Beiträge zu beurteilen bzw. zu bewerten. Es ist die Aufgabe des Diskussionsleiters, Unterstellungen oder persönliche Angriffe zurückzuweisen: „Bitte unterlassen Sie persönliche Angriffe." Um eine faire Diskussion zu gewährleisten, ist es auch gestattet, unsachliche Teilnehmerinnen oder Teilnehmer zu unterbrechen: „Bitte bleib' sachlich und vermeide Unterstellungen."

Literaturverzeichnis

Abels, Heiner; Degen, Horst: Handbuch des statistischen Schaubilds. Konstruktion, Interpretation und Manipulation von graphischen Darstellungen. Herne, Berlin 1986

Bader, Renate; Göpfert, Winfried: Eine Geschichte „bauen". In: Winfried Göpfert, Stephan Ruß-Mohl (Hrsg.): Wissenschafts-Journalismus. Ein Handbuch für Ausbildung und Praxis. 3. Aufl. München, Leipzig 1996, S. 98-107

Bangen, Georg: Die schriftliche Form germanistischer Arbeiten. Empfehlungen für die Anlage und die äußere Gestaltung wissenschaftlicher Manuskripte unter besonderer Berücksichtigung der Titelangaben von Schrifttum. 9. Aufl. Stuttgart 1990

Barrass, Robert: Scientists Must Write. 4. Aufl. London, New York 1983

Becker, Howard S.: Die Kunst des professionellen Schreibens. Ein Leitfaden für die Geistes- und Sozialwissenschaften. Frankfurt am Main, New York 1994

Berckhan, Barbara: Die etwas gelassenere Art, sich durchzusetzen. Ein Selbstbehauptungstraining für Frauen. München 1995

Breton, André: Manifeste du surréalisme. Paris 1924 (1972)

Brunner, Stefan: Die Kunst der Beredsamkeit. Süddeutsche Zeitung vom 24.8.1996

Buzan, Tony: Kopftraining. Anleitung zum kreativen Denken. München 1984

Carroll, Lewis: Alice im Wunderland. Reinbek 1996

Dichtl, Erwin: Deutsch für Ökonomen. Lehrbeispiele für Sprachbeflissene. München 1995

Eco, Umberto: Wie man eine wissenschaftliche Abschlußarbeit schreibt. Doktor-, Diplom- und Magisterarbeiten in den Geistes- und Sozialwissenschaften. 6. Aufl. Heidelberg 1993

Ertl, Suitbert: Erkenntnis und Dogmatismus. Psychologische Rundschau 23, 1972, S. 241-269

Franck, Norbert: Fit fürs Studium. Erfolgreich reden, lesen, schreiben. 9. Aufl. München 2008

Franck, Norbert; Joachim Stary: Gekonnt visualisieren. Medien wirksam einsetzen. Paderborn 2006

Gaßdorf, Dagmar: Zickenlatein. Den Erfolg herbeireden. Frankfurt/Main 2001

Genette, Gérad: Paratexte. Das Buch vom Beiwerk des Buches. Frankfurt/Main, New York 1992

Gibson, Eleanor J.; Levin, Harry: Die Psychologie des Lesens. Frankfurt am Main 1989

Goethe, Johann Wolfgang von: Gedenkausgabe der Werke, Briefe und Gespräche. Hrsg. von Ernst Beutler. Zürich und Stuttgart 1948 ff.

Grossekathöfer, Maik: Die Qual der Korrektur. Süddeutsche Zeitung vom 10.5.1997

Haug, Wolfgang Fritz: Sieben Tips fürs Schreiben. In: Wolf-Dieter Narr, Joachim Stary (Hrsg.): Lust und Last des wissenschaftlichen Schreibens. Frankfurt am Main 1999, S. 71-77

Hentig, Hartmut von: Eine nicht lehrbare Kunst. In: Wolf-Dieter Narr, Joachim Stary (Hrsg.): Lust und Last des wissenschaftlichen Schreibens. Frankfurt am Main 1999, S. 19-27

Jakobs, Eva-Maria: Textvernetzung in den Wissenschaften. Zitat und Verweis als Ergebnis rezeptiven, reproduktiven und produktiven Handelns. Tübingen 1999

Kaufmann, Jean-Claude: Frauenkörper – Männerblicke. Konstanz 1996

Keseling, Gisbert: Die Einsamkeit des Schreibens. Wie Schreibblockaden entstehen und erfolgreich bearbeitet werden können. Wiesbaden 2004

Keseling, Gisbert: Schreibprozeß und Textstruktur. Empirische Untersuchungen zur Produktion von Zusammenfassungen. Tübingen 1993

Keseling, Gisbert: Sprechen mit sich selbst als Strategie zur Vermeidung und Überwindung von Schreibblockaden. Erkundungen zur Funktion der inneren Sprache beim Schreiben. In: Claudia Mauelshagen, Jan Seifert (Hrsg.): Sprache und Text in Theorie und Empirie. Beiträge zur Germanistischen Sprachwissenschaft. Festschrift für Wolfgang Brandt (ZDL-Beiheft 114). Stuttgart 2001, S.157-169.

Klüger, Ruth: Frauen lesen anders. In: Dies.: Frauen lesen anders. Essays. 3. Aufl. München 1997, S. 83-104

Krämer, Walter. So lügt man mit Statistik. 5. Aufl. Frankfurt am Main, New York 1994

Krämer, Walter: Wie schreibe ich eine Seminar- oder Examensarbeit? Frankfurt am Main, New York 1999

Krajewski, Markus: Zettelwirtschaft. Die Geburt der Kartei aus dem Geist der Bibliothek. Berlin 2002

Kruse, Otto: Keine Angst vor dem leeren Blatt. Ohne Schreibblockaden durchs Studium. 4. Aufl. Frankfurt am Main, New York 1995

Kruse, Otto; Jakobs, Eva-Maria: Schreiben lehren an der Hochschule. Ein Überblick. In: Otto Kruse, Eva-Maria Jakobs, Gabriela Ruhmann (Hrsg.): Schlüsselkompetenz Schreiben. Neuwied u. a. 1999, S. 19-34

Lehmann, Günter; Reese, Uwe: Die Rede. Der Text. Die Präsentation. Frankfurt am Main u.a. 1998

Lichtenberg, Georg C.: Sudelbücher. Frankfurt am Main 1984

Luhmann, Niklas: Kommunikation mit Zettelkästen. Ein Erfahrungsbericht. In: André Kieserling (Hrsg.): Universität als Milieu. Bielefeld 1993, S. 53-61

Manguel, Alberto: Eine Geschichte des Lesens. Darmstadt 1998

Meyer-Abich, Klaus Michael: Neue Ziele – Neue Wege: Leitbild für den Aufbruch zu einer naturgemäßen Wirtschaft und Abschied vom Energiewachstum. In: Deutscher Bundestag (Hrsg.): Schlußbericht der Enquête-Kommission „Schutz der Erdatmosphäre – Mehr Zukunft für die Erde – Nachhaltige Energiepolitik für dauerhaften Klimaschutz". Bonn 1995

Narr, Wolf-Dieter; Stary, Joachim: Vorwort. In: Dies. (Hrsg.): Lust und Last des wissenschaftlichen Schreibens. Frankfurt am Main 1999, S. 9-14

Nietzsche, Friedrich: Sämtliche Werke. Bd. 3 Kritische Studienausgabe. München 1980

Ortner, Hanspeter: Schreiben und Denken. Tübingen 2000

Pabst-Weinschenk, Marita: Reden im Studium. Ein Trainingsprogramm. Frankfurt am Main 1995

Popper, Karl Raimund: Auf der Suche nach einer besseren Welt. Vorträge und Aufsätze aus dreißig Jahren. 6. Aufl. München, Zürich 1991

Pusch, Luise F.: Das Deutsche als Männersprache. Aufsätze und Glossen zur feministischen Linguistik. 9. Aufl. Frankfurt am Main 1995

Rose, Mike: Writer's Block. The Cognitive Dimension. Carbondale 1984

Rose, Mike (Ed.): When a Writer Can't Write. Studies in Writer's Block and other Composing-Process Problems. New York, London 1985

Rückriem, Georg: „Es läuft" – Über die Brauchbarkeit von Analogien und Metaphern. In: Wolf-Dieter Narr; Joachim Stary (Hrsg.): Lust und Last des wissenschaftlichen Schreibens. Frankfurt/Main 1999, S. 105-128
Schneider, Wolf: Deutsch für Profis. München 1985
Schön, Erich: Geschichte des Lesens. In: Bodo Franzmann u.a. (Hrsg.): Handbuch Lesen. Baltmannsweiler 2001, S. 1-85
Schulz von Thun, Friedemann: Miteinander reden 1 + 2: Störungen und Klärungen. Stile, Werte und Persönlichkeitsentwicklung. Psychologie der zwischenmenschlichen Kommunikation. Reinbek 1998
Schwanitz, Dietrich: Bildung. Alles, was man wissen muß. München 2002
Schwarz, Dieter: Nicht gleich den Kopf verlieren. Vernünftiger Umgang mit selbstschädigenden Gedanken. Freiburg 1991
Stitzel, Michael: Zur Kunst des wissenschaftlichen Schreibens – bitte mehr Leben und eine Prise Belletristik! In: Wolf-Dieter Narr; Joachim Stary (Hrsg.): Lust und Last des wissenschaftlichen Schreibens. Frankfurt am Main 1999, S. 140-147
Tucholsky, Kurt: Gesammelte Werke. Reinbek 1993
Wagner, Wolf: Diskussionswaffen. Kassandra H. 4, 1985, S. 5-6
Weiner, Bernard: Motivationspsychologie. 3. Aufl. Weinheim, Basel 1998
Yates, Frances A.: Gedächtnis und Erinnern. Mnemotechnik von Aristoteles bis Shakespeare. 2. Aufl. Weinheim 1991
Zelazny, Gene: Wie aus Zahlen Bilder werden. Wiesbaden 1986

Autorenverzeichnis

Cramme, Stefan Dr.; Mitarbeiter der Bibliothek für Bildungsgeschichtliche Forschung des Deutschen Instituts für Internationale Pädagogische Forschung, Berlin

Keseling, Gisbert Prof. Dr.; ehemals Hochschullehrer für Linguistik an der Philipps-Universität Marburg

Krajewski, Markus; Wissenschaftlicher Mitarbeiter an der Gerd-Bucerius-Stiftungsprofessur für Geschichte und Theorie der Kulturtechniken, Bauhaus-Universität Weimar

Narr, Wolf-Dieter Prof. Dr.; ehemals Hochschullehrer am Fachbereich Politikwissenschaft der Freien Universität Berlin

Ritzi, Christian Dr.; Leiter der Bibliothek für Bildungsgeschichtliche Forschung des Deutschen Instituts für Internationale Pädagogische Forschung, Berlin

Rost, Friedrich Dr.; Wissenschaftlicher Mitarbeiter am Fachbereich Erziehungswissenschaft und Psychologie der Freien Universität Berlin

Sachregister

Abkürzungsverzeichnis 141
Abschlussarbeit
    siehe *wissenschaftliche Arbeiten*
Anhang 156
Anmerkungen 153
Argumentieren 274ff.
– Argumentationsstrukturen 276ff.
– Argumentationsverstärker 282f.
– Denkplan 276
   s.a. *Diskussion*

Begriffe, problemstrukturierende 168
Begriffsnetz 86ff.
Belegen
    siehe *zitieren*

Dissertation
    siehe *wissenschaftliche Arbeiten*
Diskussion, diskutieren 273ff.
– Dauerkritiker 284
– Definitionsverliebte 284
– Diskussionseinstieg 274f.
– kritisiert werden 291ff.
– Fragen beantworten 287ff.
– Männerbonus 285f.
– Männerwitze 287
– Störungen 283f.
– Unsicherheitssignale 280ff.
– Vielredner 283
Diskussionen leiten 294ff.

Einleitung 142ff.
– vorläufige 173
Erkenntnisinteresse 169
Exposé 171
Exzerpieren 82ff.

Foliengestaltung 265ff.
– Farbe und Typographie 267f.
– Informationsmenge 267
– Lesbarkeit 265ff.
Fragestellung 167

Gliederung 139f.
– vorläufige 173

Handout 239

Hausarbeit 117ff.
– Anhang 156
– Anmerkungen 153
– eigene Meinung 151
– Einleitung 142ff.
– Gliederung 139f.
– Hauptteil 148ff.
– Inhaltsverzeichnis 139ff.
– Kapitelstrukturen 149ff.
– Literaturverzeichnis 156
– Schluss 153ff.
– Titel 138
– Vorwort 147
   s. a. *wissenschaftliche Arbeiten*

Lesen 71ff.
Literaturrecherche 33ff.
– Antiquariatskatalog 54ff.
– Bibliografie 33, 34, 52
– Bibliotheksportale 48ff.
– Bibliotheksverbund 46f.
– Boolscher Operator 43
– Buchhandelskatalog 54ff.
– Dokumentliefersystem 50f.
– Fachdatenbank 51ff.
– Internetportal 57ff.
– Mailingliste 59ff.
– Metasuchmaschine 36
– Online-Katalog 40ff.
– Schlagwort 42
– Sondersammelgebietsbibliothek 40
– Suchmaschine 34ff.
– Titelstichwort 42
– Trunkierung 43f.
– Virtuelle Fachbibliothek 57
– Volltext 62ff.
– Zeitschriftendatenbank 47f.
Literaturverwaltung 97ff.
– Assoziative Suche 103ff.
– Bibliografische Angaben 107f.
– Exzerpieren 99f.
– Grundfunktionen 99ff.
– Lektürekarte 101f.
– Lineare Suche 103ff.
– Textformate / Textverarbeitung 109
– Software 109ff.
– Zitate / Belege 107f.

Sachregister

Lampenfieber 242ff.
Literaturverzeichnis 156, 193ff.

Medien 263ff.
– Daten-Projektor 265ff.
– Flipchart 264
– Kreidetafel 263f.
– OH- / Daten-Projektor 265ff.
– Weiße Tafel 264
Medieneinsatz 268ff.
Metakognition 73f.
Mind Map 89ff., 237

Paraphrasieren 183f.
Primärliteratur 164

Quellenangaben 184ff.
– Audio-visuelle Materialien 190f.
– Aufsätze 186ff.
– Bücher 184ff.
– Graue Literatur 189
– Hochschulschriften 188
– Loseblatt-Materialien 190

Referat 223ff.
– Anfang 224ff.
– Analogien 233
– Anschaulichkeit 231f.
– Beispiele 233
– Dauer 241
– Handout 239
– Einleitung 224ff.
– Hauptteil 228ff.
– letzter Schliff 240f.
– Manuskript 235ff.
– Schluss 234f.
– Vergleiche 233
– Verständlichkeit 230ff.
– Vorbereitung
Referieren (Vortrag halten) 242ff.
– Anfang 245ff.
– Blackout 254
– Blickkontakt 249
– fehlendes Wort 254
– Gestik 250
– gliedernde Zwischenbemerkungen 230, 252
– Körperhaltung 250
– Lampenfieber 242ff.
– Lautstärke 251
– Manuskript 250
– Mimik 251
– Pausen 251
– Rotwerden 253

– Schluss 248ff.
– Versprecher 253
– verunglückter Satz 252

Schneeballverfahren 163
Schreiben 117ff.
– Fremdwörter 130
– ich, man, wir 136
– lernen 119ff.
– Satzbau 131ff.
– Verständlichkeit 121ff.
  s. a. *Hausarbeit*
Schreibblockaden 197ff.
– fehlender Adressat 219ff.
– frühzeitiges Starten 206ff.
– Probleme beim Zusammenfassen 210ff.
– Probleme mit dem inneren Adressaten 215ff.
– unstimmige Konzepte 212ff.
Schreibhürden 119ff.
Sekundärliteratur 164

Tabellenverzeichnis 141
Themen-Landkarte 239
Thesenpapier 239

Untertitel 138

Visualisieren 255ff.
– Behalten unterstützen 257f.
– Motivieren 256
– Erklären 258f.
– Zahlenbilder 259ff.
Vortrag
  siehe *Referat*
Vorwort 147

W-Fragen 159, 167
Wissenschaftliche(s) Arbeiten 15ff., 157ff.
– Arbeitstitel 173
– Beschreiben vs. Analysieren 28
– Endfassung 178
– Erkenntnisinteresse 169
– Fragestellung 24f., 167
– Gliederung/Disposition 28, 171
– Praxisorientierung 30
– Literatur auswerten 165
– Literatur ermitteln 162
– Problemstellung 23f.
– Rohfassung 174
– Stand der Literatur 30f.
– Thema analysieren 158ff.
– Thema darstellen 176ff.
– Thema eingrenzen 160

Sachregister

- Thema erschließen 158
- Thema erarbeiten 166
- Themenwahl 161
- Voraussetzungen prüfen 27f.
- vorläufige Einleitung 173
- vorläufige Fassung 176
- vorläufige Gliederung 173
- Wissenschaftssprache 26f.
- Ziel 170
- Zusammenfassung 29

Zitieren, belegen 180ff.
- anglo-amerikanische Zitierweise 192
- Auslassungen 181
- deutsche Zitierweise 192f.
- Ergänzungen 182
- Fehler im Zitat 183
- Funktion 149f.
- Hervorhebungen 182
- Kurzzitat 180
- Langzitat 180
- Paraphrase 183
- Rechtschreibung 180
- Seitenangaben 181
- Zitat im Zitat 181
- Übersetzungen 182
- Zeichensetzung 180
- Zitat aus zweiter Hand 183
Zitierkartelle 163

www.utb.de

Fit fürs Studium

Vom Basiswissen bis zum Prüfungstraining:

UTB bietet kompakte, aktuelle Lehrbücher und ein vielseitiges Programm.

Seit 40 Jahren.

UTB